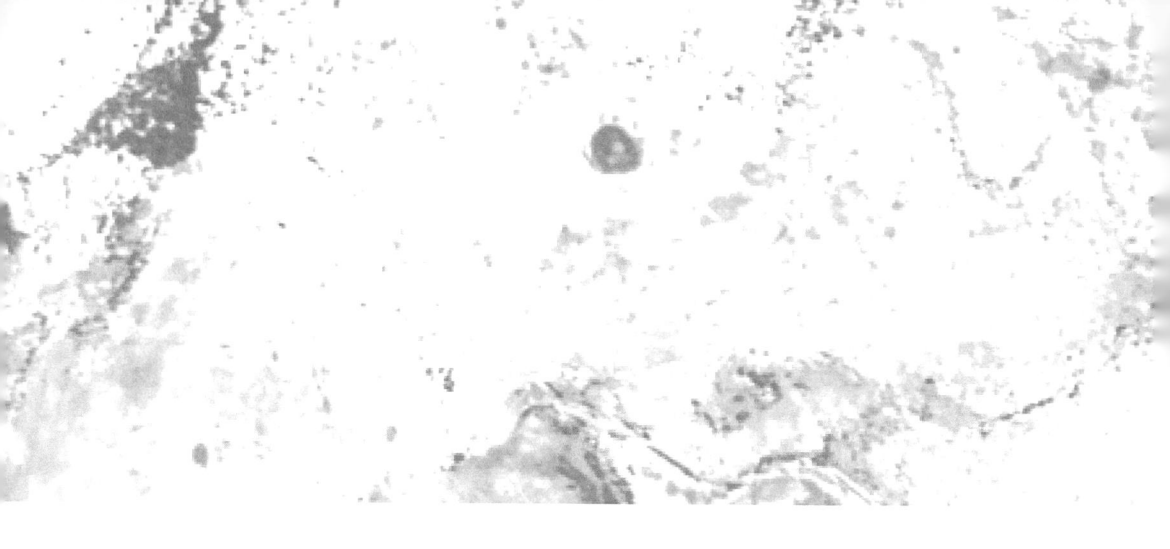

本书由中共江苏省委党校（江苏行政学院）马克思主义理论教学和研究创新工程资助出版

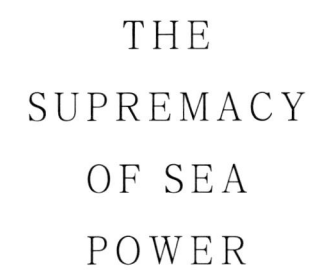

THE
SUPREMACY
OF SEA
POWER

海权至上

近代以来日本海权思想研究

梅秀庭　著

中国社会科学出版社

图书在版编目（CIP）数据

海权至上：近代以来日本海权思想研究 / 梅秀庭著.
北京：中国社会科学出版社，2025. 7. -- ISBN 978-7
-5227-5070-5

Ⅰ. E815

中国国家版本馆 CIP 数据核字第 2025QW7036 号

出 版 人	季为民
责任编辑	范晨星
责任校对	韩天炜
责任印制	李寡寡

出　　版	中国社会科学出版社
社　　址	北京鼓楼西大街甲 158 号
邮　　编	100720
网　　址	http://www.csspw.cn
发 行 部	010 - 84083685
门 市 部	010 - 84029450
经　　销	新华书店及其他书店
印　　刷	北京明恒达印务有限公司
装　　订	廊坊市广阳区广增装订厂
版　　次	2025 年 7 月第 1 版
印　　次	2025 年 7 月第 1 次印刷
开　　本	710×1000　1/16
印　　张	16
插　　页	2
字　　数	251 千字
定　　价	86.00 元

凡购买中国社会科学出版社图书，如有质量问题请与本社营销中心联系调换
电话：010 - 84083683
版权所有　侵权必究

目　录

绪　论 ……………………………………………………………（1）

第一章　海权与日本海权思想 ………………………………（24）
　第一节　海权与海权思想 ……………………………………（24）
　　一　海权的概念 ………………………………………………（24）
　　二　西方国家海权思想的流变 ………………………………（29）
　第二节　日本海权思想产生的客观基础 ……………………（34）
　　一　日本的地理环境 …………………………………………（35）
　　二　地理环境与日本海权思想 ………………………………（38）
　第三节　日本的战略文化与海权思想 ………………………（42）
　　一　日本的武士道精神 ………………………………………（43）
　　二　日本的扩张主义传统 ……………………………………（46）
　　三　战略文化与日本海权思想 ………………………………（51）
　小　结 …………………………………………………………（55）

第二章　向海而生：近代日本海权思想的产生与发展 ……（57）
　第一节　"海洋国家"身份的建构 ……………………………（57）
　　一　日本人的海洋认知与海洋意识 …………………………（58）
　　二　"海洋国家"身份的建构 …………………………………（60）
　第二节　日本海权思想的萌芽 ………………………………（65）
　　一　海防思想与日本海权意识的觉醒 ………………………（65）

二　日本海权思想的萌芽……………………………………（70）
　第三节　马汉海权思想与日本海权思想的形成………………（74）
　　一　马汉海权思想在日本的传播………………………………（74）
　　二　日本海权思想的形成………………………………………（78）
　第四节　"海陆"之争与日本海权思想的发展…………………（83）
　　一　"海陆"之争及其结果……………………………………（83）
　　二　日本海权思想的发展………………………………………（89）
　小　结……………………………………………………………（95）

第三章　因海重生：冷战时期日本海权思想的再建构…………（96）
　第一节　"海洋国家"身份的重新建构…………………………（96）
　　一　日本重构国家身份的动因分析……………………………（97）
　　二　高坂正尧的"海洋国家构想"……………………………（99）
　　三　海洋国家身份的确立……………………………………（107）
　第二节　经济重生：日本海权思想的再建构…………………（109）
　　一　战后海权认知的新变化…………………………………（110）
　　二　日本海权思想在经济领域的重生………………………（115）
　第三节　军事转型：日本海权思想的再建构…………………（125）
　　一　日本海权思想转型的力量基础…………………………（125）
　　二　日本海权思想转型的认知基础…………………………（130）
　　三　日本海权思想在军事领域的转型………………………（135）
　小　结……………………………………………………………（140）

第四章　海权至上：冷战后日本海权思想的重塑………………（142）
　第一节　日本海洋国家身份的再认定…………………………（142）
　　一　海洋国家身份再认定的动因……………………………（143）
　　二　对"海洋"和"文明"的再认识…………………………（147）
　　三　海洋国家身份的再认定…………………………………（152）
　第二节　海洋战略：日本海权思想的战略重塑………………（156）
　　一　日本海权认知的变化……………………………………（156）

二　冷战后日本的海洋战略 ………………………………（159）
　　三　日本海洋战略与海权思想 ……………………………（169）
　第三节　海权同盟：日本海权思想的政治重塑 …………………（172）
　　一　海权与国家的地位 ……………………………………（172）
　　二　政治行为背后的海权逻辑 ……………………………（174）
　小　结 ……………………………………………………………（192）

第五章　日本海权思想与中日关系 ……………………………（194）
　第一节　日本海权思想主导下的行为对中国的影响 ……………（194）
　　一　近代日本海洋扩张行为对中国的影响 ………………（194）
　　二　冷战结束至今日本海洋扩张行为对中国的影响 ……（201）
　第二节　地缘政治视角下的中日关系 ……………………………（207）
　　一　传统海权理论的缺陷 …………………………………（208）
　　二　从地缘政治角度发展中日关系的建议 ………………（210）

结　论 …………………………………………………………………（217）

参考文献 ………………………………………………………………（222）

绪　　论

　　本书主要围绕近代以来日本海权思想进行研究。日本海权思想不仅包括日本思想家、战略家与政治家对海权尤其是发展日本海权的认识，而且包括日本海洋扩张行为所反映出来的海权思维逻辑。

　　19世纪末美国人马汉（Alfred Thayer Mahan）提出海权概念后，追求海权逐渐成为濒海强国海洋活动的战略目标和逻辑出发点。作为岛国的日本也深受马汉海权思想的影响，从19世纪末起，海权就与日本密不可分。但关于日本自身海权思想的研究却显得相当不充分。基于此，本书尝试归纳和整理出日本海权思想演变的脉络，并分阶段对其进行分析。为此，本书首先尝试分析日本海权思想产生的基础，包括客观层面的地理环境和意识形态层面的战略文化。就地理环境而言，日本具备发展海权的自然条件；就战略文化而言，日本固有的武士道精神和扩张主义传统成为日本发展海权的意识形态基础。其次，本书将18世纪末至今的日本历史分为三个阶段，以日本认识和构建海洋国家身份为前提，分别论述每个阶段的日本海权思想或其海洋活动背后的海权逻辑。在18世纪末至20世纪40年代的第一阶段中，日本海权思想有着较为完整的发展历程，并在其海权实践中体现出强烈的扩张性。在20世纪40年代至冷战结束的第二阶段中，日本海权思想的重点从军事领域转移到经济领域，而在军事领域则完成了从扩张性向防御性的转变。通过研究发现，日本海权思想在这一阶段并不完整，但日本却保有发展海权的潜在能力和意识。在冷战结束至今的第三阶段中，日本海权思想逐渐走向完善，并以一种新的形式，即谋求以同盟的方式回归扩张性。其实质是借助所谓"海权同盟"的力量谋求发展自身的海权,实现海洋扩张。

　　日本海权思想始终服务于日本的国家战略。日本国家战略时有变化,但日本一百多年来的历史告诉我们,日本海权思想引导下的海洋扩张行为却一直对中国产生着极为负面的影响,不利于甚至是阻碍了中国的海洋发展乃至国家发展。从现实的角度来看,中日两国都有着强烈的发展海权的主观意愿,也具备发展海权的客观实力,而地理上的接近则为两国发展海权带来了不确定因素。正因如此,日本应该摒弃对抗型的传统地缘政治思维,与中国一道树立合作型的地缘政治思维,化解两国在发展海权方面的结构性矛盾,并正确认识自身的战略地位与地缘作用,从而造就良性发展的双边关系。

一 问题提出及其研究意义

　　人类居住的地球是一个表面积约71%被海洋所覆盖的蓝色星球。自古以来,人类就意识到海洋的重要作用。为了满足基本生存需求,人类很早就开始利用海洋。随着生产力水平的提高,特别是航海技术的发展,人类与海洋的关系越来越密切。在陆地资源日益匮乏的今天,海洋及其蕴藏的丰富资源成为人类进一步发展的基础,也因此,海洋在国家发展战略中的地位和作用日益凸显。自有文字记载的历史发端以来,世界各民族间在海洋上的斗争就一刻也没有停止过。[1] 濒海国家因海洋权益等问题而引发的争端有逐渐增多的趋势,而《联合国海洋法公约》的制定与生效,则在客观上加剧了各国对海洋权益的争夺。与人类生存"第一空间"的陆地相比,"第二空间"海洋将会成为人类未来发展的希望之所在。位于西太平洋地区的海岛国家日本,传统上就一直重视利用海洋来拓展自己的生存与发展空间。

(一)研究问题的提出

　　19世纪末期,美国历史学家、海军战略理论家艾尔弗雷德·塞耶·马汉(Alfred Thayer Mahan,1840—1914年)在1890年出版的"海权论"第一部著作《海权对历史的影响(1660—1783)》中第一次系统地提出了

---

[1] 王昉、郭天倚:《美国海上力量——由海到陆》,海洋出版社1999年版,第1页。

海权理论。马汉在该书中所阐明的海权理论观点,被西方评价为"经典性的"。① 此后,海权及"海权论",在英国、德国、日本等国得到广泛传播,海权思想也随着历史的发展而得到新的阐释。

综观近五百年的世界历史可以发现,国际关系的发展、大国的兴衰等,无不与海权有着密切的关系。②"日不落"帝国时代的英国和当今世界唯一的超级大国美国都拥有无可比拟的全球性海权,德国、日本等国也曾在一个时期内拥有过区域性海权。在近现代国际关系史上,各国争夺海权主要表现为对海洋和重要航道的控制与利用,这种海权具有相当程度的排他性。马汉认为,"控制海洋,特别是控制具有战略意义的狭窄通道,对于大国的地位至关重要"③。第二次世界大战结束后,传统海权思想发生了重要的变化。各国争夺海权不仅仅是为了对海洋和航道加以控制,更是为了抢夺海洋蕴藏的丰富资源,以便为国家发展寻找持续的支撑。

作为四面环海的"列岛型"国家,日本自步入近代以来,一直在为确立海洋国家的身份、发展海权而斗争。这种斗争,既表现出广泛的侵略性和扩张性,也在一定时期和一定范围内表现出有限而被动的和平性。可以说,1868年以来的日本历史,就是一部日本在海洋领域反复扩张与收缩的历史。

冷战结束后,日本在海洋上频频采取扩张行动,其背后必然有着一定的指导思想和战略考量。本书正是以这一认知作为思考的原点,以日本海权思想作为研究的主体,进而提出了以下问题。

---

① [美]A.T.马汉:《海权对历史的影响(1660—1783)》,安常容等译,解放军出版社2014年1月第二版,"序"第1页。
② 关于海权与世界政治的关系、海权在世界政治中的地位与作用等问题,乔治·莫德尔斯基(George Mode Lski)和威廉·汤姆森(William Thomson)对此进行了有益而细致的探讨。参见:George Modelski & William R. Thompson: *Seapower in Global Politics, 1494 – 1993*, (Seattle: University of Washington Press, 1988)。
③ [美]詹姆斯·多尔蒂、小罗伯特·普法尔茨格拉夫:《争论中的国际关系理论(第五版)》(中译本第二版),阎学通、陈寒溪等译,世界知识出版社2013年版,第165页。

第一，日本海权思想产生的基础是什么？在这些基础之上，近代[①]以来日本海权思想经历了怎样的演变？在海权思想并不完整的时期，日本的对外行为又怎样体现海权思维逻辑？

第二，海权思想引导下的日本对外行为对中国产生了什么样的影响？作为亚太地区重要双边关系的中日关系如何应对地缘政治上的困境？

(二) 研究意义

研究日本海权思想，其意义主要在于以下两个方面：一是理论意义；二是现实意义。

从理论意义的角度来说，本书研究的课题是日本海权思想，是以地缘政治理论中的海权理论作为理论基础的。海权理论是传统地缘政治学中的主要理论之一，随着历史的发展和时代的进步，海权理论也得到了进一步的拓展。"当前，国家对海上利益的全方位追求，政策手段的多样化运用及海上力量的多维构成不断丰富着海权思想。"[②] 海权思想是国家战略思想的重要组成部分，对国家发展战略和国家安全战略都具有重要的意义。日本的海权思想是以日本的国家利益为导向，并以日本国家身份的确立为前提，在不同的历史发展阶段，日本国家利益的变化和国家身份的确立也反映了其海权思想的变化与发展。对日本而言，"海权"的概念本身属于舶来品。近代日本在国家发展的过程中，接受了西方国家的海权思想，并将其内化为具有日本色彩的海权思想，从而服务于自身的对外侵略扩张。冷战时期的日本，由于其社会受到比较彻底的改造，军事上受到压制，其海权思想的发展逐渐转向经济领域，争取海洋权益在日本海权思想中占有重要的地位。冷战结束后，日本的海权思想有回归传统海权理论的倾向，日本试图在经济和军事两个领域发展自身的海

---

① "近代"一词在不同的语境下，有着不同的时间范围。在历史学研究中，就一般意义而言，世界近代史开始于1500年左右的地理大发现，中国近代史开始于1840年鸦片战争，日本近代史则开始于1868年明治维新（也有观点认为日本近代史开始于1854年《日美和亲条约》）。在本书中，笔者认为，18世纪下半叶沙皇俄国南下日本，标志着日本开始被迫接触西方的殖民体系。日本由此出现了早期的海权意识。因此，笔者将18世纪下半叶看作是日本近代的开端。

② 王勇：《浅析中国海权发展的若干问题》，《太平洋学报》2010年第5期。

权。海权思想的发展具有一些共性，但各国的海权思想又具有一些个性。正所谓"知己知彼，百战不殆"。研究日本海权思想，可以使我们更好地认识日本国家战略的思想基础，并在理论层面上完善我们对日本海洋战略和海上行动的认知。

从现实意义的角度来说，近代以来，日本海权思想的产生与发展，对中国乃至整个亚太地区均有着深远的影响。一方面，在过去150年的时间里，日本在国家战略上的选择摇摆于大陆国家战略和海洋国家战略之间。在不同时期，日本选择了不同的国家战略。第二次世界大战前的日本基本选择了大陆国家战略，但同时日本的海权思想也得到了一定程度的发展；战后，日本选择了海洋国家战略，海权思想也因此成为日本国家战略的思想基础和逻辑起点。另一方面，日本是世界经济大国，执着于追求政治大国地位，并自认为在西太平洋地区拥有重要的海上利益，谋求和发展区域性海权成为日本重要的国家利益。由于日本自身严重缺乏资源，其对海外资源的来源地和海上交通线的安全极度敏感，因此日本积极开发海洋，并和周边国家争夺海洋资源，同时尝试着构建多边安全合作网络，极力突破军事上的限制，以增强保护所谓海上交通线安全的能力。从中国的角度来看，走向海洋，是中国和平发展的必经之路。中国发展海权，不可避免地要与日本产生互动。中日两国拥有不同的战略思想，两国之间的海洋争端又是客观的存在。日本对海洋争端的处理必然受到其国家战略和海洋政策的影响，而战略和政策又受到海权思想的指导。因此，研究日本海权思想及其演变，对于我们研判日本国家发展方向、采取合理措施应对海洋方向上来自日本的挑战有着重要的现实意义。

二 现有文献述评

对于日本海权思想及其相关问题的研究，国内外学术界一直保持比较浓厚的兴趣，研究角度多种多样。本书尝试对日本海权思想进行学理性分析，对现有文献的述评如下。

（一）国外文献述评[①]

1. 日本学术界对西方海权思想的介绍与研究

历史总是令人惊奇，海洋、海权与国家间关系之间的纠葛无处不在。1853年，美国人的黑船舰队叩开了日本"闭关锁国"的大门，日本人真切感受到日本与外国的巨大差距。大约37年后，美国人马汉提出"海权论"，日本人却如获至宝。在马汉"海权论"出现之前，日本国内甚少有人从理论角度探讨海权及其与国家发展之间关系的问题。在马汉提出"海权论"之后，与其说日本人敏锐地意识到"海权论"对日本的重要意义，倒不如说马汉"海权论"的出现，客观上为日本对外侵略扩张提供了思想理论支撑，并最终成为日本对付美国——"海权论"诞生地——的工具。在日本近代史上，金子坚太郎、肝付兼行、小笠原长生、佐藤铁太郎、秋山真之、寺岛成信、加藤宽治等一批学者或军事家受到了马汉"海权论"的深刻影响。他们在介绍马汉"海权论"的同时，积极构筑日本的海权思想，并在日本国内不断扩大影响力，特别是在极力推动日本海军发展方面。

金子坚太郎是第一位将马汉"海权论"介绍到日本国内的日本人。1890年，金子坚太郎在回国前，购买了马汉的《海权对历史的影响（1660—1783）》一书，并将其中有关"海上权力要素"的内容送给时任日本海军大臣的西乡从道。这被认为是马汉"海权论"在日本传播的开端。1893年，该书的主要内容在水交社[②]机关报纸《水交社纪事》中得以连载。随后，水交社以《海上权力史论》[③]为书名，首次翻译了马汉的著作，并由东邦协会出版发行。该译本不仅散发给由大臣、国会议员、官僚、军人、银行家等组成的东邦协会会员，更是献给了明治天皇和皇太子等人。

[①] 在国外文献述评部分，笔者主要针对日本的相关研究成果进行述评，较少涉及欧美国家的研究成果。但在本书正文写作过程中，欧美国家的相关研究成果亦是笔者重要的参考文献。

[②] 水交社是1876年创设的日本海军将校的亲睦研究团体，是日本海军省的外围团体（附属团体）。该名称取自《庄子》的"君子之交淡如水"。

[③] エー・テー・マハン『海上権力史論』（水交社訳）東邦協会、一八九六年。

水上梅彦于1899年翻译了《太平洋海权论》①（马汉原著名为"The Interest of America in Sea Power"），也是日本国内早期介绍马汉海权思想的重要体现。相对于马汉"海权论"的三部著作而言，马汉的这部著作在中国国内未受到应有的重视。然而，这部著作很早便引起了日本学者的注意，马汉在该著作中论述了美国的对外进攻政策、美国未来的海权、美国海军力量的未来等重要内容，这些内容在被引进日本后，对日本海权的发展起到了重要的刺激作用。在此之后，马汉的另外几部著作也被翻译引入日本。马汉的 The Influence of Sea Power upon the French Revolution and Empire（1793—1812）一书由水交社于1900年翻译，其书名被翻译为《法国革命时代海上权力史论》。② 马汉写作的关于英国海权的著作 The Life of Nelson：The Embodiment of the Sea Power of Great Britain 于1906年由大岛贞益翻译，译著书名为《英国海军提督纳尔逊传》。③ 马汉的 Naval Strategy 一书的日文版《海军战略》④ 也于1911年由日本海军军令部出版。

从上述脉络大致可以看出，马汉的著作一经出版，很快就被翻译引入日本。对当时的日本而言，其在海洋扩张道路中，所缺乏的正是扩张理论，马汉海权思想的出现，给日本海洋扩张带来了理论层面的指导。马汉的重要著作在日本均有数个译本，如其代表作《海上权力史论》一书就有两个译本：一是由东邦协会翻译，于1896年出版；二是由北村谦一翻译，原书房于1982年出版，并于2008年出版新装版。再如其代表作《海军战略》一书同样有两个译本：一是由尾崎主税翻译，1932年由千仓书房出版；二是由井伊顺彦翻译，2005年由中央公论新社出版。马汉海权思想在日本的影响力，从中可以窥见一斑。

与马汉相比，另一位海权代表人物英国人科贝特（Julian S. Corbett）

---

① エー・テー・マハン『太平洋海権論』（水上梅彦訳）川流堂、一八九九年。
② マハン『仏国革命時代海上権力史論』（水交社訳）東邦協会、一九〇〇年。
③ エー・テー・マハン『ネルソン伝—英国水師提督』（大島貞益訳）博文館、一九〇六年。
④ エー・テー・マハン『海軍戦略』（尾崎主税譯述）海軍軍令部、一九一一年。

在日本的知名度则很低，① 其海权思想在日本也没有得到日本学者的更多关注。直到2006年，日本学者高桥弘道编著的《战略论大系8：科贝特》在日本出版，该书主要讲述"近代海洋战略思想之父"科贝特（Corbett）的海洋战略思想。关根大助是少有的关注科贝特思想的日本学者，他在2012年以美国海军战争学院副教授詹姆斯·R. 霍姆斯（James R. Holmes）发表的文章"从马汉到科贝特？"为契机，比较系统地介绍了科贝特和他的战略思想，并探讨了科贝特战略思想对日本的意义。② 令人稍感意外的是，关根大助在其文章中，特别提到了中国与科贝特的关系。此外，关根大助还在2013年发表了关于科贝特战略思想特征的文章。③

2. 对海洋国家身份与战略的研究

自步入近代以来，日本国内关于国家身份的讨论，就一直没有停止过。在战后，随着日本的战败和经济的复兴，关于日本海洋国家身份的讨论曾一度中断，直到高坂正尧提出"海洋国家日本的构想"，日本才逐渐将国家身份确认为海洋国家，并展开了一系列有关海洋国家身份与战略的研究。从笔者掌握的文献资料来看，日本学者在探讨日本海权、日本国家战略选择等问题时，几乎都绕不开对日本海洋国家身份的论述和分析。

高坂正尧从现实主义的角度出发，详细地探讨了日本的国家身份，通过反思历史，对日本国家身份做了明确的定位，即限制军备条件下的"海上通商国家"，通过贸易而不是侵略使日本走上富强的道路。他认为，一直以来，日本都并非真正意义上的"海洋国家"，而是一个"岛国"，日本应该作为海洋国家和贸易国家进行发展，为此要保持必要的最小限度的防卫力量，日美安保体制是有效选择。④ 高坂正尧对日本海洋国家身

---

① 関根大助「解題『マハンからコーベットへ?』」『海洋情報特報』、2012年、http://oceans.oprf-info.org/analysis_ja02/b120524.html. （访问时间：2014年6月30日）

② 関根大助「解題『マハンからコーベットへ?』」『海洋情報特報』、2012年、http://oceans.oprf-info.org/analysis_ja02/b120524.html. （访问时间：2014年6月30日）

③ 関根大助「コーベットを知らずして海洋戦略思想を語るなかれ：マハンと異なるその戦略思想の特徴」『波涛』第三九卷二号、二〇一三年七月、三一～四〇頁。

④ 高坂正尧『海洋国家日本の構想』中央公論社、一九六五年；高坂正尧「海洋国家日本の構想」、高坂正尧著作集刊行会編集『高坂正尧著作集　第一卷』都市出版、一九九八年。

份的探讨，成为战后日本海洋国家身份研究的起点。曾村保信在其著作《海洋的政治学》一书中，从历史和海上贸易的角度论述了日本人的民族性。他认为，日本暖流造就了日本的历史，日本人具有海洋适应性和惯海性（seaworthiness）的特征，归根结底日本人是只有依靠海洋才能生存的海洋民族；造船和海上运输是海洋国家的根本；在第二次世界大战之前，日本曾经两次具备"日本是太平洋国家"的国家意识，一次是从甲午战争到日俄战争，另一次是从第一次世界大战到第二次世界大战。①

浦野起央从地缘政治的角度分析国际政治，探讨了日本作为海洋国家的战略构想，并对日本的海洋地缘战略进行了研究。② 著名安保专家北冈伸一则认为"海洋国家论"在第二次世界大战前业已存在，他梳理了幕末明治时期以后日本"海洋国家论"的发展轨迹，在此基础上，他得出结论，认为日本的战略应该以贸易为中心，同时应该拥有适当的军事力量。③ 不难看出，北冈伸一的结论与高坂正尧的认知基本上是一致的。小山嘉昭认为，日本是一个海洋国家，今后，日本应该以海洋国家作为国家理念，所有的政策都应该以此为基轴。他指出，一般而言，海洋国家应该具备四个条件，即广泛地毗连海洋、有着繁荣的以海洋为媒介的贸易、这种贸易牵引一国的经济、国民拥有海洋思想。④ 按照小山嘉昭对海洋国家的定义标准，被绝大多数日本学者认为是大陆国家的中国、德国等国家也基本上属于海洋国家。这从侧面反映出，日本学者在构建海洋国家认知时，秉持不同的标准，这种做法也给日本处理与中国的关系带来了消极影响。

除研究日本海洋国家身份与战略外，不少日本学者也将其与日本海洋政策研究、安保政策研究结合在一起。星山隆分析了海洋国家的内涵和海洋国家应该具备的条件，他认为从地缘政治学的角度来说，海洋国

---

① 曽村保信『海の政治学：海はだれのものか』中央公論社、一九八八年。
② 浦野起央『地政学と国際戦略：新しい安全保障の枠組みに向けて』三和書籍、二〇〇六年。
③ 北岡伸一「海洋国家日本の戦略―福沢諭吉から吉田茂まで―」、『平成15年度戦争史研究国際フォーラム報告書　基調講演』、http：//www.nids.go.jp/event/forum/pdf/2003/forum_j2003_04.pdf.（访问时间：2014年6月30日）
④ 小山嘉昭「巻頭随想　海洋国家としての道」『季報（日本戦略研究フォーラム会誌）』平成21年夏号（Vol 41）、二〇〇九年、四～五頁。

家指的是资源贫乏，有着一旦遭遇海上封锁即会无法生存的巨大脆弱性，为了生存，强烈地想要开放和自由的世界的国家。在此基础上，星山隆探讨了海洋国家日本的综合安全保障、个别安全保障问题和海洋政策等问题。① 日本海洋政策研究财团从2004年起，每年发布《海洋白皮书》，均以"海洋国家"自称，讨论研究作为海洋国家的日本的海洋问题对策、海洋综合管理等内容。

对海洋国家和大陆国家进行比较研究，是日本学者研究日本海洋国家身份的一大特色。特别是反思近代日本国家发展道路的选择，进而认为日本应该选择作为海洋国家的发展道路，是日本学术界研究海洋国家身份与战略的重要路径。由日本安全保障研究会编著的《海洋国家日本的将来》是这种研究路径的代表作。该书通过反思历史，指出日本未来的发展道路在海洋。② 佐藤德太郎将问题意识放在探明近代日本面对的陆军战略思想与海军战略思想的对立原因，并以第一次世界大战为例，详细探讨了大陆国家和海洋国家所秉持的不同战略思想，他认为，大陆国家战略与海洋国家战略的本质区别在于战略理论前提。③

此外，日本学术界在研究地缘政治学议题时，不可避免地探讨了日本海洋国家战略和战略选择。④ 关于日本海洋国家战略的分析，都是以日本作为海洋国家为前提而展开讨论的，在战后日本学术界，这一点尤其明显。冷战结束后，日本国内众多学者都将日本的国家身份认定为海洋国家，他们关于海洋国家身份的讨论，通常与日本的海洋战略、安保战

---

① 星山隆『海洋国家日本の安全保障：21世紀の日本の国家像を求めて』世界平和研究所、二〇〇六年。

② 日本安全保障研究会編『海洋国家日本の将来』原書房、一九七〇年。

③ 佐藤徳太郎『大陸国家と海洋国家の戦略』原書房、一九七三年。

④ 有关地缘政治与日本海洋国家战略、战略选择的研究文献，限于篇幅，在此不一一列出。具有代表性的著作和论文包括：高木友三郎『海上権と日本の発展』興亜日本社、一九四二年；川西正鑑『東亜地政学の構想』実業之日本社、一九四二年；小牧実繁『東亜の地政学』目黒書店、一九四二年；河野収『地政学入門』原書房、一九八一年；曽村保信『地政学入門——外交戦略の政治学』中央公論社、一九八四年；佐藤文生『日本の海洋戦略——海から日本列島を活かすHH600構想』サイマル出版会、一九八八年；高木彰彦編『アジア太平洋と国際関係の変動——その地政学的展望』古今書院、一九八八年；平間洋一「海洋権益と外交・軍事戦略——地政学と歴史からの視点」『国際安全保障』第三五巻一号、二〇〇七年、一～一七頁。

略等内容结合在一起。①

值得注意的是，日本在建构自身海洋国家身份的同时，常常将中国认定为大陆国家，并据此认识中日两国关系的发展。由于日本盛行这种传统的"海陆二分"观点，中日关系在地缘政治层面也因此被人为地对立起来。

3. 对日本海权及相关问题的研究

从笔者掌握的资料来看，在日本学术界，系统探讨日本海权思想的成果并不多见，但对日本海权的研究却相当多，主要集中在对日本海权实践的研究与反思、未来日本发展道路选择等问题。

曾任日本海军大臣的山本权兵卫为唤起社会舆论对"海主陆从"观念的认可，积极推进关于日本国防理论的研究。他于1899年派佐藤铁太郎赴英美留学，从事国防理论研究。佐藤铁太郎以马汉"海权论"为蓝本，于1902年写成了《帝国国防论》②。此后，他又在《帝国国防论》的基础上撰写了《帝国国防史论》③。这部著作堪称日本版的海权理论著作，是指导日本海军发展的经典著作。佐藤铁太郎在这部著作中提出，作为"岛屿之国""海洋之国"的日本应该以英国为榜样，将海军战略作为一线国防。他主张日本应该确立海军力量在西太平洋地区的局部优势，认为日本海军的主要战略目标是歼灭跨越太平洋的来犯之敌，据此，美国被认为是日本的最大敌人。佐藤铁太郎以马汉的海外扩张论为基础，论述了自己的海洋扩张思想。佐藤铁太郎的海权思想，成为日本大海军主义发展的理论基础。

---

① 关于日本海洋国家身份与海洋战略、安保战略的研究，比较有代表性的研究成果包括：中曾根康弘「海洋国家・日本の大戦略」『Voice』、二〇〇三年六月号；藤井厳喜「海洋国家日本の地政学的戦略試論」『日本文化』第六号、二〇〇一年、七八～八九頁；宮家邦彦「日中国交回復以来の对中外交のあり方を変えよ 海洋国家がとるべき大陸戦略」『中央公論』第一二一巻一号、二〇〇六年一月、二五二～二六二頁；松村劭「海洋国家・日本の軍事戦略—戦史に照らせば防衛政策の課題は自ずと見えてくる」『Voice』三四〇号、二〇〇六年四月、九六～一〇三頁；西川吉光「海洋国家日本の安全保障戦略」『世界平和研究』第三七巻三号、二〇一一年、二〇～二七頁；谷内正太郎「海洋国家の外交戦略：太平洋同盟を軸として」『世界平和研究』第三八巻二号、二〇一二年二月、二～八頁。

② 佐藤鉄太郎『帝国国防論』（日本国立国会図書館デジタルコレクション）、一九〇二年。

③ 佐藤鉄太郎『帝国国防史論』東京印刷、一九一〇年。

也有学者在研究日本海权时,将中日海权争端作为其中一个落脚点,德国学者杜浩(R. F. Drifte)所写的《冷战后的中日安全关系》是这方面的代表作。在该书中,杜浩以冷战后中日安全关系为主,探讨了冷战后日本防卫战略、日美同盟等内容,揭示了冷战后日本防卫战略的变化和趋势,并详细地分析了中日领土争端、东海问题、台湾问题、日本对中国军事现代化的疑虑等问题。[①]

海权的基础是海上力量。无论是关于近代日本海军战略的研究,还是关于当代日本防卫政策和安全战略的研究,都离不开对日本海上力量的研究。日本学者外山三郎在其专著《日本海军史》中系统地介绍了日本海军的建立、发展直至灭亡的全过程,他认为,日本海军经历了幕府时期的"海防"战略到明治维新后的"海权"战略的重大转变,日本海权突飞猛进式的对外扩张为日本赢得了广阔的海洋统治地域,但是日本海军兴于战争,也败于战争,太平洋战争的失败使日本从霸权地位跌落。外山三郎还认为,日本的失败不是实力不强,而是战略运用不当,尤其是对保护海上航线的忽视注定了日本海洋帝国的覆灭。[②] 要指出的是,虽然外山三郎的著述有助于我们了解近代日本海军的发展历史,但他在其著作中的许多观点是不正确的,他不仅为日本海军的侵略行为进行辩护,而且美化日本军国主义,吹嘘武士道精神。

此外,也有学者对战后日本海上力量、主要是对海上自卫队进行研究。[③]

---

① [德]杜浩:《冷战后的中日安全关系》(陈来胜译),世界知识出版社2004年版。
② 外山三郎『日本海軍史』教育社、一九八〇年;[日]外山三郎:《日本海军史》(龚建国、方希和译),解放军出版社1988年版。
③ 这方面的代表作主要包括:大久保武雄「育てたい海上自衛隊」『政界往来』第二〇巻一〇号、一九五四年、八〇~八六頁;Euan Graham, *Japan's sea lane security, 1940-2004: A Matter of Life and Death?*, Abingdon, Oxon New York, (N.Y.: Routledge, 2006);日進美研スタジオ写真工芸部編『海上自衛隊1952-1956』日進美研、一九五六年;曽村保信「海上自衛隊よどこへ行く」『日本及日本人』一四九五号、一九七一年三月、五七~六三頁;ジェイムス・E.アワー『よみがえる日本海軍:海上自衛隊の創設・現状・問題点』(妹尾作太男訳)時事通信社、一九七二年;月岡弥三一「沿岸防衛—海上自衛隊と国民の距離」『エコノミスト』第五〇巻三九号、一九七二年九月、六四~七一頁;阿川尚之『海の友情—米国海軍と海上自衛隊』中央公論新社、二〇〇一年;NHK報道局「自衛隊」取材班『海上自衛隊はこうして生まれた:「Y文書」が明かす創設の秘密』日本放送出版協会、二〇〇三年。

对日本海上力量的研究，虽然不直接涉及海权思想，但也从侧面反映了日本海权思想的变化。

专门针对"海洋国家联盟"的研究，是冷战后研究日本海权的一项重要内容。

在国际政治研究中，"同盟"（Alliance，亦称"联盟"）是最重要的研究课题之一，但学术界对"同盟"的内涵并没有一致的看法。斯蒂芬·沃尔特（Stephen M. Walt）将"同盟"定义为"两个或多个主权国家在安全合作方面作出的正式或非正式的安排"。[①] 阿诺德·沃尔弗斯（Arnold Wolfers）把同盟定义为两个或两个以上的主权国家为了国家安全而缔结的相互军事援助的协定。[②] 奥斯古德（Robert E. Osgood）则把同盟定义为以特定国家或国家群为对象而使用军事资源的约定。[③] 布鲁斯·拉西特（Bruce Russett）和哈维·斯塔尔（Harvey Star）指出："联盟可以告诉我们关于国际体系的政治和军事结构的许多事情：如国家之间的地缘政治关系、友好和敌对的状况，军事能力的分配"，"联盟的关键之处是它反映了成员对彼此间行为的一系列相互期望。联盟对于体系的结构来说非常重要，由国际体系所提供的一些解决问题的方法也很重要，如力量分配和势力均衡体制"。[④] 回顾第二次世界大战后的国际政治现实不难发现，日美同盟是第二次世界大战后，乃至当今世界最为牢固的双边军事同盟之一。日本学者在此基础上，构筑了日本的"海洋国家联盟"论。

渡边利夫通过回顾日本历史，特别是论述佐藤铁太郎《帝国国防史论》和《国防史说》的内容，分析作为海洋国家的日本应该选择的道路，认为20世纪初的日英同盟确保了日本的安全，在可预见的未来，日本则

---

① Stephen M. Walt, *The Origins of Alliances* (Ithaca: Cornell University Press, 1987), p. 12.

② Arnold Wolfers, "Alliance", *International Encyclopedia of the Social science* (New York: Macmillan Company & The Free Press, Vol. 1, 1974), pp. 268–269.

③ Robert E. Osgood, "*Alliance and Coalition Diplomacy*", in James N. Rosenau, Kenneth W. Thompson and Gavin Boyd, World politics: An Introduction (New York: The Free Press 1976), pp. 338–339.

④ [美] 布鲁斯·拉西特、哈维·斯塔尔：《世界政治》（第5版），王玉珍译，华夏出版社2002年版，第82、83页。

应该坚持日美同盟的道路，日美同盟和日英同盟都是海洋国家同盟。[①] 此外，在其著作《新脱亚论》中，渡边利夫关注到日英同盟形成的必要性和可能性，并认为从放弃日英同盟到建立日美同盟的三十年间，日本人是不幸福的。由此得出结论：日本要坚持日美海洋国家同盟。[②] 日本海洋政策研究财团发表了题为"为了海洋的安定与繁荣的日美同盟海权"的建议报告，该报告的撰写人包括北冈伸一、金田秀昭、秋山昌广、夏川和也等日本有名的学者。在该报告中，学者们集中探讨了日美同盟海权，将日美同盟的落脚点放在了海洋层面，包括海洋防卫、海洋开发等诸多课题，并提出了海洋国家联盟构想，特别提到了要构筑与韩国、澳大利亚的合作体制。[③]

从以上学者的讨论中可以看出，日本的"海权同盟"实际上就是通过与美国结盟来确保日本的安全，并构筑海洋国家联盟。在他们看来，对日本来说，与海洋国家结盟还是与大陆国家合作，日本只能选择其一，日本选择与海洋国家结盟，就意味着日本不能与大陆国家进行合作。这是日本秉持的地缘政治"二分论"思维的典型体现，这种思维使日本陷入地缘政治的安全困境中，难以处理好与亚洲国家之间的关系。

针对日本海权思想的研究，国外学术界进行了方方面面的有益探讨，但仍存在一些不足：一是对日本海权的研究侧重于对海权实践的分析与反思，以及对日本海上力量的研究，而对包括海权观念在内的日本海权思想的直接研究不多；二是针对日本海洋国家身份的探讨，往往与海洋政策、安保政策等内容结合在一起，难以对日本海洋国家身份有清晰和客观的认识。

（二）国内文献述评

虽然国内学术界对日本海权思想的研究涉猎不多，但对日本海权的

[①] 渡辺利夫「海洋国家同盟論再論—日本の選択」『環太平洋ビジネス情報』二八号、二〇〇八年、七～一二頁。

[②] 渡辺利夫『新脱亜論』文藝春秋、二〇〇八年。

[③] 日本海洋政策研究財団（OPRF）、日米シーパワーダイアローグによる提言「海洋の安定と繁栄のための日米同盟シーパワー」、二〇〇九年四月一七日、http：//www.sof.or.jp/jp/report/pdf/200904_seapower.pdf.（访问时间：2014 年 7 月 10 日）

研究发展迅速、研究时间跨度大、研究内容广泛、研究角度各异。从对近代日本海权的研究到对当代日本海权的研究，从对日本海上权力的研究到对日本海洋权益的研究，国内学术界的相关研究成果比较丰富，归纳起来主要有以下三个研究角度。

1. 权力的角度

从研究内容来看，国内学术界关于海权的研究大致可以分为两类：一类是对海权及其相关理论进行研究，如对马汉"海权论"的研究和对戈尔什科夫"海权思想"的研究等；另一类是对特定国家的海权及其相关问题进行研究，如对美国、英国、日本等国家的海权进行研究。海权在本质上仍然是权力的组成部分。因此，从权力的角度探讨海权，成为海权研究的突出形式。从权力的角度研究日本海权，主要涉及日本的海洋扩张和海上霸权、日美同盟与日本海权的关系等内容。

日本的海洋扩张和海上霸权，是中国学者研究日本海权的重点内容。这既与日本历史发展过程中的扩张史有关，也与日本扩张给中国带来的影响有关。王生荣着力分析了中日甲午战争和日俄战争对近代日本海权的影响，认为日本通过中日甲午战争控制了东北亚，通过日俄战争建立了西太平洋霸权。另外，王生荣分析了第一次世界大战后日本在亚太地区的扩张政策，特别是第二次世界大战期间日本进攻太平洋的战略，从向东太平洋闪电出击，到中太平洋防线的塌陷和在西南太平洋的退守，最后到西太平洋"绝对防卫圈"的彻底崩溃。[①] 张炜在《国家海上安全》一书中对日本海洋扩张史进行了剖析，认为近代日本为了谋求自身安全，积极对外扩张，势力范围从中国近海延伸至"内南洋"，最后扩展至"外两洋"。[②]

由于日美同盟的存在对中国国家安全始终是一种威胁，加上当代日本的海权是在日美同盟的框架下发展起来的，因此，中国学者对研究日美同盟与日本海权给予了一定的关注。鞠海龙对此进行了有益的探讨。

---

① 王生荣：《海权对大国兴衰的历史影响》，海潮出版社2009年版，第98—116、137—162页。

② 张炜：《国家海上安全》，海潮出版社2008年版，第266—293页。

他认为，美日同盟是日本海权的国际战略支柱，日美同盟为日本海权战略指定了方向，也加强了日本海上力量建设的速度、力度和强度。他还认为，日美同盟实现了日本海权战略与美国亚太战略的整合，日美同盟为日本海权战略提供了中期发展的大架构，是日本海权战略拓展的空间支撑力。[1] 束必铨则认为，日美海权同盟着眼于构建未来的国际海洋秩序，日本希望扩大日美同盟在海洋领域的合作范围来推行其国家海洋战略。未来日美海权同盟主导下的海洋秩序将体现出大国间力量平衡与海洋国家伙伴关系共存、将全球重要海域的海上通道纳入其安全防御范围、拓宽日美同盟的合作范围、重点关注新兴大国崛起引发的不稳定因素等四大特征。[2]

此外，中国学者还对日美同盟的变化及前景，日美同盟对中国、中国周边安全和中日关系的影响等进行了分析，包括郭丽立对日美同盟发展趋势的探讨；尚书对日美同盟未来走向的论述；孔庆茵分析了日美同盟"再定义"后对中国国家安全的影响；徐万胜探讨了冷战后的日美同盟对朝鲜半岛局势、台海局势、中国西部周边安全等的影响；刘江永认为日美同盟对中日关系的负面影响可能大于正面影响；刘艳分析了不同时期日美同盟对中日关系的影响。[3]

2. 战略与军事的角度

国内学者从战略的角度研究日本海权，其涉及面非常广，包括日本的海洋战略、海洋军事战略、海权战略等内容。笔者认为，海洋战略更多强调的是经济层面，而海洋军事战略和海权战略更加关注军事层面。在对这些问题进行研究时，学者们往往将其与日美同盟、日本的海权扩张历史等内容联系起来。

---

[1] 鞠海龙：《中国海权战略》，时事出版社2010年版。
[2] 束必铨：《日本海洋战略与日美同盟发展趋势研究》，《太平洋学报》2011年第1期。
[3] 郭丽立：《日本的"自主防卫"与日美同盟发展趋势》，《国际问题研究》2005年第2期；尚书：《美日同盟关系走向》，时事出版社2009年版；孔庆茵：《日美同盟"再定义"与中国国家安全》，《重庆师范大学学报》（哲学社会科学版）2005年第6期；徐万胜：《冷战后的日美同盟与中国周边安全》，社会科学文献出版社2009年版；刘江永：《日美同盟转型及其对中国的影响》，《国际观察》2006年第1期；刘艳：《冷战后的日美同盟解读：兼论其对中日关系的影响》，中国政法大学出版社2008年版。

海洋战略作为国家战略的重要组成部分，一直是濒海国家发展经济的重要战略。冷战期间，日本的经济发展极度依赖海洋。冷战结束后，日本尤其重视海洋经济的发展，并制定了海洋战略和相关法律法规。尽管海洋战略更注重经济层面，但中国学者尤其关注的是日本海洋战略与日本海权发展的联系。束必铨认为，日本海洋战略作为一项国家综合性战略，其核心是日美海权同盟，实现海洋战略的方式是采取以日美为主轴，联合具有共同价值观的国家形成全球性海洋伙伴联盟，将日本的国家力量和国际影响扩展至世界各大主要海域，最终建立起一套确保日本国家安全、经济等利益的海洋综合安全保障体系，在新的国际海洋秩序中成为海洋大国。[1] 初晓波选取身份与权力的视角，对冷战后日本的海洋战略进行了分析。[2] 曾光强、冯江源则从军事角度论述日本海洋战略，总结出其特点和对中国的影响，并提出中国的应对之策。[3] 修斌对日本海洋战略的理论基础与战略构想、海洋国家论等问题进行了探讨。[4] 关希对日本的"海洋国家战略"进行了分析，梳理了近代以来的日本海权，认为近代以来日本朝野围绕国家发展战略进行了长期论战，第二次世界大战后高坂正尧提出的"海洋国家日本的构想"成为日本研究"海洋国家"问题的先声，而"海权论"在日本的流行，则反映了日本统治阶层在内外环境变化下探讨未来国家战略的努力。[5]

海洋军事战略是国家军事战略的组成部分，体现的是海洋层面的军事战略。冷战期间，由于日本军事力量发展受到限制，其军事战略更多偏重防御性军事战略。冷战结束后，日本逐步摆脱军事上的限制，其防御性军事战略由此发生转变。尚书认为日本海洋军事战略分为两部分，第一部分是强化美日同盟，打造"美日海洋同盟"，共同维护所谓"自由

---

[1] 束必铨：《日本海洋战略与日美同盟发展趋势研究》，《太平洋学报》2011年第1期。
[2] 初晓波：《身份与权力：冷战后日本的海洋战略》，《国际政治研究》2007年第4期。
[3] 曾光强、冯江源：《略论日本海洋战略及其对中国的影响》，《日本问题研究》2006年第2期。
[4] 修斌：《试论日本海洋战略的几个问题》，《中国海洋大学学报》（社会科学版）2014年第1期。
[5] 关希：《排他性的"海权论"可以休矣——析日本流行的"海洋国家战略"》，《日本学刊》2006年第4期。

海洋秩序";第二部分表现为扩大自主海上防卫力量,实现海上装备的现代化、大型化和远洋化。①段廷志、冯梁梳理了日本的海洋安全战略,他们认为21世纪以来日本海洋安全战略得到了快速强化,具有扩张性和冒险性、视中朝为主要威胁、战略目标多元化、发展并综合运用多种手段等特征,还进一步分析了日本21世纪海洋安全战略实践对中国的影响,以及中国的应对之策。②此外,段廷志还从历史的角度分析了近代日本海洋扩张战略和冷战时期日本海洋安全战略,认为日本海上安全战略经历了军事霸权、通商立国和海洋立国三个阶段,在海洋立国阶段,日本更注重"海洋国家"合作和海洋立法体系的构建,进而探讨冷战后影响日本海洋安全战略的国际、国内因素,并在此基础上梳理了21世纪初日本海洋安全战略的主要内容。③国内学者对日本海洋军事战略的深入分析,比较注重其发展历程、特点和对中国产生的影响。

国家海权战略,顾名思义应该是一个国家围绕海权而制定的战略,它侧重于军事层面。不少中国学者在论述日本海权战略时,或者将其与日本海洋战略完全等同,或者将其与日本安全战略混同在一起。尽管如此,仍有一些学者对日本的海权战略进行了有益的阐述。鞠海龙对日本海权战略进行了详尽的分析,他认为日本海权战略的原动力包括传统安全与地缘政治压力、海上航行安全、海权战略的惯性思维、政治右倾趋势的影响等若干方面,日本海权的国际战略支柱是美日同盟,其力量支柱是海上自卫队与海洋军事战略,其空间支柱是具有拓展效能的外交政策。④郭锐从国家对海洋权益的认知维度入手,认为日本提出了新的海权战略,即控制海洋、利用海洋和"由海制陆",海洋扩张意识日渐膨胀。⑤

---

① 尚书:《美日同盟关系走向》,时事出版社2009年版,第212—230页。
② 段廷志、冯梁:《日本海洋安全战略:历史演变与现实影响》,《世界经济与政治论坛》2011年第1期。
③ 冯梁主编:《亚太主要国家海洋安全战略研究》,世界知识出版社2012年版,第36—78页。
④ 鞠海龙:《中国海权战略》,时事出版社2010年版,第139—212页。
⑤ 郭锐:《日本的海权观及其海洋领土争端——一种建构主义的尝试分析》,《日本学论坛》2006年第2期。

3. 观念的角度

在海权问题研究中，观念因素受到学界越来越多的重视，一国的海权观反映该国将通过何种方式发展海权。中国学者从观念的角度研究日本海权，主要涉及对日本海权观、海洋国家意识、海防思想等观念层面问题的研究，特别是部分学者对日本的海权观进行了有益而细致的探讨。

张景全在分析日本传统海权观及其形成的基础上，探讨了日本向新综合海权观及其战略的过渡，认为在相当长的时期内日本的海权观与世界近代的海权观几乎隔绝，一系列残酷的现实最终使日本社会彻底接受了近代海权观念，第二次世界大战后，日本的海权观及海洋战略向新综合海权观念过渡，具有过渡时期的双重性和不确定性的特点。[①] 杜小军梳理了近代日本海权意识的发展过程，他认为在西方坚船利炮的挑战面前，近代日本各阶层的海防及海权意识开始萌生，并在明治时期得到强化，进而在马汉海权论的影响下，形成日本式海权理论。正是在这种强烈的海权意识的推动下，日本政府大力扩充海军、发展海运，最终在近代亚太海权之争中占据优势地位。[②] 程铭对近代前后日本的海防进行了探讨，认为在幕末时期，日本思想家的海洋意识和在国家实践中的反应，都是致力于扩充海军、舰船造炮、培训海军人员，主要目的是应对欧美列强的入侵和海外通商富国安民，进而认为在这个时期，日本地缘政治思想中的海权观念是以强调建设海军力量来防卫外敌入侵为主要特征的。[③] 廉德瑰是国内为数不多的探讨日本海洋国家意识的学者，他对日本的海洋国家意识和亚洲主义进行了论述，着重介绍了福泽谕吉、吉田茂、高坂正尧等日本海洋国家论者的主张。[④]

基于权力、战略与军事、观念等三个维度，中国学术界对日本海权及相关问题的研究所取得的成果，为进一步研究日本海权思想提供了较

---

① 张景全：《日本的海权观及海洋战略初探》，《当代亚太》2005年第5期。
② 杜小军：《近代日本的海权意识》，《日本研究论集·2002》，天津人民出版社2002年版，第260—272页。
③ 程铭：《近代以来日本的地缘政治思想与地缘战略选择》，博士学位论文，吉林大学，2011年，第36页。
④ 廉德瑰：《日本的海洋国家意识》，时事出版社2012年版。

好的支撑。但国内现有研究成果也存在一些不足，主要体现在两个方面：第一，由于对海权理解的差异以及资料掌握程度的不一，在研究中，学者们对日本海权问题相关研究的涵盖面比较广，但对日本海权思想的研究不够深入。第二，对近代日本海权的研究偏重对日本制海权与霸权的研究，对当代日本海权的研究则偏重对日本海洋战略和日美同盟的研究，缺少从观念和思想的层面对日本海权的连贯分析，因而对日本海权思想的研究不够系统。

综合来看，国内外学术界对日本海权思想进行直接研究比较有限，也不成体系，本书将以已有的文献资料为依据，力求客观梳理、理性分析日本的海权思想，以期丰富学界对日本海权思想的研究，进而为探讨日本海洋行为背后的逻辑提供一个分析视角。

三 研究方法、创新点与难点

（一）研究方法

本书力图将日本的海权思想体系看成是一个动态变化的过程，将日本海权思想分为三个阶段进行分析，探讨日本海权思想的产生、变化与发展，并分析其海权思想引导下的海洋扩张行为对中国的影响。因此，本书在研究过程中将采用以下方法：

一是历史分析法。对日本海权思想进行考察，需要对其历史发展脉络有一个清晰的认识，这就有必要运用历史分析法，本书将纵向分析其演进过程和具体内容。

二是文献分析法。针对拟研究的问题，本书通过对现有的研究成果进行梳理和评价，发现其不足，借助以往相关研究中未被引用过或未受到重视的文献资料，从新的角度进行分析。

三是比较研究法。通过运用比较研究法，我们能够发现相关事物之间的区别与联系。本书对三个时期的日本海权思想进行纵向研究，实际上也就是对这三个时期的日本海权思想进行了比较，从而探寻日本海权思想在某种程度上的连续性及其变化。同时，本书还从地缘政治的角度比较了中日两国海洋行为背后的不同逻辑。

(二) 可能的创新点

通过对日本海权思想的深入研究，本书试图在以下方面有所创新。

第一，在关于日本海权问题的研究中，人们往往认为英美国家的海权思想就是日本的海权思想。事实上，英美国家的海权思想传入日本之后，日本经过吸收、发展与内化，形成了具有日本特点的海权思想。本书试图提炼和整理出比较完整的日本海权思想和海权思维逻辑，这项工作在以往的研究中相对缺失。

第二，本书提出了一个新的研究视角，即从日本国家身份的角度来探讨日本海权思想，认为日本海权思想的产生、变化与发展，都是以日本对其国家身份的认知和确立为基础和前提的，只有深入理解这一点，才能较为全面地认知日本的海权思想。

第三，本书在写作过程中，以日文文献资料作为主要的分析文本，其中相当一部分资料在国内还没有得到很好的分析和利用，通过整理、分析和提炼，力求客观地阐述日本海权思想及其海洋行为背后的海权思维逻辑。

(三) 难点

写作是一个充满挑战的过程，本书在写作过程中可能会在以下几个方面遇到困难。

首先，尽管国内外学术界对海权概念的内涵和外延都做出了解释，但莫衷一是。全面、准确地理解海权这一概念，对本书的写作至关重要。随着时代的发展，海权概念的内涵和外延都在不断扩展，不同的国家在不同的历史阶段对海权的理解也不尽相同。因此，如何把握和理解海权这一概念，成为本书写作的首个难点。

其次，关于日本海权思想的研究，从笔者掌握的资料来看，散见于关于日本海权的研究成果中，并未发现系统的介绍和整理，因此，本书需要对纷繁复杂的日本国家战略思想，特别是地缘政治思想进行梳理和提炼，如何根据研究主线进行系统、集中的研究，准确把握属于海权思想的内容，将会成为本书的主要难点。

最后，国外学者关于日本海权问题的研究成果，多数从军事和历史的角度展开，对日本海权思想的研究并不多见。国内学者对日本海权问题的研究虽然成果丰硕，但对日本海权思想进行直接的研究并不深入、系统，笔者在此基础上搜集和掌握的文献资料，对深入研究日本海权思想而言，仍显得不够充足。文献资料的搜集、梳理与归纳会是本书写作过程中遇到的另一个难点。

四　研究结构

本书由绪论、正文和结论三个部分组成。

绪论部分是本书研究的基础和前提，主要提出了本书所要研究的问题，阐述了本书选题的意义，并在对国内外研究现状述评的基础上，指出了前人研究中存在的不足之处、本研究可能的创新点以及难点。

正文部分是本书的核心内容，由五个部分组成，具体章节安排如下。

第一章阐述了海权概念和海权思想的流变，分析了日本海权思想产生的基础。关于前者，笔者探讨了国内学者对海权概念的理解，并对重要的西方海权思想进行了梳理。关于后者，首先，笔者探讨了日本地理环境与海权思想之间的关系，地理环境是产生海权思想的最根本条件；其次，笔者分析了日本战略文化与海权思想之间的关系。笔者将日本战略文化限定在武士道精神和扩张主义传统两个方面，认为二者是日本海权思想产生的意识形态基础，或者说精神文化基础。

第二章对日本海权思想的产生与发展进行了论述，这部分是关于近代日本的海权思想。首先，笔者分析了日本海洋国家身份的建构；其次，梳理并分析了近代前期日本海权思想的萌芽；再次，论述了马汉海权思想在日本的传播以及日本海权思想的形成；最后，笔者分析了日本海权思想发展过程中出现的不同寻常的"海陆"之争，并阐述了日本海权思想的发展。这一阶段从整体来看，日本海权思想是相对完整的，但其发展海权的着眼点在于追求亚洲大陆上的权力。

第三章对日本海权思想的再建构进行了论述，这部分是关于冷战期间日本的海权思想。首先，笔者论述了冷战期间日本海洋国家身份的重新建构，着重分析了海洋国家论和海洋国家身份的确立；其次，分析了日本海权思想在经济领域的重生，它具体表现为"海洋开发论""海洋自由论"和"区域主导意识"；最后，笔者探讨了日本海权思想在军事领域的转型。笔者认为这一时期日本的海权思想并不是完整的，但日本仍然具备发展海权的实力和意识。这也为下一阶段日本海权思想的回归与延伸打下了基础。

第四章分析了冷战后日本海权思想向传统海权观的回归。首先，笔者认为，冷战的结束，迫使日本重新思考和确认其海洋国家身份；其次，笔者论述了日本海权思想在战略层面的体现，它表现为日本的海洋战略；最后，笔者分析了日本政治行为背后的海权思维逻辑。笔者经过研究认为，日本在回归传统海权思想的同时，逐步形成了新形势下的海权思想。虽然目前这一过程并未最终完成，但其扩张性的特点越来越显著。

第五章将分析的落脚点放在了地缘政治层面的中日双边关系上，笔者首先探讨了日本海权思想引导下的海洋扩张行为对中国造成的影响，然后在剖析传统海权理论缺陷的基础上，借鉴已有的合作型地缘政治理念，从地缘政治的角度提出了发展中日关系的建议。

第 一 章

海权与日本海权思想

"海权"是英文"sea power"的中文翻译。在历史上，这一概念是由美国人马汉于19世纪末首次提出的，虽然马汉并未明确定义过海权，但马汉笔下的海权所包含的内容却被西方强国奉为圭臬。直到现在，马汉所说的海权仍然对美日等国的国家战略和对外行为产生了深刻的影响；而所谓"海权思想"可以理解为人们在主观上对海权的认知及国家在海洋上的行为逻辑。就日本而言，我们可以认为其海权思想指的是日本思想家、战略家和政治家对海权的理解与认知以及日本海洋行为背后的逻辑。尽管日本海权思想在不同的历史阶段存在变化的可能，但它的产生至少有赖于日本所处的地理环境和自古以来形成的战略文化。一方面，日本所处的地理环境在相当长的一个时期内并无太大的波动，因而地理环境就构成了日本海权思想产生的客观基础；另一方面，由于日本千百年来形成的战略文化是根深蒂固的传统，因此战略文化也就成为日本海权思想产生的精神文化基础。

第一节 海权与海权思想

一 海权的概念

从学术研究的角度来看，对本书涉及的主要概念进行界定是展开讨论和分析的必要前提。本部分内容将从中国学者理解海权的视角，对书中主要涉及的"海权"这一概念进行辨析。

据著名战略大师罗辛斯基（Herbert Rosinski）考证，海权的内涵最初来自于修昔底德（Thucydides）的见解，其意义为"海之权"（Power of Sea），即"凡是知道如何征服与利用海洋的人，海洋就会把这种权力赐予他。"① 但海权这一概念是由美国人马汉创造并提出的。然而，马汉却并没有明确界定过"海权"。② 自马汉提出"海权"，特别是第二次世界大战结束之后，国内外关于海权的内涵和外延的争论就一直没有停止过。英国人杰弗里·蒂尔（Geoffrey Till）认为，马汉所说的海权有两种含义：一种是狭义上的海权，指的是通过各种优势力量来实现对海洋的控制；另一种是广义上的海权，它既包括以武力方式统治海洋的海上军事力量，也包括与维持国家的经济繁荣密切相关的其他海洋要素。③ "海权是一个客观存在，不同国家在不同的经验基础上会有不同的理解"。④ "海权"这一概念是舶来品，其对应的英文是"Sea Power"。但关于"Sea Power"的汉语翻译，中国国内并没有统一的译法。"Sea Power"既可以译成"海上权力"，也可以译成"海上力量"。对此，中国学者张文木认为，"'海上力量'与'海上权力'的概念，虽同出于英文'Sea Power'一词，但其语义确是有性质的区别"。⑤

不难看出，海权首倡者马汉没有对"海权"进行明确的定义，客观上造成了人们对海权内涵的不同理解。就中国国内而言，学术界对海权这一概念的解释众说纷纭，主要是从以下几个角度进行定义的。

（一）从海上力量或海上权力的角度定义海权，主要强调对海洋的控制和利用

中国历史上第一部《海军大辞典》的编辑委员会认为，"海上力量指的是一国拥有的用于开发、利用和控制海洋的实力"，它包括"平时利用

---

① Herbert Rosinski, edited by B. Mitchell Simpson Ⅲ, *The Development of Naval Thought* (Newport: Naval War College Press, 1977), p. 26.
② [英]杰弗里·蒂尔：《21世纪海权指南（第二版）》，师小芹译，上海人民出版社2013年版，第25页。
③ Geoffrey Till, *Maritime Strategy and the Nuclear Age* (London: Macmillan, 1982), p. 14. 转引自吴征宇《海权的影响及其限度——阿尔弗雷德·塞耶·马汉的海权思想》，《国际政治研究》2008年第2期。
④ 张文木：《论中国海权》，《世界经济与政治》2003年第10期。
⑤ 张文木：《论中国海权》（第三版），海洋出版社2014年版，第3页。

海洋进行航海运输、科学考察、渔业生产和资源开发的力量；战时控制一定海洋区域的制海权，保障己方行动自由，必要时阻止敌方行动自由的力量"。① 杨国宇则认为，一个国家控制和利用海洋的权力即为海权。② 军事专家张召忠则认为，"海权（Sea Power）是一个国家控制海洋和利用海洋的一种特权，海权是一种综合力量，除海军兵力外，还包括商船队、港口、基地和海上交通线等。因此，海权的行使，不仅是夺取和控制制海权，还是国家运用政治、经济、外交、军事、科技和潜在资源等综合力量，来达到控制海洋和利用海洋的目的"。③ 海权研究学者倪乐雄认为，海权的概念是国内外学术界约定俗成的，在一般意义上，一个国家运用军事力量控制海洋的能力即为海权，而海军是这种能力的直接体现者。④ 陆儒德认为，海权是指一个国家具有的控制、开发和管理海洋的一切现有的和潜在的能力和力量的总和。⑤ 军事专家张炜则认为，传统意义上的海权指的是国家发展和运用海上力量实现对海洋的控制，"海权的物化，就是国家海上力量"。⑥ 学者刘中民认为，现代意义上的海权概念指的是国家的海洋综合国力，它是衡量一个国家海洋实力与能力的重要指标。⑦

（二）从海洋权利或海洋权益的角度定义海权，主要强调国家在海洋上的权利和利益

刘宏煊认为，在一定的海域内，沿海国家所拥有的海洋上的国土权、经济权和国防权就是该国家的海权。⑧ 军事专家章示平则认为，海权指的是海洋空间活动的自由权。⑨ 徐杏认为，海洋权包含领土主权、领洋主

---

① 张序三主编：《海军大辞典》，上海辞书出版社1993年版，第7页。
② 杨国宇：《近代中国海军》，海潮出版社1994年版，第887页。
③ 张召忠：《战争离我们有多远——张召忠点评军事革命》，解放军出版社1999年版，第401—402页。
④ 倪乐雄："航母与中国的海权战略"，收录于《撩开后冷战时代的帷幕》，上海人民出版社2008年版，第312—313页。
⑤ 陆儒德：《实施海洋强国战略的若干问题》，《海洋开发与管理》2002年第1期。
⑥ 张炜：《大国之道——舰船与制海权》，北京大学出版社2011年版，第2页。
⑦ 刘中民：《世界海洋政治与中国海洋发展战略》，时事出版社2009年版，第5页。
⑧ 刘宏煊：《开展海洋国土教育，增强海权观念》，《海军院校教育》1996年第4期。
⑨ 章示平：《中国海权》，人民日报出版社1998年版，第288页。

权、海域管辖主权和海洋权益等,与国家的安全利益和发展利益直接相关,是国家主权的重要组成部分。①丛胜利和李秀娟认为,海权包括"国家对一定海洋空间、海洋通道、海洋资源的领有权、使用权和管辖权,开展海上生产、海上贸易、海上交通活动和海上军事活动的自由权",是一个国家各项海洋权益的总和。②王勇认为,现代海权指的是"主权国家通过整合所属的海权要素,追求综合性的海洋权力来维护和拓展国家生存发展所需的海洋权利,并不断巩固和合理扩展权力以支撑其成为世界大国的过程"③。

(三)从综合的视角定义海权,强调海权既包括海上力量,也包括海洋权利

张文木认为,海权是国家"海洋权利"(Sea Right)与"海上力量"(Sea Power)的统一,是国家主权概念的自然延伸。④海权研究学者鞠海龙则认为,在《国际法》和国际政治领域,海权的内涵不尽相同。《国际法》意义上的海权看重的是一个国家的合法海洋权益与海上权利;而在国际政治领域,则通常采用马汉海权论中的海权概念,其本质是"一种特定国家在世界特定海域范围内主导国际战略的能力"。⑤巩建华认为,海权指的是"一个国家对本国领海、毗连区、专属经济区的实际管辖能力、控制能力和防御自卫能力,以及在特定海域开发利用海洋资源的权利"⑥。刘新华则认为,在全球地缘政治意义上所使用的海权,是从当前人类海洋观及世界形势的实际发展中凸显出来的,它包括两项内容:"一是产生海权的精神因素;二是将精神因素和物质基础结合起来,并体现在各项海洋活动之中,由此产生一定震慑力量和附带效果,即现实的海权。"⑦

---

① 徐杏:《海洋经济理论的发展与我国的对策》,《海洋开发与管理》2002年第2期。
② 丛胜利、李秀娟:《英国海上力量:海权鼻祖》,海洋出版社1999年版,第4页。
③ 王勇:《浅析中国海权发展的若干问题》,《太平洋学报》2010年第5期。
④ 张文木:《论中国海权》,《世界经济与政治》2003年第10期。
⑤ 鞠海龙:《中国海上地缘战略安全论》,中国环境科学出版社2004年版,第184页。
⑥ 巩建华:《海洋概念的系统解读与中国海权的三维分析》,《太平洋学报》2010年第7期。
⑦ 刘新华:《试论中国发展海权的战略》,《复旦学报》(社会科学版)2001年第6期。

（四）从能力和意志的角度出发，强调海权是一种能力、影响力或意志

刘宝银从概念的内涵出发，将海权分为狭义海权和广义海权，"狭义海权是指对国家领海及其上部大气层空间、毗连区、专属经济区具有实际管辖和自卫的能力。广义海权是指国家除对本国领海具有实际管辖与控制能力外，并具有对一定的公海、国际海底区域自由航行、开发利用的能力和权利"[1]。陈彤指出，海权指的是"一个国家跨海联结大陆的能力和意志"，其根本要义是"整合各个大陆的政治意志和经济资源"。[2]安秀伟认为，海权指的是"一个国家在海洋空间的能力和影响力。这种能力和影响力，既可以是海上非军事力量及其产生的影响力，也可以是海上军事力量及其产生的影响力"。[3]郑雪飞则认为，海权是"一国使用军事力量和非军事力量对海上海洋活动的主体和其他政治实体意志行为施加影响的能力"，是"一个国家总体战略能力的重要组成部分"。[4]

中国国内关于海权的定义，以上观点都具有一定的代表性，但也同样存在诸多的争议。在本书中，笔者倾向于认为海权是国家"海洋权利"（sea right）与"海上力量"（sea power）的统一，是国家主权概念的自然延伸。[5] 基于这种理解的"海权"，并不完全等同于马汉在19世纪所提出的"sea power"。事实上，尽管海权在近代和当代两个历史时期有着不同的表现形式，但不可否认的是，海权的确是国家主权的重要组成部分，是国家利用一切手段维护和发展海洋利益的权利和权力。当然，具体到对日本海权思想的研究，海权所指向的内容也处于变化中。在近代日本，海权主要指的是制海权，是日本追求控制海洋的权力；在冷战期间的日本，海权主要指的是利用海洋的能力，体现的是日本的海洋权利、特别

---

[1] 刘宝银：《环中国岛链：海洋地理、军事区位、信息系统》，海洋出版社2003年版，第11页。
[2] 陈彤：《回归地理特性探讨海权本质》，《世界经济与政治》2012年第2期。
[3] 安秀伟：《中国和平发展战略视野下的海权建设》，《山东师范大学学报》（人文社会科学版）2010年第2期。
[4] 冯梁等：《中国的和平发展与海上安全环境》，世界知识出版社2010年版，第32页。
[5] 参见张文木《论中国海权》，《世界经济与政治》2003年第10期。

是海洋权益；在冷战后的日本，海权既包括控制海洋的权力，也包括利用海洋的能力，即为海上权力与海洋权利的统一体。关于这一点，笔者在后面的章节也会进行具体的分析。

二 西方国家海权思想的流变

尽管包括美国人马汉在内的早期海权思想家们没有对"海权"这一概念作出明确的定义，但是这并不影响海权思想的产生与发展。早在古希腊和古罗马时代，海权的内涵就已经体现在人类的实践当中，其含义就是对海洋加以控制。修昔底德的论述自不必说，古罗马时代的学者（Marcus Tullius Cicero）也提出了"谁能控制海洋，谁就能控制世界"的观点。① 在大航海时代，英国著名探险家沃特·雷利爵士（Sir Walter Raleigh）曾说过这样的一段话："谁控制了海洋，谁就控制了贸易；谁控制了世界贸易，谁就控制了世界财富，最终也就控制了世界本身。"② 19 世纪的著名军事理论家约米尼（Antoine Henri Jomini）同样对海权有着深刻的认识，他认为："海洋的控制十分重要，假使一个国家拥有较长的海岸线，而又享有制海权，或能与享有海权的国家缔结同盟，则其抵抗力可以增加数倍以上。因为一方面，海洋可使补给来源永不匮竭；另一方面，利用制海权的弹性，可以到处袭击敌人，使其备多力分。"③ 这些经典论述都充分证明了在马汉之前人类已经认识并利用了海权，但这些论述并不是完整的海权思想，第一个将海权思想系统化、理论化的人是马汉。在马汉之后，英国人科贝特（Julian Stafford Corbett）、苏联人戈尔什科夫进一步从理论上丰富了海权思想，从而使人类对海权及海权思想的认识更加趋于完整。

（一）马汉的海权思想

马汉出生于 1840 年，是美国著名的历史学家和海军战略理论家。1859 年，马汉毕业于美国海军军官学校，随后投身于美国内战。马汉曾

---

① 石家铸：《海权与中国》，上海三联出版社 2008 年版，第 2 页。
② Clark G. Reynolds, *Command of the Sea: The History and Strategy of Maritime Empires* (New York: William Morrow, 1974), p. 105.
③ 钮先钟：《西方战略思想史》，广西师范大学出版社 2003 年版，第 210 页。

担任过美国海军驱逐舰舰长,并在海军战争学院任教,曾两度出任海军战争学院院长。马汉一生著述丰硕,其中,1890年出版的《海权对历史的影响(1660—1783)》一书标志着马汉海权思想的正式形成。之后,马汉又陆续出版了多部著作,丰富了自身的海权思想。

马汉海权思想的产生有着特殊的国内外背景。19世纪90年代的世界以欧洲为中心并受欧洲支配,美国只是处于边缘位置;英法等欧洲强国纷纷采取对外扩张政策,在海外寻求殖民地;1865年内战结束后,美国人以西部开发为重心,忽视了海外利益;19世纪末期,工业革命的第一阶段接近尾声,蒸汽和电力的发展促使海陆交通逐步转型。[①] 马汉敏锐地捕捉到了这些时代背景,通过对欧洲海上强国争夺海上霸权的历史事件的论述,总结出海权是获得海上霸权的决定性要素,进而指出了海权对历史发展的重要意义和对国家兴衰的重要影响。马汉因此被称为"我们(即美国)唯一能享誉全球的军事理论家"。[②] 事实上,马汉海权思想的核心目标是为美国推进商业扩张、进行海外殖民、谋求世界霸权提供理论依据,因此它在本质上具有扩张性。在普遍意义上,马汉海权思想的内容大致包括两点。

首先,马汉提出了影响一国海权的主要因素,即"地理位置、形态构成(其中包括与此相连的天然生产力与气候)、领土范围、人口数量、民众特征、政府特征(其中包括国家机构)"。[③] 地理位置是指有利于进攻,并能轻而易举地进入公海,乃至控制世界航运的咽喉要道的位置;形态构成是指国家自然的海岸、港口与气候;领土范围指的是国家的领土面积,以及海岸线的长度和港口的特征;人口数量是指从事海洋事业的人口数量,或至少能够迅速为航海业所使用且从事海洋物质生产的人口数量;民众特征是指国民热衷于追求商业、向海洋发展;政府特征指的是政府能否充分吸纳民众精神,通过其政策推动工业发展,通过海洋的方式获取利益。

---

① 参见钮先钟《西方战略思想史》,广西师范大学出版社2003年版,第386页。
② Edward M. Earle ed., *Makers of Modern Strategy: Military Thought from Machiavelli to Hitler* (Princeton: Princeton University Press, 1943), p. 4.
③ [美]马汉:《海权论》,萧伟中、梅然译,中国言实出版社1997年版,第29—92页。

其次，马汉构建了一个较为完整的海权理论体系。这一体系包含海上军事力量和海上非军事力量两大部分。前者指的是国家的海军力量，海军是海权最核心的组成部分。马汉认为，要想赢得争霸战争，国家必须拥有强大的海军力量，只有强大的海军才能切断敌人的海上通道、击败敌人的舰队，进而夺取并掌握制海权。后者是指以开展海外商业贸易为核心的设施和工具。马汉认为，国家的富强有赖于海上运输和商业贸易，因此，国家必须建立庞大的商船运输体系和海外殖民地。据此，马汉认为海权是一个完整的链条，包括生产、航运和殖民地。

尽管马汉提出了具有普遍意义的海权理论，但马汉并没有忘记他的理论主要是为美国对外扩张服务的。为此，马汉建议美国放弃"孤立主义"政策，极力鼓动美国发展海权，追求海外殖民地、进行商业扩张，以顺应时代潮流。马汉海权思想对后来美国海军的建设、海军战略的实施以及美国的海外扩张都产生了重要影响。

（二）科贝特的海权思想

与马汉处于同一时代的英国人科贝特，生于1854年，是西方海权思想史上另一位杰出的战略理论家。自1898年开始，科贝特出版了一系列有关海军历史的著作，其中1911年出版的《海上战略的若干原则》（Some Principles of Maritime Strategy）一书奠定了他作为海军战略理论家的崇高地位。科贝特的主要贡献在于他提出了系统化、理论化的海上战略。科贝特将战略分为大战略（major strategy）和小战略（minor strategy），前者是包括国际关系、经济功能在内的战争的目的；后者是战争的特殊部分，包括陆海军和联合作战的计划作为。[①] 科贝特将克劳塞维茨（Karl Philip Gottfried von Clausewitz）的战争理论延伸至海洋领域，从而提出了海上战略。

科贝特海权思想的形成同样有特殊的时代背景。在19世纪，英国凭借其强大的经济实力和海军实力，在世界范围内拥有了广阔的殖民地，成为名副其实的"日不落帝国"。从19世纪末期开始，欧洲大陆德国的快速崛起逐渐威胁到英国的利益。如何运用强大的海军力量维护自身的

---

① 钮先钟：《西方战略思想史》，广西师范大学出版社2003年版，第406页。

利益、应对德国的崛起成为英国亟须解决的战略性问题。在这样的背景下，科贝特逐渐将其授课的讲稿汇集在一起，最终形成了经典著作《海上战略的若干原则》。科贝特的海权思想主要集中于海上战略，体现在以下两个方面。

第一，制海权的作用是相对的，海上作战的目标不是为了控制海洋，而是为了自由地利用海洋。① 科贝特承认制海权对确保国家利益的重要性，承认海权对世界产生的重要影响。但他同时认为，海权的力量是有限的，制海权不是绝对的，"无论海上优势达到什么程度，都不能确保我们的交通线免受独立行动的巡洋舰的游击"。② 正是因为在科贝特看来制海权不是绝对的，因此，马汉所说的舰队决战思想也不应该是海军战略的首要目标。

第二，有限战争在海上实现的可能性。有限战争的概念来自克劳塞维茨，科贝特将其运用于海上作战。科贝特认为克劳塞维茨将战争区分为无限战争和有限战争的做法是正确的，然而，由于克劳塞维茨所思考的是在相邻的国家之间进行的战争，因此有限战争几乎不可能出现。但是，有限战争却十分适用于海上帝国在海外作战，因为海洋提供了难以逾越的障碍，凭借此优势能够阻止对方整个国家的力量投入到海上作战中，从而使一场战争成为有限战争。

科贝特海权思想是一个内容完整的理论体系，它不仅对英国海军实战有着直接的指导作用，也对美国海军的发展与转型产生了重要的影响。尽管受时代条件的局限，科贝特的海权思想存在一些不足，但从海上战略的角度来看，科贝特海权思想无疑是继马汉之后最重要的海权理论。

（三）戈尔什科夫的海权思想

苏联海军元帅戈尔什科夫生于1910年，曾担任苏联海军总司令一职近30年，著有多部军事理论著作，是一位具有重要影响力的军事理论家和战略思想家。他主张远洋进攻，与美国争夺海上霸权。在戈尔什科夫

---

① 参见师小芹《理解海权的另外一条路径——简论朱利安·科贝特的海权理论及其现实意义》，《和平与发展》2010年第1期。

② ［英］朱利安·S. 科贝特：《海上战略的若干原则》，仇昊译，上海人民出版社2012年版，第79—80页。

的海权思想中,"平衡海军"思想和限定性的制海权占有重要的地位,其海权思想具有马汉与科贝特的海权思想所不具备的防御性质。戈尔什科夫的海权思想通常被称为"国家海上威力论",这主要是由于他提出了"国家的海上威力①"(或者称为"国家海权")这一概念。1977年出版的《国家的海上威力》一书,集中体现了戈尔什科夫的海权思想,具体来看,他的海权思想主要包括以下几个方面。

首先,戈尔什科夫提出了"国家的海上威力"概念及其构成。所谓"国家的海上威力"指的是"开发世界海洋的手段与保护国家利益的手段在合理结合的情况下的综合","它决定着一个国家为着自己的目的而利用海洋的军事与经济条件的能力"。② 其实质是为了国家利益而最有效地利用世界海洋。国家海上威力的基本组成部分包括"一个国家考察海洋和开发海洋财富的能力、运输船队和捕鱼船队的状况、这些船队保障国家需求的能力,以及符合该国利益的海军的状况"③。在戈尔什科夫看来,国家的海上威力是一个体系,在构成海上威力的各个部分,海军始终占据主导地位。

其次,戈尔什科夫指出了限定性的制海权。在戈尔什科夫看来,制海权是在海上区域进行军事斗争时才会出现的独特范畴。因此,戈尔什科夫是从"海上战区"这一限定性的框架;而不是从更加普遍的意义上来理解制海权的。他认为,"在夺取制海权时,它着眼的不是目标本身,而只是创造某些先决条件的途径",是"完成基本任务的兵力行动取得胜利的保障因素"。④ 不难看出,制海权本身在戈尔什科夫的思想中并不是

---

① 此处的"国家的海上威力"一词,对应的英文词组是"the sea power of the state",它也可以翻译成"国家海权",二者之间并无本质上的区别,只是翻译上的不同。为使前后文表达一致,笔者在下文中将使用"国家海权"一词。戈尔什科夫的著作《国家的海上威力》,原作是用俄语写成的,中译本书名为《国家的海上威力》,英译本书名即为"The Sea Power of The State"。参见 [苏] 谢·格·戈尔什科夫《国家的海上威力》,济司二部译,生活·读书·新知三联书店1977年版。S. G. Gorshkov: *The Sea Power of The State* (New York: Pergamon Press, 1979).

② [苏] 谢·格·戈尔什科夫:《国家的海上威力》,海洋出版社1985年版,第1页。

③ [苏] 谢·格·戈尔什科夫:《国家的海上威力》,海洋出版社1985年版,第10页。

④ [苏] 谢·格·戈尔什科夫:《国家的海上威力》,海洋出版社1985年版,第378、382页。

作战目标，就此而言，戈尔什科夫与马汉在对制海权的认识方面有着相当大的区别。

最后，戈尔什科夫提出了"海军的平衡"。戈尔什科夫认为，"海军的平衡在于使构成海军战斗威力的各个组成部分和保证这些部分的手段经常处在最有利的相互配合的状态之中，以便使海军能充分发挥其万能这一长处，能在核战争和任何一种战争条件下完成各项任务"。[①] 同时，由于受到"一般政治形势（兵力的新部署、军事集团的存在、个别国家制度的变更等）、国家经济能力和军事经济潜力的增长、国内和国外科学技术的发展以及海军所担负的任务的变更"等因素的影响，海军的平衡也处于变化之中。

通过对戈尔什科夫海权思想的实践，苏联海军成长为一支能够与美国海军相提并论的强大海上力量。从理论进步的角度来看，戈尔什科夫为世界海权思想发展作出了重大的贡献，推动了海权理论的进一步发展。

第二节　日本海权思想产生的客观基础

作为一种主观意识，海权思想的产生离不开海洋这一客观基础。占地球表面积70%左右的海洋，越来越成为人类社会不断进步和发展的重要媒介。尽管人类的生存有赖于陆地，但是海洋对人类发展的重要意义却同样是不争的事实。与人类利用海洋的历史相比，人类谋求控制海洋的历史相对较短，而能够长期控制一片海域的国家更是不多见。一直以来，人类对海洋的控制，都只停留在实践的层面。直到19世纪末，美国海军战略理论家马汉将控制海洋的重要性提升至理论层面，[②] 马汉关于海权的一系列论述被世人称为"海权论"或"海权理论"（Sea Power Theo-

---

① [苏]谢·格·戈尔什科夫:《国家的海上威力》，海洋出版社1985年版，第414页。

② 现有的有关研究表明，在马汉"海权论"问世之前，已存在众多的海权思想，但马汉的贡献在于将这些已经萌发但处于分散状态的海权思想做了系统性总结和理论性概括。参见师小芹《论海权与中美关系》，军事科学出版社2012年版，第46页。

ry），① 由此海权受到世界各国的普遍关注，濒海国家更是将马汉的海权论视为圭臬，用它来指导本国海军的发展和海军战略的制定与实施。② 马汉的理论一经问世，便在美国、英国、德国、日本等资本主义国家传播开来。尤其是在19世纪末20世纪初的日本，上至天皇、下至普通军官，人人阅读马汉的著作，彼时的日本对马汉海权理论推崇备至，马汉海权理论也因此成为日本海权思想的模板。尽管如此，日本海权思想的形成，并不仅仅依赖于马汉海权论，而是有其自身的基础，包括其所处的地理环境因素、武士道精神与扩张主义传统等战略文化因素，这些基础缺一不可，共同促成了日本海权思想的萌芽与发展。

一 日本的地理环境

每个国家都处于一定的地理环境中，地理环境是国家赖以生存的根本因素。正如现实主义理论家所指出的那样，"地理因素决定了国家的选择"，③ "地理是构成国家力量的一个长期不变的最稳定的因素"。④ 日本也不例外。远离亚洲大陆的地理位置是日本地理环境最重要的特征之一，日本的军事思想、对外政策、对外行为等都是其这一特定地理环境的产物。因此，探讨日本海权思想的形成，不能不探明日本所处的地理环境，特别是它的海洋地理环境。

---

① 马汉关于海权的一系列论述，可参见其著作：*The Influence of Sea Power Upon History*, 1660–1783, (London: Sampson Low, Marston & Company, 1890); *The Influence of Sea Power upon the French Revolution and Empire*, 1793–1812, (Boston: Little, Brown, 1894); *The interest of America in sea power, present and future*, (Boston: Little, Brown and company, 1897); *Sea Power in Its Relations to the War of 1812*, (Boston: Little, Brown and Company, 1904); *Naval strategy compared and contrasted with the principles and practice of military operations on land*, (Boston: Little, Brown and Company, 1911)。

② 从马汉的著作中可以看出，马汉所论述的海权，主要指的是制海权，即利用强大的海军控制海洋，维护国家的对外贸易。这是马汉在19世纪末对海权的理解，难免有时代的局限性。随着时代的发展和认知范围的扩大，人类对海权的理解早已突破马汉理解的范畴，马汉海权论的缺陷在其后的历史中愈发明显。有关马汉海权论的缺陷的分析，参见师小芹《论海权与中美关系》，军事科学出版社2012年版，第53—61页。

③ [美]詹姆斯·多尔蒂、小罗伯特·普法尔茨格拉夫：《争论中的国际关系理论（第五版）》（中译本第二版），世界知识出版社2013年版，第75页。

④ 李义虎：《地缘政治学：二分论及其超越》，北京大学出版社2007年版，第42页。

日本位于亚洲东部、太平洋以西海域，是由本州、北海道、四国、九州四个大岛和6800多个小岛组成的岛国，整体呈东北—西南走向，从北到南分别与俄罗斯、朝鲜、韩国和中国隔海相望。日本国土总面积约为37.8万平方公里，境内崎岖多山，河谷交错，境内约三分之二的土地被山地、森林所覆盖，平原面积十分狭小，多位于沿海地带。其中，关东平原是最大的平原，但其面积仅为1.6万平方公里。与陆地面积相比，日本的海域面积更大。根据日本海上保安厅的统计，日本拥有的12海里领海面积约为43万平方公里，200海里专属经济区面积约为405万平方公里，共计约为447万平方公里。[1] 要指出的是，日本的统计数据包含日本与中国、韩国、俄罗斯等邻国有争议的海域的面积，其数据是片面的，并不被国际社会所承认。日本的管辖海域面积如此之"大"，以至于日本自认为它的管辖海域面积仅次于美国、澳大利亚、印度尼西亚、新西兰、加拿大，位居世界第六位。[2] 面积如此广阔的海域，对于日本的生存和发展来说，其重要性是不言而喻的。正是由于《联合国海洋法公约》赋予了濒海国家管辖海域的合法性，使得管辖海域直接与国家的安全利益和经济利益挂钩，客观上导致日本极力扩大其管辖海域的面积，不仅通过占有别国领土，争夺领海和专属经济区，而且不断地采取"变礁为岛"的做法，以强化其主权声张。

日本拥有长约3万公里的海岸线，是世界上海岸线最长的国家之一。其海岸曲折，海湾和良港居多，拥有横滨、神户、名古屋、长崎、函馆等众多港口。这种自然优势，客观上有利于日本发展海运行业，加强对外经济联系。此外，这种优势还便于日本填海造陆，增加建设用地，著名的关西国际机场就是建立在填海造陆的土地上。日本属于温带海洋性季风气候，纵跨亚热带、温带和寒温带，南北两端的温差很大，但四季分明，绝大部分地区终年温和而湿润，降水比较丰富，多数地区的降水

---

[1] 読売新聞政治部『基礎からわかる日本の領土・海洋問題』中央公論新社、二〇一二年、一二三頁；日本海上保安庁海洋情報部、http：//www1.kaiho.mlit.go.jp/JODC/ryokai/ryokai_setsuzoku.html。（访问时间：2014年9月8日）

[2] 日本海洋政策研究財団、「海洋白書2007」、9頁、http：//www.sof.or.jp/jp/report/pdf/200703_ISBN978-4-88404-187-8.pdf。（访问时间：2014年9月8日）

量在 1200—2000 毫米。因此，在有限的平原地区，日本种植了大米等农作物。此外，日本周围有着众多的寒流和暖流，在寒流和暖流的交汇处，通常形成了天然渔场，鱼类资源十分丰富，鱼类也成为日本居民生活中常见的食物。尽管如此，但日本在食物供应上并不能自给自足，肉类等多种食物仍然依赖进口。与此同时，日本的能源资源也极度匮乏，属于高度对外依赖型的国家。"作为严重缺乏化石能源储量的'资源小国'，日本的能源消费高居世界第四位，其所需石油的 99.7%、煤炭的 97.7%、天然气的 96.6% 都依赖进口，是世界第三大原油净进口国、第二大煤炭进口国以及最大的液化天然气进口国，日本核电所需的铀几乎全部依靠进口。"[1] 其中，约 90% 的原油和天然气、约 30% 的液化天然气依赖中东和北非地区。[2] 因此，日本对于这条从中东和北非地区出发，经印度洋，穿过马六甲海峡，再经南海、东海等海域抵达日本的海上通道极其敏感。

日本地处西太平洋火山地震带上，地壳运动非常频繁，是世界著名的多火山和地震的国家。日本境内火山遍布，约有 270 座火山，其中活火山约 80 座，闻名于世的富士山就是一座火山。日本活火山数量占世界活火山总数量的 10%，境内领土有三分之二被火山喷发物所覆盖。[3] 日本有史以来最大的火山喷发是发生于 915 年的十和田火山喷发，火山碎屑岩淹没了邻近区域，火山灰掩盖了东北大部分地方，并造成农作物歉收、气温变冷与饥荒。[4] 由于日本位于火山地震带上，境内地震同样十分频繁。地震仪观察数据表明，1885—1903 年，日本总共发生地震 27485 次，年均地震 1447 次，日均 4 次。[5] 1923 年的东京大地震、1995 年的阪神大地震和 2011 年的东日本大地震，给日本造成了巨大的灾难。特别是 2011

---

[1] 冯昭奎：《21 世纪初国际能源格局及今后的中长期变化——兼论日本能源安全的出路与困境》，《国际安全研究》2013 年第 6 期。

[2] 梅秀庭：《安倍内阁〈国家安全保障战略〉介评》，《现代国际关系》2014 年第 2 期。

[3] 参见刘从德主编《地缘政治学导论》，中国人民大学出版社 2010 年版，第 133—134 页。

[4] 维基百科，"日本火山"，http://zh.wikipedia.org/wiki/%E6%97%A5%E6%9C%AC%E7%81%AB%E5%B1%B1（访问时间：2014 年 9 月 8 日）。

[5] [美] 房龙：《房龙讲述地理的故事》，汪德春译，东方出版社 2004 年版，第 426 页。

东日本大地震,引发了海啸,剧烈的海啸导致福岛核电站发生事故,由此造成的核泄漏成为日本难以消除的灾害。

作为一个四面环海的岛国,日本的地理环境存在诸多天然缺陷,这些缺陷使得日本地缘政治有着很大的脆弱性。这种基本地理特征,决定了日本对海洋生存空间的追求、对海外的极大兴趣和对海上生命线的高度敏感,从而决定了日本必然走向海洋。

二 地理环境与日本海权思想

地理环境与海权思想之间的关系,是一个十分重要而有趣的研究课题。环境在影响思想的同时,也影响着人类的行为。因此,在讨论上述课题前,有必要探讨一下环境与人类行为的关系。

毫无疑问,人类无法离开具体的地理环境而生存。"人类社会在任何时候都是在一定的地理环境中发展着,因此地理环境与人类社会之间存在着一定的相互联系和相互的影响。"[1] 环境对于人类行为的影响一直是备受关注的问题。尽管在核时代和后工业社会中,环境的重要性有所下降,但环境因素对人类行为乃至对政治产生的影响并没有被忽视。事实上,人类很早就关注到环境的重要影响。古希腊哲学家亚里士多德认为,人们与其所处的环境密不可分,人们既要受到地理环境的影响,也要受到政治制度的影响。靠近海洋会激发商业活动,而希腊城邦国家的基础就是商业活动。温和的气候会对国民性格、人的精神与智力的发展产生积极的影响。[2] 法国政治学家让·布丹(Jean Bordin)也认为气候会影响国民性格和对外政策,"高纬度的北部地区与温和的气候为建立以法律和正义为基础的政治体系提供了最为有利的条件"。[3] 从这些论述中可以看

---

[1] 刘清泉等:《地理环境决定论的实质和根源》,《西南师范学院学报》1959 年第 2 期。

[2] Aristotle, *The Politics of Aristotle*, trans. Ernest Barker (Oxford, England: Clarendon, 1961), pp. 289 – 311, inferred from James E. Dougherty & Robert L. Pfaltzgraff, Jr., *Contending Theories of International Relation: A Comprehensive Survey*, Beijing: Peking University Press, 2004, p. 151.

[3] Jean Bordin, *Six Books of the Commonwealth*, trans. F. J. Tooley, New York: Macmillan, 1955), pp. 145 – 157, inferred from James E. Dougherty & Robert L. Pfaltzgraff, Jr., *Contending Theories of International Relation: A Comprehensive Survey*, (Beijing: Peking University Press, 2004, p. 151.

出，环境因素，特别是地理环境因素深刻影响着人类的行为，并进一步影响了政治。地理和政治之间的关系，便是政治地理学（political geography）所要研究的对象。乔治·德姆科（George J. Demko）和威廉·伍德（William B. Wood）指出，政治地理学研究的焦点在于国家做出的决定如何影响人与环境之间的关系，如何影响人们生存空间的模式。① 在此之外，政治地理学还研究人为什么以及如何适应和改变自身所处的生存环境。因此，权力就自然而然地成为地理学的焦点。正如格尔洛伊德·图阿塞尔（Gearóid Tuathail）所说，"尽管人们常常假定地理是无辜的，然而，世界地理并不是自然的产物，而是权威间权力争夺的历史产物，他们争夺管理、占领和控制一定空间的权力。"②

自国家这种形态诞生以来，国家权力就是人类社会生活的重要组成部分，国家权力深受地理环境的影响。众多学者都认为，地理是极其重要的国家权力要素。马汉列举了影响各国海权的主要条件，第一个便是地理位置。马汉认为，"如果一个国家所处位置，既不靠陆路去保卫自己，也不靠陆路去扩张其领土，而完全把目标指向海洋，那么这个国家就比一个以大陆为界的国家具有更有利的地理位置"③。马汉的分析更具体地指出，"海岸线的长度和港口的质量是重要因素"④。在海权思想的形成过程中，地理位置的重要性是不言而喻的，很难想象一个内陆国家能够产生海权思想。现实主义大师汉斯·摩根索（Hans J. Morgenthau）列举了包括地理、自然资源等在内的9项国家权力要素。他认为，"地理和自然资源是国家权力的组成要素，其中，地理是一国权力所依赖的最稳

---

① George J. Demko & William B. Wood, "Introduction: International Relations Through the Prism of Geography," in George J. Demko & William B. Wood, eds., *Reordering the World: Geopolitical Perspectives on the Twenty-First Century*, Boulder: Westview Press, 1999, p. 8.

② Gearóid Ó. Tuathail, *Critical Geopolitics: The Politics of Writing Global Space*, Minneapolis: University of Minnesota Press, 1996, p. 1. 转引自 [美] 詹姆斯·多尔蒂、小罗伯特·普法尔茨格拉夫《争论中的国际关系理论（第五版）》（中译本第二版），世界知识出版社2013年版，第160页。

③ [美] A. T. 马汉：《海权对历史的影响》，时代文艺出版社2014年版，第38页。

④ [美] 詹姆斯·多尔蒂、小罗伯特·普法尔茨格拉夫：《争论中的国际关系理论（第五版）》（中译本第二版），世界知识出版社2013年版，第166页。

定的因素，自然资源则是对一国权力具有重要影响的相对稳定的因素"。①美国战略学家约翰·柯林斯（John Collins）认为"国家力量的地理成分包括空间关系、主要的陆地形态、气候、天然植被、资源（包括农业与森林资源）、工业、人口数量和分布、重要部门的分布、交通网和通信网"等十个基本方面，其中，前四项被称为自然地理，后六项被称为经济与人文地理。② 由此可以看出，地理因素是国家权力中不可或缺的重要因素。

从逻辑上来说，既然海权是国家权力的组成部分，而地理环境是权力构成的一个要素，那么海权自然也深受地理环境的影响。地理环境对于海权思想的产生是否具有影响，可以从马汉的经典论述中找到答案。马汉在其重要著作《海权对历史的影响（1660—1783）》中，非常详细地阐述了地理环境对海权的影响。马汉认为，"濒海国家的历史不是由政府的精明和深谋远虑决定的，而是由它的位置、范围、自然结构、人口和民族特点——一句话称之为自然条件所决定的。"③ 进而，马汉指出了海权组成的要素，其中包括地理位置、自然结构、领土范围等三个属于地理因素范畴的要素，这三个要素就是一个国家所处的自然地理环境。

关于地理位置，马汉认为，"地理位置本身可以促使海军力量集中或分散"，"一个国家的地理位置不仅能有利于集中它的部队，而且还要能为对付敌人的可能进攻，提供作战活动的中心位置和良好的基地的战略优势"，"如果一个国家的地理位置，除了具有便于进攻的条件之外，大自然已使它坐落在便于进入公海的通道上，同时还使它控制了一条世界主要贸易通道，显而易见它的地理位置就具有重要的战略作用"。④ 一个国家只有拥有相对更为优越的地理位置，它才有可能拥有海权。日本就是这样一个国家，它四面环海，大海既是国防的天然屏障，也是它对外联系的通道；它远离亚洲大陆，但又始终与亚洲大陆保持某种联系，使

---

① [美] 汉斯·摩根索：《国家间政治：权力斗争与和平》（第七版），徐昕等译，北京大学出版社2006年版，第122、124页。
② [美] 约翰·柯林斯：《大战略》，中国人民解放军军事科学院1978年版，第312页。
③ [美] A.T.马汉：《海权对历史的影响》，时代文艺出版社2014年版，第38页。
④ [美] A.T.马汉：《海权对历史的影响》，时代文艺出版社2014年版，第39、40、42页。

自己获得发展所必需的技术。正是具备这样的天然优势，日本才有可能掌握近海的控制权，才有可能产生海权思想。

关于自然结构，马汉指出，"一个国家的海岸线是它的边境的一部分，如果这部分边境为其提供了通向较远地区的便利通道，在这里较远的地区是指海洋，那么这个国家的人民也会愿意通过这部分边境与世界其他各地进行友好往来。设想如果一个国家有一条漫长的海岸线，但是没有一个港口，这个国家就不可能有它自己的海上贸易，也不可能有它自己的海运和海军"。"当海洋不仅是一个国家的边境或者把一个国家包围起来，而且海洋还把一个国家分割成两部分或三部分时，控制海洋就不仅仅只是一种欲望了，而是一件涉及国家存亡必不可缺的事情了"。[1] 马汉的这番表述充分说明，当一个国家处于海洋地理环境时，控制海洋对于该国来说就是一件极其重要的任务。既然这样的国家需要控制海洋，那么就不能不思考如何对海洋进行控制。就日本而言，一方面，它有着漫长的海岸线和众多的优良港口，这为它开展对外贸易和发展海权提供了基础；另一方面，濑户内海、津轻海峡、关门海峡将日本本土分成大小不一的四个岛屿，只有掌握对这些地方的控制权，日本才能成为一个统一的国家，其本土四岛才有可能避免长期威胁。

关于领土范围，马汉认为，他"所说的领土范围只涉及国土本身"，"影响海权发展的领土范围，不只是指一个国家总面积的平方英里数，还包括它的海岸线的长度和将要被考虑的港口的特点"，进而他认为，依据人口的多少，海岸线的长度是一个国家强弱的根源。[2] 马汉所说的领土范围实际上包含自然结构。就国土本身而言，日本狭小的领土是其发展过程中无法规避的劣势，但狭小的领土并没有成为日本海权思想产生的障碍，反而刺激着日本寻求更多的领土，更多的领土意味着更多的资源能源。因此，只有得到更多的领土，日本才能改变自身天然的劣势。在科学技术并不发达时，对于一个岛国来说，改变这一劣势的途径只能是控制海洋，进而向大陆扩张。从这一点来看，在对外扩张过程中日本不得

---

[1] [美] A. T. 马汉：《海权对历史的影响》，时代文艺出版社2014年版，第46、52页。
[2] [美] A. T. 马汉：《海权对历史的影响》，时代文艺出版社2014年版，第55—56页。

不谋求掌握制海权。

19世纪，随着交通技术的发展，环境特别是地理环境获得了越来越多的关注。地理上的便捷，有利于国家运用权力去影响或控制具有重要战略意义的领土，获得国家发展所需的自然资源和市场，从而推动国家的近代化进程。日本海权思想产生的时期是日本开始近代化的时代，加上日本所处的自然环境使其具备了向海洋扩张的地理条件，因此，环境因素对于日本海权思想的形成有着重要的影响和推动作用。对自然环境进行分析，可以解释海权思想产生的地理基础。作为一种思想体系，日本海权思想是日本地理环境的产物，这种思想又影响和改变了日本的内外行为。

第三节　日本的战略文化与海权思想

中国战略学者李际均认为："战略文化是在一定的历史和民族文化传统的基础上所形成的战略思想和战略理论，并以这种思想和理论指导战略行为和影响社会文化与思潮。""每一个国家和民族的战略都有其传统文化的烙印。也就是说，战略的底蕴和根基是思想文化，而且战略思想最终要汇入到一个国家和民族的思想文化的发展历史中去。"[1]因此，可以说战略文化对一国的战略思想具有潜移默化的重要影响。

如果说地理环境是日本海权思想产生的客观基础，那么，战略文化就是日本海权思想产生的意识形态基础。日本的战略文化深深根植于日本历史发展进程中，对日本的战略思想有着重要的推动作用。从这个逻辑来说，日本海权思想同样受到日本战略文化的影响。日本的战略文化纷繁复杂，武士道精神和扩张主义传统是其战略文化中最核心的内容，本节将从武士道精神和扩张主义传统的角度，对日本战略文化及其与日本海权思想之间的关系进行分析。

---

[1] 李际均：《论战略文化》，《中国军事科学》1997年第1期。

一　日本的武士道精神

武士作为日本社会中的一个阶层身份，兴起于 9 世纪前后。"从武士的起源来讲，他们其实是拥有土地的农民，为了自己的财产才归附在贵族之下，结成恩给关系。"① 1185 年，镰仓幕府②的建立，标志着武士正式登上了历史舞台，武士逐渐成为日本社会的统治阶层。他们掌握着特权，并"以作战杀伐为职业"，③ 不久便形成了"武士"家族和阶级。镰仓幕府以天皇的名义召集 20 余万日本武士抗击元军并取得胜利，激发了日本的民族自豪感和自信心，武士阶层渐渐成为国家的基干力量。④ 武士的"'武家习气''弓矢之道'等日本传统的尚武文化，与儒学的忠孝名分观念和佛禅的听命、'死生一如'思想相融合，逐渐形成独特的武士文化——武士道"。⑤

武士道起源于日本镰仓幕府时期，是在神道教义的基础上，经过片面吸收佛学和儒学思想而形成的。武士道的核心是神道教义。神道教是日本的本土宗教，它与其他宗教最大的区别在于，它提倡多神论，主张主神与众神并存。这种特性，一方面，使得日本易于包容和吸收外来文化，促进自身的发展；另一方面，也使大和民族逐渐形成了相对主义思维，缺乏辨别是非与善恶的能力，缺乏正义感。"不分是非"成为神道教的信念基础。明治维新后，大量的西方文化思想涌入日本，冲击着日本固有的传统观念，但是神道教义不仅没有受到严重的冲击，反而被日本统治者加以利用。明治政府逐步确立了神道教在国家中的特殊地位，推行"国家神道"，神道教被定为日本的国教。正如村上重良所说，"国家神道的思想，从敬神崇祖发展成为八纮一宇，为内政上天皇归一的家族国家观和对外的排外侵略思想从宗教上奠定了基础。法西斯时期国家神

---

① 汤重南、王仲涛：《日本近现代史》（近代卷），现代出版社 2013 年版，第 6 页。
② 镰仓幕府是武将源赖朝于 1185 年创立的、以镰仓为日本政治中心的政权，历经 149 年，于 1333 年灭亡，是日本历史上第一个真正意义上的武家政权。
③ 汤重南：《日本帝国的国家战略与军事战略》，《国际政治研究》2015 年第 1 期。
④ 卢国学：《论日本战略文化的杂合性》，《亚飞纵横》2006 年第 1 期。
⑤ 王英英：《略论日本的战略文化及其未来走向》，《日本研究》2012 年第 1 期。

道发展成为军事的、侵略的教义,乃是国家神道本质的表露。"① 神道教的特殊地位,也使得以神道的教义为核心而发展起来的武士道深入人心,成为明治维新后大和民族的精神基础。"由神道的教义所刻骨铭心的对主君的忠诚、对祖先的尊敬以及对父母的孝行,是其他任何宗教所没有教导过的东西,靠这些对武士的傲慢性格赋予了服从性"。② 早期的武士道精神强调忠心侍主的忘我精神,"忠诚""尚武""信义"等内容便是从神道的教义中汲取而来。

武士道在受到神道教义影响的同时,也受到佛学思想的影响。"佛教给予武士道以平静地听凭命运的意识,对不可避免的事情恬静地服从,面临危险的灾祸像禁欲主义者那样沉着,卑生而亲死的心境。"③ 佛学思想对武士道产生的影响就在于,教导武士进行冥想,从而超脱现世,彻悟到另一个"世界"。这便是"禅"。此外,武士道还受到儒学思想的影响。武士道最丰富的渊源便是孔子的教诲。④ 儒学思想倡导五伦之道,强调君臣戒律,涵盖冷静、仁慈、富于处世的智慧等政治道德,这些道德被武士加以利用,成为他们的生存之道。"孔子的贵族的、保守的言论也相当适应了武士政治家的要求。"⑤ 但是,武士道对儒学思想并非是全盘接收的,它的核心是"忠",而非中国儒学思想的"仁"。从这一点也可以看出,武士道是片面吸收儒学思想并加以内化的。

美国学者赖肖尔(Reischauer)认为,"日本的封建制度和欧洲的封建制度一样,最重视的美德是忠诚,因为整个这种制度是靠对个人的效忠维系的。"⑥ 忠君爱国的思想始终贯穿于武士道的发展历程中,在早期,它表现为武士对藩主的忠心耿耿,"武士存在的意义,用一句话来说,首

---

① [日] 村上重良:《国家神道》,聂长振译,商务印书馆1990年版,第181页。
② [日] 新渡户稻造:《武士道》,张俊彦译,商务印书馆1993年版,第18页。
③ [日] 新渡户稻造:《武士道》,商务印书馆1993年版,第18页。
④ [日] 新渡户稻造:《武士道》,商务印书馆1993年版,第20页。
⑤ [日] 新渡户稻造:《武士道》,商务印书馆1993年版,第20页。
⑥ [美] 埃德温·赖肖尔:《日本人》,孟胜德、刘文涛译,上海译文出版社1980年版,第60页。

先就是将自己的生命毫不吝惜地奉献给主君"①。在日本民族的感情生活中，神道的教义包含两个可以压倒一切的特点：爱国心和忠义。② 然而，在神道教义的强力影响下，这种"忠诚"逐渐演变为没有价值判断的愚忠，它强调"君不君亦不可臣不臣"。经过德川幕府时期系统化和理论化的改造，武士道成为武士的基本道德规范。"武士道精神要求武士绝对忠诚于藩主，表现了其谦卑、柔顺的一面，同时也要求无原则、无道义地执行藩主的命令，表现了其剽悍、凶狠的一面。"③ 明治维新后，作为统治阶层的武士这一身份随着幕藩体制的瓦解而消失，但是以"忠诚"等信念为核心的武士道精神并没有消失，"正如那些往昔存在而现在已经消失的遥远的星辰仍然在我们头上放射光芒一样，作为封建制度之子的武士道的光辉，在其生母的制度业已死亡之后却还活着，现在还在照耀着我们的道德之路"，④ 而这种"忠诚"也开始转变为日本国民对天皇和国家的忠诚。随着时间的推移，武士道成为日本国民全体的景仰和灵感。如新渡户稻造所说，"武士道作为一种不知不觉的而且难以抵抗的力量，推动着国民及个人"，"武士道过去是，现在也是我国（日本）的生气勃勃的精神和原动力"。⑤ 由此可见，武士道仍然广泛地存在于日本的社会当中，并一直深刻地影响着日本人的思维方式。可以说，武士道精神是日本民族独有的精神，也是影响日本人最深的精神文化。对于日本国民来说，武士道是不知不觉的、沉默的熏陶。即便是在武士已然消亡的年代，武士道精神仍然能够持续地发展。

　　由于日本历代封建统治者对武士道这一日本的核心战略文化进行大肆宣扬，加上日本思想家们对武士道精神进行理论上的发展，使得武士道精神渗进了日本民族的灵魂之中，它约束着日本人的言行举止，成为大和民族的精神支柱。这一精神支柱，在日本近代历史上，逐渐被军国

---

① 大貫恵美子『ねじ曲げられた桜：美意識と軍国主義』岩波書店、二〇〇三年、一九〇頁。
② [日]新渡户稻造：《武士道》，商务印书馆1993年版，第19页。
③ 岳文典：《从日本战略文化看对日关系新思路》，《和平与发展》2013年第6期。
④ [日]新渡户稻造：《武士道》，商务印书馆1993年版，第13页。
⑤ [日]新渡户稻造：《武士道》，商务印书馆1993年版，第95页。

主义所利用，成为日本对外扩张的思想理论工具。虽然第二次世界大战的失败使得日本被迫进行民主主义改造，民主、自由、平等等思想深入人心。但是，时至今日，人们仍然可以在日本社会和日本的对外行为中找到武士道精神的影子，感受到这一战略文化所带来的负能量。正如新渡户稻造评论的那样，"武士道作为一个独立的伦理的训条也许会消失，但是它的威力大概不会从人间消亡"。① 武士道精神将日本引入盲目对外扩张的道路，在这条道路上，武士道精神并不孤独，随着日本的扩张主义传统由意识转为实践，武士道精神与扩张主义传统便在日本的对外扩张中找到了契合点。

二 日本的扩张主义传统

在武士道精神这一核心战略文化之外，扩张主义传统是另一个与日本海权思想的形成有着密切关联的战略文化因素。从本质上说，扩张主义本就属于意识形态的范畴。对于日本扩张主义的研究，人们往往更多地关注近代日本的对外扩张和军国主义。延伸到海权领域，人们自然而然地认为日本海权与近代日本的扩张有着密切的关系。但是，应该说，日本的扩张主义并非始于近代，日本的海权思想也并非只与近代日本的扩张有关，它同样与近代以前日本的扩张主义相关联。基于此，本部分内容在大致阐明日本古代至幕末时期的日本扩张主义的基础上，探明了扩张主义传统与日本海权思想的相关性，从而加深了对日本海权思想产生的意识形态基础的认识。

日本的扩张主义古已有之，日本古代国家的统一就是在大和国的扩张征伐中完成的。② 《宋书·蛮夷传》记载：大和国"东征毛人五十国，西服众夷六十六国，渡平海北九十五国"。③ 此后，在古代日本的传说中，出现了神武天皇、神功皇后对外扩张的故事。在《日本书纪》第三卷《神武天皇》中，即有"兼六合以开都，掩八纮而为宇"，④ 意即将五洲

---

① [日] 新渡户稻造：《武士道》，商务印书馆1993年版，第105页。
② 周永生：《日本"大陆政策"思想探源》，《世界历史》1989年第2期。
③ 周永生：《日本"大陆政策"思想探源》，《世界历史》1989年第2期。
④ 伴信友（校訂）『日本書紀（全三十卷）』佚存書坊印行、一八八五年、三卷八頁。

四海置于神武天皇统治之下。这一说法后来演变为"八纮一宇",① 成为日本帝国时期的国家格言。神功皇后更是成为具有神话色彩的人物,传说她曾经征讨朝鲜半岛南部的新罗国,大获全胜。这是日本最早的有关对外征战的传说。② 后来的日本历代统治者极力宣扬这些传说,鼓吹实行对外扩张。

每逢日本对外扩张,朝鲜半岛必遭殃。公元663年发生的白江口之战(日本称"白村江海战"),即是日本以援助朝鲜半岛百济国为名,向朝鲜半岛派兵,与唐朝、新罗国发生的海战。虽然战争最后以百济国灭亡、日本军队退出朝鲜半岛、唐朝与新罗国取得胜利而结束,但日本在朝鲜半岛进行扩张的企图开始从传说走向实践,这也是朝鲜半岛在事实上被日本侵略的噩梦的开端。此后数百年间,因忌惮中国的强大,日本未再大规模对外扩张,但其"八纮一宇"的扩张思想却被日本的统治者和思想家们继承了下来。

16世纪的日本统治者丰臣秀吉(1537—1598年)具有强烈的对外扩张思想和侵略野心,他不仅提出了征讨朝鲜半岛,甚至要征服中国,进而称霸亚洲。在16世纪中后期,丰臣秀吉跟随织田信长在日本本土征战。1582年,织田信长死后,丰臣秀吉开始平定织田家族内的反对势力,并着手统一日本。1585年,丰臣秀吉首次明确提出要"征讨中华"。同年,丰臣秀吉出任"关白",后担任太政大臣。此后,丰臣秀吉迫不及待地将自己的扩张思想付诸实践。1590年,丰臣秀吉分别致信琉球国王和朝鲜国王。丰臣秀吉致信琉球国王称,"抑本朝六十余州之中,抚兆民,施慈惠,而不遗尺过地,悉归掌握也。虽然与异域不讲交,则为遗憾。祇今得贵国遗之奇物,顷又有游观博知之志,故欲弘政化于异域,素愿

---

① 所谓"八纮一宇",是在第二次世界大战期间,日本为了使对中国和东南亚的侵略合理化而使用的宣传口号。1940年,第2次近卫文麿内阁在《基本国策纲要》中强调建设"大东亚新秩序"时,第一次正式使用"皇国的国策是基于八纮为一宇的肇国大精神"这一表述。参见:『世界大百科事典(24)』、平凡社、一九八一年、五〇七~五〇八页。

② 蒋立峰、汤重南主编:《日本军国主义论》(上),河北人民出版社2005年版,第129页。

也。"① 而在致朝鲜国王的信中，丰臣同样毫不掩饰地提到："吾欲假道贵国，超越山海，直入于明（中国明朝），使其四百州尽入我俗，以施王政于亿万斯年，此乃吾之宿志也。"② 1591 年，丰臣在给印度总督的信中，又狂妄地提道："一有欲治大明国之志，不日泛楼船到中华者，如指掌矣！以便路可赴其他，何作远近异同之隔乎？"③ 从这三封信中我们可以确切地看出，丰臣秀吉意欲征服琉球国、朝鲜乃至中国、印度等国的扩张野心。1592 年和 1597 年，丰臣秀吉两次入侵朝鲜，均以失败告终，遂抑郁而死，但丰臣秀吉的对外扩张思想并没有消逝，反而被其后的德川幕府时期的统治者和思想家们所继承。1609 年，日本萨摩藩④进攻琉球王国，逼迫琉球王国向日本进贡，使琉球成为萨摩的藩属。这是日本对外实行扩张主义的铁证，也为后来日本吞并琉球埋下了种子。尽管德川幕府于 1633 年开始实行"锁国"政策⑤，但日本的思想家们并没有停止宣扬他们的扩张主义思想。

　　山鹿素行（1622—1685 年）是日本江户时代著名的兵法家和儒学家，他提出了"完整意义的以皇国史观为核心的日本'神国主义'思想"，这种思想实质上是"天皇以神的名义来号召大和民族子民对内服从天皇统治，对外侵略扩张的思想"。⑥ 山鹿素行有着强烈的日本中心主义思想，他认为只有日本才可以称为"中国之地"。⑦ 他将日本称为"中朝"或

---

① 大久保利谦等：《由史料看日本的进程·近世篇》，吉川弘文馆 1955 年版，第 56—59 页。转引自周永生《日本"大陆政策"思想探源》，《世界历史》1989 年第 2 期。

② 蒋立峰、汤重南主编：《日本军国主义论》（上），河北人民出版社 2005 年版，第 130 页。

③ 大久保利谦等：《由史料看日本的进程·近世篇》，吉川弘文馆 1955 年版，第 56—59 页。转引自周永生《日本"大陆政策"思想探源》，《世界历史》1989 年第 2 期。

④ 萨摩藩，位于今日本九州地区，德川幕府时代的西南强藩，是"倒幕运动"和明治维新的主要力量之一。

⑤ "锁国"政策，是日本江户时代德川幕府实行的政策。于 1633 年颁布第一次锁国令，至 1854 年美国海军军官佩里（Matthew Calbraith Perry）率舰队第二次到日本为止。在"锁国"政策下，日本并非完全不与外国交往，仍然保持着与中国、朝鲜、荷兰等国的贸易。针对日本是否有"锁国"的实态，学界仍未有定论。

⑥ 苑基荣：《浅析日本大陆政策形成的思想渊源》，《中国社会科学院研究生院学报》2009 年第 2 期，第 138 页。

⑦ 広瀬豊編『山鹿素行全集　思想篇　第十三巻』岩波書店、一九四〇年、七頁を参照。

"中华",主张天皇"可至万世而为君","神神相生、圣皇连绵","与天地无穷"以便维护万世一系的"国体"。① 山鹿素行的日本"神国主义"思想对后来的日本思想家们产生了深远的影响。

本居宣长(1730—1801年)是日本江户时代的国学大师,也是极力宣扬日本"神国主义"的思想家。本居宣长将日本古代史书《古事记》中的创世神话奉为真理,推崇"皇国之古道",追求以"神道"为核心的原始的日本文化精神。本居宣长在其著作《玉矛百首》中写道:"世界有许多国家,但由祖神直接所产生出的,只有我日本国。""我国是日本之大神的本国,即在世界万国之中最优秀的国,那也可以说是祖国的国。"据此,本居宣长认为,"既然日本是'世界之祖国',就有征服与统治世界之使命。"② 日本有学者认为,本居宣长是"创世纪式神话的信奉者",其神学观点达到了荒诞的地步,他把"国学"中合理的成分加以歪曲而塞进了这种"神国主义"观念之中。③ 本居宣长的弟子铃木浪在本居宣长的《驭戎慨言》的序言中,毫不掩饰地写道:"天地之中,虽有八百个国,然惟吾皇国为万国之母国、祖国,其他诸国则皆枝末之国,卑贱之邦。"④ 本居宣长的思想充满了扩张主义的倾向,他甚至公然宣称征伐中国。他指出:"自今以后,如彼(指中国)果有罪而我加以征伐。"⑤ 从本居宣长的著述中可以看出,本居宣长的"神国主义"思想,包含着强烈的扩张主义。他极力反对儒家思想,强调以日本的文化精神来增强大和民族的优越感,从而促成了"大和民族优越论"等论调的形成。他倡导的这些观念,后来被日本军国主义者所利用,成为日本对外扩张的舆论工具。

林子平(1738—1793年)是日本江户时代著名的擅长兵学、地理学

---

① 蒋立峰、汤重南主编:《日本军国主义论》(上),河北人民出版社2005年版,第131页。
② 本居宣长:《玉矛百首》,转引自刘天纯等:《日本对华政策与中日关系》,人民出版社2004年版,第87—88页。
③ [日]永田广志:《日本哲学思想史》,陈应年等译,商务印书馆1983年版,第156页。
④ 汪向荣:《中国的近代化与日本》,湖南人民出版社1987年版,第167—168页。
⑤ 苑基荣:《浅析日本大陆政策形成的思想渊源》,《中国社会科学院研究生院学报》2009年第2期。

的思想家。他在论述海防论的同时，亦不忘宣扬对外扩张。林子平在其著作《三国通览图说》中所说的"三国"指的是朝鲜、琉球、虾夷（今北海道地区）三地。林子平认为，由于这三国"与本邦接壤，实为近邻之国"，因此日本国民要"知晓此三国地理"。他鼓励"日本勇士率雄兵入此三国时，谙察情况而随机应变"。[1] 由此可见，林子平实质上是鼓吹日本向周边扩张，侵占这三国。他还希望"日本能出现像俄国女皇叶卡捷琳娜二世那样的君主，以一统五洲"。尽管林子平对日本海防的论述相对更多，但其论述也包含扩张主义的成分和倾向，他主张以日本的邻近地区作为对外扩张的目标。在其生前，他的思想和著述未能得到德川幕府的赏识，但在其死后，日本的统治者们将他的思想奉为圭臬，并将其转化为对外侵略扩张的实践。

和林子平处于同一时代的本多利明（1743—1821年），是另一位主张对外扩张的思想家。他在《经世秘策》一书中，极力主张日本应以征服世界为终极目标，使日本成为世界第一强国。他提出向俄国的堪察加半岛、满洲（即中国东北地区）、美洲等地扩张领土，[2] 建议日本要开发属岛，实行"开拓制度"（即殖民制度）。本多利明认为，"从位于东洋的诸岛渐渐望去，越过众多岛屿，抚育土人，利用交易取得信服，进而使其成为属岛，再从堪察加，……到北美大陆，皆为辅佐我国国力的地方"。[3] 本多利明的扩张思想影响深远，他为日本的对外扩张构建了大概的框架。在他的影响下，日本的扩张主义思想更加系统化和具体化。

佐藤信渊（1769—1850年）是继本多利明之后主张日本对外扩张的集大成者，他为日本的对外扩张设计了蓝图，堪称近代日本扩张主义的思想"先师"。佐藤信渊在《宇内混同秘策》中写道："皇大御国是大地上最初形成之国，世界万国之根本也。故能经纬其根本时，则全世界悉

---

[1] 《林子平全集》第1、2卷，转引自刘天纯等《日本对华政策与中日关系》，人民出版社2004年版，第91—92页。

[2] 横川四郎编·本庄荣治郎解题『本多利明集』诚文堂、一九三五年、五二页を参照。

[3] 黒田謙一『日本植民思想史』弘文堂書房、一九四三年、七五頁；本多利明『経済放言』、横川四郎編『本多利明集』誠文堂、一九三五年、一一七頁。

应为其郡县，万国之君主皆应为其臣仆。"① 佐藤信渊详尽地陈述了征服中国的策略。他认为，"凡经略他邦者，必由其弱而易取处始。今世界万国中，为皇国所易于攻取之地。舍支那国之满洲外无他……故皇国之征满洲，迟早虽不可知，但其为皇国所有，则属无疑。满洲一得，支那全国之衰微，必由此而始。故取鞑靼之后，始可逐次而图朝鲜、支那。"② 从佐藤信渊的言论中可以看出，他继承了山鹿素行的日本"神国主义"思想，企图将这种"神国主义"思想付诸实践。在他死后，他的扩张思想被明治时期的掌权派所推崇，成为近代日本对外扩张政策的理论基石。

吉田松阴（1830—1859年）是幕末时期著名志士，也是极端的扩张主义者。他提出了著名的"海外补偿论"，即"失之于欧美、补偿于邻国"。他认为，"我与俄、美媾和，既成定局，断不可由我方决然背约，失信于夷狄。但必须严章程，厚信义，在此期间善蓄国力，征服易取之朝鲜、满洲、中国。在贸易上失之于俄美者，应由朝鲜、满洲之土地以为偿。"③ 他主张吞并琉球和满洲（今中国东北地区），侵略朝鲜和中国，控制南洋、袭印度，进而完成先人未完成之大业。吉田松阴开设松下村塾，培养了众多尊王攘夷的指导者。他的侵略扩张思想，影响了一大批倒幕维新和明治政府的重要人物，对日本军国主义的形成和发展具有重要的推动作用，成为日本"大陆政策"和海外扩张的思想基础。

在上述扩张思想的影响下，日本对外扩张的意识变得越来越强烈。1868年明治维新后，日本便着手向海外扩张，其对外扩张的实践在近代中后期达到了顶峰。

三 战略文化与日本海权思想

战略文化的类型多种多样，其特点也各不相同。美国学者江忆恩（Alastair Iain Johnston）将战略文化分为强硬的现实性战略文化和柔软的理想型战略文化。而中国学者李际均在对中国、普鲁士、日本军国主义

---

① 汪向荣：《中国的近代化与日本》，湖南人民出版社1987年版，第169页。
② 汪向荣：《中国的近代化与日本》，湖南人民出版社1987年版，第171页。
③ 沈予：《日本大陆政策史（1868—1945）》，社会科学文献出版社2005年版，第36页。

和美国的战略文化进行比较分析后指出，中国的战略文化注重防御，普鲁士和日本军国主义的战略注重侵略扩张，美国的战略文化体现了强权政治，富于进攻性、随意性和重自我。① 可以看出，不同的战略文化具有不同的特点。虽然一国的战略文化并非一成不变，但其核心内容通常却是相对稳定的。日本在自身的历史进程中，形成了独特的战略文化，其核心内容就是武士道精神和扩张主义传统。二者相辅相成，在日本的发展中扮演着重要角色，促使日本的对外行为具有强烈的扩张性，扩张性也因此成为日本战略文化最大的特征。

日本扩张性的战略文化不仅影响着日本的对外行为，同样也影响着日本的国家战略思想。海权思想作为日本战略思想的重要组成部分，与日本扩张性的战略文化息息相关。这种相关性集中体现在以下两个方面：一是日本海洋扩张意识的出现；二是近代日本海军的建设和扩张。

海权思想的产生，有赖于海洋扩张意识的出现。日本海洋扩张意识正是在日本扩张性战略文化的催生下出现的。通过对日本扩张主义的历史回顾可以看出，日本早在一千多年前就产生了扩张主义。经过几百年的发展和宣扬，扩张主义已经成为日本对外行为的传统和常态。它不仅影响着日本在亚洲大陆上的扩张，也影响着日本在海洋上的扩张。从地理政治的角度来看，作为一个岛国，日本对外扩张必然会利用海洋这一媒介，这是岛国扩张的自然属性。然而，基于各种因素，日本的海洋扩张意识并没有随着扩张主义的产生而出现。根据现有的历史记载，具有一定规模的日本海上扩张活动始于倭寇②时期，具体来说，倭寇时期指的就是13—16世纪。这个时期也是日本武士在历史舞台上十分活跃的时期，武士道精神所倡导的"忠诚"等价值观也是日本社会的主流价值观。由于明朝政府实行海禁政策，正常的对外贸易减少，但日本对中国商品的需求并没有减少，明朝政府与日本幕府之间实行的"勘合贸易"不能满

---

① 李际均：《论战略文化》，《中国军事科学》1997年第1期。
② 在以往的认识中，"倭寇"指的是日本海盗。随着对更多历史资料的挖掘，学界对倭寇的认识和研究越来越深入。现有研究表明，倭寇的组成中并不只有日本人，还包括中国人和朝鲜人。但不可否认的是：第一，倭寇的成员中确有日本人，并且他们在海上以及在中国与朝鲜的沿海地区从事掠夺活动；第二，这些日本人除掠夺财物外，还掠夺劳动力，为日本地方豪族服务。

足日本的需求，因此，以抢夺财物代替贸易的现象逐渐增多。加上在这个时期，日本内战不断，导致很多流离失所的人加入倭寇行为，倭寇活动由此越来越猖獗，中国、朝鲜、日本三国的中央政府都曾讨伐过倭寇。倭寇从事的活动，从认识和实践两个层面为日本海洋扩张意识的出现创造了基础。一方面，倭寇从各个方向抵达中国沿海地区进行掠夺活动，使得这些路线被日本统治阶层所熟悉，为后来日本向中国大陆扩张奠定了认识上的基础；另一方面，这些路线的可行性也被倭寇活动所证实，从而为日本的对外扩张提供了实践上的基础。

如果说倭寇活动没有完全促使日本产生海洋扩张意识的话，那么，具有军事性质的"水军"[①]的崛起，则直接促使日本海洋扩张意识出现了。作为有规模、有组织的军事势力，水军通常是日本地方豪族为保护自身利益而雇佣的组织，早期多以北九州、濑户内海为根据地，最初一般只在内河、沿海地区活动。水军也像海盗一样掠夺财物，因此被幕府所压制。到室町幕府时期（1338—1573年），尽管幕府与明朝政府之间进行"勘合贸易"，但获益最多的仍然是商人和豪族。他们雇佣水军，从中国沿海地区扩张到菲律宾、马来半岛等地区，在这些地区从事秘密的贸易活动，不仅收获了经济利益，而且提高了航海等方面的技术。水军为地方豪族服务及其对地方豪族的"忠诚"，体现出强烈的武士道精神。室町幕府倒台之后，水军参加了日本国内的众多战事。在经历战国时代[②]后，日本各地，特别是西日本的水军成长了起来。正因如此，在丰臣秀吉侵略朝鲜之际，日本的海上力量也在某种程度上得以复活。[③] 到了德川幕府时期（1603—1867年），水军逐渐从私人拥有转变为官方拥有。德川

---

① 关于日本水军的研究，可参见下列文献：佐藤和夫『日本水軍史』原書房、一九八五年；武光誠『水軍国家ヤマトの誕生』学習研究社、一九九〇年；佐藤和夫『日本中世水軍の研究』錦正社、一九九三年；佐藤和夫『海と水軍の日本史』原書房、一九九五年；宇田川武久、『戦国水軍の興亡』平凡社、二〇〇二年；佐藤和夫『水軍の日本史』原書房、二〇一二年。

② 此处的"战国时代"指的是日本的战国时代，即从15世纪末到16世纪末日本战乱频发的时代，关于这个时代的起止时间，目前仍有争议，大约是从1467年应仁之乱起，到1590年丰臣秀吉统一日本止。

③ 立川京一「日本におけるシー・パワーの誕生と発展——第二次世界大戦まで」、立川京一など編著『シー・パワー：その理論と実践』芙蓉書房、二〇〇八年、一八一頁。

幕府末期创建海军时，这些水军成为海军的重要组成部分。水军活跃的这段时间，是武家治国、武士道精神居于主流的时期，"忠诚""信义"等武士道所倡导的价值观也深刻影响着水军。由此可以看出，水军的活动直接激发了日本向海洋扩张的冲动，也为后来日本海军进行扩张奠定了基础。因此，可以说日本扩张性的战略文化，必然促使日本对外进行扩张，在武士道精神的内化影响下，随着对海洋这一媒介的开拓，日本海洋扩张意识的出现是自然而然的事。

日本扩张性战略文化与海权思想之间的联系，还体现在近代日本海军的建设与扩张方面。战略文化对国家行为具有至关重要甚至是决定性的影响，[1] 而海权思想的实践有赖于海军建设和发展。因此，分析近代日本发展海军这一国家行为，有助于观察战略文化与海权思想之间的联系。幕末时期，德川幕府基于海防思想，已着手组建海军。此时的日本海军，既没有强大的战斗力，也没有对外扩张的意愿。随着德川幕府的倒台和明治维新的开始，明治政府从各个方面对海军进行近代化建设，这种建设的根本指向便是对外扩张，宣扬"皇威"。正如1870年兵部省提交的建议书中所写的那样：

"皇国是一个被分割成数岛的独立于海中的岛国。如不认真发展海军，将无法巩固国防。当今各国竞相发展海军，我国则十分落后。……若我国拥有数百艘军舰，常备精兵数万，那么他国便会对我敬畏起来，哪里还敢有今日之所为？故海陆军装备精良与否，实关皇国安危荣辱。全国上下发奋努力，兴办海军，加强陆军，建立一支保民卫国之军队，用以压制强敌，扩大我国数千年悠久历史之影响，耀皇威于四海，这才是最紧急最重要的国务……"[2]

从中可以看出，明治维新不过数年时间，日本已有建设强大海军、向海外扩张的意图，并准备将这种意图付诸实践。在海军官制方面，1868年，明治政府设立海陆军务科，随后改为军防事务局，不久又设立海陆军务官，下设包括海军局和陆军局在内的二局四司。1869年，明治

---

[1] 李晓燕：《文化·战略文化·国家行为》，《外交评论》2009年第4期。
[2] ［日］外山三郎：《日本海军史》，解放军出版社1988年版，第20页。

政府将军务官改为兵部省，1872年废除兵部省，设置陆军省和海军省，从此陆军与海军在官制上彼此独立。在海军兵役制度方面，明治政府于1873年实行征兵制之后，日本海军采取了志愿兵制与征兵制相结合的方式。这种"以征兵制为基础、以志愿兵为重点的兵役制度"，[①] 对日本海军的发展起了非常大的作用。在海军人才培养方面，日本尤其重视对海军军官的培养，通过开办海军学校、实施海外留学、进行远洋航海实习等方式，培养了一批有经验的海军军官，为日本海军的扩张奠定了人才基础。在海军军舰方面，明治政府早期只拥有德川幕府和各藩陈旧的军舰，但不久，明治政府便开始从国外订购军舰，同时也在日本国内建造军舰。通过数个扩军计划的推动，至1894年甲午中日战争前，日本已拥有巡洋舰、炮舰、鱼雷艇、装甲舰等各式舰艇，并编成了联合舰队。甲午中日战争的胜利，使日本一跃成为东亚区域内令西方列强刮目相看的海洋强国，并强烈刺激着日本海军继续对外扩张。

明治维新之后，日本不再以海防为目标，而是通过对外扩张，谋求海权，从而取得强国地位。在此过程中，日本利用战略文化这一工具，在推动海权实践的同时，丰富了自身对于海权的认知，海权思想由此得以形成和发展。

小 结

曾经有学者认为，日本的海权思想来自马汉的海权论。诚然，这种观点有其合理性，但是，日本海权思想的独立存在也是一个客观的事实。如同马汉的海权论建立在美国自身的基础之上一样，日本的海权思想同样也是在日本自身的条件下形成和发展起来的。从上文的分析中可以看出，一方面，日本的地理环境相对来说是比较恶劣的。地震、火山等自然灾害频繁发生；国土面积狭小，其中山地面积比重大，适合居住和耕作的土地十分有限；能源等物质资源匮乏，众多的人口使得人地矛盾十分尖锐。加上日本列岛呈东北—西南走向，境内任何一个地方距离海洋

---

① ［日］外山三郎：《日本海军史》，解放军出版社1988年版，第12页。

都不超过百余公里，几乎毫无防御纵深可言。这些客观因素的存在，使得日本有着天然的危机感，不安全感十分强烈。这种危机感和不安全感因交通媒介和现代武器的发展而愈加强烈。日本能够"敏锐地意识到危机，坦然地承认危机"，从而"激发积聚的民族活力，顽强地战胜危机，不断求生存、谋发展"。①

另一方面，由于一直面临着严峻的生存环境的考验和生存危机，日本企图通过对外扩张来降低危机感，弥补地理环境造成的缺陷，由此导致日本对外倾向于采取扩张主义。在独具特色的武士道精神的影响下，日本的扩张主义不断膨胀，从早期的对外扩张到近代的军国主义，愈演愈烈。正如法国思想家孟德斯鸠所说："土地贫瘠，使人勤奋、俭朴、耐劳、勇敢和适宜于战争；土地所不能给予的东西，他们不得不以人力去获得。"② 可以说，日本的地理环境和战略文化使得日本具有了天然的扩张性，这种天然的扩张性已经发展成为日本内在的文化基因而难以改变。

在日本特殊的地理环境和独特的战略文化基础上形成的日本海权思想必然具有日本特色。随着时代的变化与发展，日本海权思想也随之发生了变化，下一章就将以近代前后为时间起点，对此问题进行分析和研究。

---

① 江新凤：《日本战略文化研究》，博士学位论文，军事科学院，2004年，第48页。
② ［法］孟德斯鸠：《论法的精神》上册，张雁深译，商务印书馆1995年版，第282页。

第二章

向海而生：近代日本海权思想的产生与发展

自19世纪末马汉提出"海权"一词后，"海权"就成为很多地缘政治学者和战略家追捧的对象。一般认为，地缘政治的本质是权力政治。从这个角度看，海权的本质即为海上的权力政治，因而海权历来为濒海国家所重视。海权思想作为地缘政治思想的重要组成部分，主要表现为关于海上权力政治斗争的思想，可以说它在近代具体体现为马汉所说的控制海洋的思想。日本自明治维新之后，开始以统一的国家身份步入近代化的发展阶段，其国家战略也在近代化的进程中逐步得以确立。但日本海权思想的萌芽却出现在明治维新之前，它与幕末时期的海防思想有着千丝万缕的联系，而海防思想的产生又与日本摆脱"西力东渐"所带来的安全困境息息相关。在西方势力的进逼下，为保全日本国土，日本思想家开始在阐释日本国家身份的基础上论述海防策略，发展海防思想。与此同时，在日本自古以来的扩张主义传统的影响下，他们的海权意识也开始觉醒。随着日本近代化的推进和西方海权思想的传入，日本的海权思想逐渐形成，并在不断的对外扩张实践中得以发展。

第一节 "海洋国家"身份的建构

根据建构主义理论的内在逻辑可知，身份决定利益，利益影响行为。[1]

---

[1] 关于建构主义理论对国家、身份、利益、国家利益等概念和相互之间关系的阐述，参见［美］亚历山大·温特《国际政治的社会理论》，秦亚青译，上海人民出版社2008年版，第193—243页。

据此,一个国家只有确定了自己的身份,才能确定自己的利益,进而做出与该身份和利益相符的行为。尽管国家的身份是多样的,但是其属性至少应该包括自然属性和社会属性两个方面。单纯从自然地理位置来看,日本毫无疑问是一个四面被海包围的岛屿国家。这是日本最基本的国家身份。岛屿国家的自我认知,理所当然地与陆地国家的自我认知有着诸多不同之处。正是因为处于这样的地理位置,日本在日常生活中不得不与海洋发生某种联系。在与海洋的接触过程中,日本出现了早期的海洋认知和海洋意识,并逐渐形成了对自身国家身份的认知与建构。

一 日本人的海洋认知与海洋意识

从逻辑上来说,日本的海洋认知与海洋意识应该是在日本人与海洋有所接触后产生的。提及日本人与海洋的接触,就不能不回顾日本人的起源。因为日本人的起源本身就与海洋有着密切的联系。"推断一个国家的起源,是非常困难的。"① 相应地,推断一个人种的起源也是不容易的。有日本人这样认为,尽管日本列岛上何时开始有人类生活并不十分明确的,但是根据先史学的观点,石器时代的日本人肯定是在数千年前,从北方、南方或西方乘扁舟渡海来到日本的。② 根据已有的考古成果,多数学者主张日本人的起源应当依据"替代说",即"移民说"。"移民说"指的是在日本弥生时代(约公元前300年—公元300年),有相当大规模的北方大陆移民、南方大陆移民及海洋移民抵达日本,并将大陆先进文明带到了日本的本州岛西部地区和北九州地区。这些从大陆而来的移民逐渐超过了日本其他地区的原住居民,成为弥生时代后的日本人逐步向现代日本人演化的直接祖先。③ 从移民的方向来看,根据考古文化学上的关系,西日本人的祖先从中国大陆向日本迁移的路线可能有三条:"一是

---

① [日]松本一男:《中国人与日本人》,周维宏、祝乘风译,渤海湾出版公司1988年版,第9页。

② 松本芳夫「古代人の海洋意識」『史学』第二十卷第三號、一九四二年、三五七頁を参照。

③ 蒋立峰等:《序章 古代东亚世界中的中日关系》,载《中日共同历史研究报告(古代史卷)》(步平、[日]北冈伸一主编),社会科学文献出版社2014年版,第11—12页。

从中国的江南地区直接横渡东海到达日本；二是从中国的山东半岛渡海到朝鲜半岛经朝鲜海峡到达西日本地区；三是从中国沿海地区沿渤海湾到辽东半岛经朝鲜半岛渡海登陆日本列岛。"①

显然，无论是哪一条路线，都不得不通过海洋这个媒介，因此这些移民也容易受海洋的影响。在这些移民好不容易到达日本列岛后，他们的生活开始与海洋发生关联，海洋对他们来说，是最亲近的环境之一。②由于当时的航海技术和造船技术十分落后，加上海洋的变幻莫测，在海洋上航行是非常危险的。对于那些迁徙的移民来说，能够最终到达日本无疑是幸运的。日本人的原始生活主要是依靠渔捞和狩猎，在从大和国唐古遗迹中发现的弥生式土器碎片上，有刻画像是船一样的东西，在铜铎面的绘画和河内国高井田横穴的风俗画中，刻画了行船，原始人生活中显示出与水上的关系是多么深厚。③ 总的来看，古代早期日本人对海洋的认知还处于原始阶段，其海洋意识非常淡薄，多为对海洋的茫然与恐惧，和对海洋渔业资源的简单利用。

随着历史的发展和技术的进步，日本人对海洋的认知逐步增多，海洋意识也有所增强。航海技术和造船技术的不断进步，大大提高了远洋航行成功的可能，加上亚洲大陆的先进文明对日本产生的强烈吸引力，客观上促进了日本对外交流的扩大，特别是与中国大陆、朝鲜的往来越来越频繁。在对海洋范围的认知上，囿于客观条件，日本人的认知范围仍然比较窄，除知晓日本与朝鲜之间、日本与中国大陆之间的两片海域外，几乎没有突破前一阶段的认知范围。"日本的居民是生息在四面环海的狭小列岛上的"，因此，他们的"日常生活颇受海洋的影响"。④ 海洋渔业资源是他们的重要生活物资，他们对海洋的利用度得到不断提高。在日本古代神话传说中，也记录了古代日本人对海洋的观念。虽然神话传说未必是真正的史实，但是从一个侧面反映出，古代日本人通过神话

---

① 蒋立峰等：《序章 古代东亚世界中的中日关系》，载《中日共同历史研究报告（古代史卷）》（步平、[日]北冈伸一主编），社会科学文献出版社2014年版，第13页。
② 松本芳夫「古代人の海洋意識」『史学』第二十卷第三號、一九四二年、三五七頁。
③ 松本芳夫「古代人の海洋意識」『史学』第二十卷第三號、一九四二年、三五八頁。
④ [日]松本一男：《中国人与日本人》，渤海湾出版公司1988年版，第10页。

传说来反映自身对海洋认知的愿望。在日本神话神武天皇御驾东征物语和日本武尊御驾征讨虾夷物语中，海洋都是重要的媒介，日本人对海洋与扩张之间联系的认知也是由此展开的。对于古代日本来说，海洋的重要性不言而喻。所以日本人认为，"国运的发展、文化的兴盛，都不能无视海洋而进行考虑"。[1]

在与中国大陆和朝鲜交往的过程中，海洋不仅是日本人吸收先进文明、获取先进技术的重要媒介，同样也是日本推行对外扩张的重要媒介。自7世纪日本假借援助之名进攻朝鲜半岛以后，日本人对海洋的认知便上升到了另一个层次。在此之前的海洋，是日本对外交流的媒介；在此之后的海洋，便是日本对外交流与对外扩张参半的媒介。日本人的海洋意识中逐渐掺杂了扩张认知。正如笔者在第一章中所指出的，13—16世纪的日本倭寇和日本社会中长期存在的水军，在进行自身活动的同时，也拓展了日本人的海洋意识，特别是海洋扩张意识，他们的活动为日本之后的对外扩张奠定了认知基础。从另一个角度来看，在日本人的海洋认知与海洋意识中，还有着这样一种认识，即海洋是保护日本的屏障。纵观日本历史，日本在第二次世界大战前从未被别国占领过，只有在中国元朝时期元军曾分别于1274年、1281年企图征服日本，但均以失败告终。在科技和交通工具并不发达的古代，海上作战和登陆作战并不是一件容易的事情，海洋由此保护了日本这个岛国。

基于对海洋的各种认知，日本人的海洋意识是复杂的。既有合作性的海洋交流意识，也有竞争性的海洋扩张意识。在历史发展的长河中，日本人的海洋意识，最终为日本海权思想的萌发奠定了认识上的基础。

二 "海洋国家"身份的建构

有了最初的海洋认知与海洋意识，日本与海洋的关系便越来越密切。起初，这种关系几乎只体现在普通日本人，特别是近海渔民或海民与海洋的联系上。随着联系范围的拓展，当日本与海洋的关系上升到国家层面，日本国家身份的问题随之浮出水面。如何认识国家身份，自然而然

---

[1] 松本芳夫「古代人の海洋意識」『史学』第二十卷第三號、一九四二年、三五八頁。

地成为一个重要的课题。近代日本"海洋国家"身份的建构不是一蹴而就的,而是随着日本历史的发展逐步完成的。

日本的国家身份,首先是一个四面环海的岛国。所谓岛国,指的是"全部领土由岛屿组成的国家"。① 这是基于自然地理上的认识。在明治维新之前,这种认识便已存在于日本人的意识当中。幕末时期的海防论者林子平在其著作《海国兵谈》中曾提到:"所谓海国是什么?海国就是没有邻国接壤、四面环海的国家。"② 从林子平给海国所下的简单定义来看,所谓的海国与地理意义上的岛国并没有区别,只是叫法不同。因此,日本的岛国国家身份,是一个客观的事实。但日本是不是一个海洋国家,则存在争议。近代前后,有关日本海洋国家身份的认知,一直充满争论。

那么,什么是海洋国家呢?海洋国家,是一个与大陆国家相对的概念。大陆国家通常远离海洋,"因为山脉、沙漠和高原的障碍作用,或者是因为遥远的距离,这种环境缺乏与世界其他地区广泛的相互作用。从历史的角度看,它们的经济比海洋环境下的经济更多地自给自足,与此同时,它们的政治制度更加孤立于新的外界的影响和思想,倾向于在封闭和独裁中发展"。③ 相较而言,单纯从字面意思来理解,海洋国家就是濒临海洋或被海洋所包围的国家。这种简单定义下的海洋国家,首先一定是濒海国家或岛国。然而,濒海国家或岛国却并不一定是海洋国家,濒临海洋或是被海洋所包围只是成为海洋国家的必要条件。因为"海洋国家"这个概念,有其自身的指向和对象,它是在近代西方文明的话语体系下产生的。这个概念"起源于西方,是西方海洋强国主动寻求和维系自身海上强权的表述"。④ 海洋国家是以海洋通商贸易为志向、依赖并努力扩大对外贸易的国家,其国民应当具有强烈的海洋意识和海洋探险精神。在某种意义上,海洋国家可以等同于通商贸易国家。传统地缘政

---

① 中国社会科学院语言研究所词典编辑室编:《现代汉语词典》(第6版),商务印书馆2012年版,第265页。
② 林子平『海国兵談』圖南社、一九一六年(大正五年)、一頁。
③ 陆俊元:《地缘政治的本质与规律》,时事出版社2005年版,第124页。
④ 杨国桢:《重新认识西方的"海洋国家论"》,《社会科学战线》2012年第2期。

治理论也认为,"海洋国家必要的要素是其国家的政策取向和人民的生活依托要以海洋为中心"。① 从这个角度来看,近代以前的日本并不是一个海洋国家,它基本形成了自给自足的自然经济结构和统一的国内市场,它与中国大陆、朝鲜、荷兰等地的贸易只占国民经济极少的一部分,对外贸易既不是日本经济的主要组成部分,也不是日本国家政策追求的目标。日本的国家志向更多地体现为大陆志向而非海洋志向,其对大陆文明的向往远远超过对海洋文明的追求。与此同时,日本人也不是海洋民族,多数日本人的生活仍然与农耕相联系,具有较强的内向性格,缺乏海洋探险精神。对于日本人来说,海洋主要不是开展对外贸易、与他国进行商品交易的通道,而是他们往来亚洲大陆和日本之间的媒介以及捕获鱼类的场域。从这个意义上来说,近代以前的日本充其量只是一个岛国,并不是一个现代化意义上的海洋国家。但是,日本军事评论家江畑谦介却认为,"虽然从真正意义上来讲日本是不是一个海洋国家,可能会有人质疑日本人是否有利用海洋以及与依存度相关的充分的知识和认识,但从日本几乎百分之百地依赖海洋交通和海洋资源而生存这一点来看,实际上日本一定是一个海洋国家"。②

16世纪以前,日本未曾产生真正的"海洋国家"意识,更谈不上现代意义上的"海洋国家"战略思维。③ 随着历史的发展,及至德川幕府末期,日本的国家志向不再完全是大陆志向,海洋志向开始出现。此时,海洋的优越性进一步显现,它使日本人逐步面向世界,并开始在国家政策层面考虑通商贸易的问题。由此,日本国内开始出现海外通商论、海洋国家论、贸易国家论等观点,认为日本应该作为海洋国家、贸易国家来发展自己。在明治维新后,这些观点逐渐得到日本政府的支持,并在日本国家政策上得以体现。

幕末思想家本多利明基于国家制度改革的观点提出了海外通商论,

---

① 程铭:《近代以来日本的地缘政治思想与地缘战略选择》,黑龙江大学出版社2015年版,第31页。
② 江畑謙介『世界の紛争 日本の防衛 新しい時代の新たな脅威』PHP研究所、一九九九年、一三八頁。
③ 江新凤:《日本的海洋国家战略》,《外国军事学术》2008年第9期。

第二章　向海而生：近代日本海权思想的产生与发展　◀◀　63

并指出了具体的政策措施。本多利明阐述了其个人对当时日本社会的认识，他认为，"今天下之宝货，皆集于商家，威权出四民之上。天下之国产凡十六分，其十五为商所聚集，其一为士农所有"，"士农二民如此艰难困穷，实日本开国以来所未有。今兹不行改革，徒招其灾害"，本多利明据此认为日本社会空前穷困的根本原因，是"出于航海商业交易唯任之商民之过失"，因此，应该"通过确立海运国营制度，整顿地方上'各种商品行情高下不一'的局面，进而靠海外贸易和殖民地发展以求经济的振兴"。① 他认为日本有着对外贸易的便利，应该利用好优越的地理条件，"日本既为海国，渡海运输交易为国君之天职，乃第一重要之国务自不待言。当遣船舶至万国，选出国用之物品及金银铜，输入日本，丰厚国力，此乃海国之方法"。② 本多利明还将欧洲列国的强盛与日本的穷困进行对比，认为"一国之贫富、刚弱，皆在制度之教化，非在土地之优劣"，欧洲列国特别是英国的强盛，其原因就在于建立了"涉渡海洋"和"劝业开物"的制度，如果日本能够建立这样的制度，则"东洋大日本岛，西洋英格兰岛，诚为天下大世界中两个大富国、大强国也"。③ 从本多利明的论述中可以看出，出于日本是海洋国家的认知，他希望日本能够和欧洲各国进行通商贸易，并将其制度化。他提出的有关海外通商的观点，目的是使日本变得富强，从而成为世界大国。同时也可以看出，他的思想中不乏海外殖民的意识。

另一位思想家横井小楠也提出了自己对通商贸易的认识和见解。他首先阐述了日本锁国的危害，他指出："现如今航海自由得以实现，万国之间如比邻一般进行贸易，唯独日本固守锁国之法，难免不受到外寇的挑衅。"据此他认为，"以衰弱至极的国势去增强军备，或者让叛离的士

---

① ［日］丸山真男：《日本政治思想史》，王中江译，生活・读书・新知三联书店2000年版，第228页。
② 古田光等：《近代日本社会思想史Ⅱ》，有斐阁1968年版，第66页。转引自周永生《日本"大陆政策"思想探源》，《世界历史》1989年第2期。
③ ［日］本多利明：《西域传说》。转引自［日］丸山真男《日本政治思想史》，王中江译，生活・读书・新知三联书店2000年版，第229页。

民谋划防御之策，以实现攘夷，是不可能的事情。"① 基于这样的认识，横井小楠指出日本锁国状态下的对外贸易只是形式上的，理应与世界各国开展对外贸易，如果日本"顺应天地之气运，紧随万国之形势，以公共之道治理国家，则万事没有障碍"，他还指出开展贸易对稳定财源也有好处，"如今，如果有商品，就可以像把垃圾倒入江河一般卖给外国"，产品能够卖得出去，财源自然就有保障。② 横井小楠的思想中不乏海洋国家意识，他认为"海洋对国家安全与发展存在着利弊的转换"，主张应该"利用海洋给国家发展所带来的益处为日本服务"。③ 不难发现，横井小楠已经开始把日本作为海洋国家来思考日本的发展道路，力图将日本与海洋紧密联系在一起。横井小楠关于富国强兵的论述几乎面面俱到，是日本思想界为明治维新后日本推行"富国强兵"政策提供的重要理论依据。

与日本"海洋国家"身份有关的上述观点，不仅是前述思想家着力论述的重要思想，也是"倒幕运动"中重要幕藩萨摩藩对外政策的思想来源。萨摩藩位于日本九州鹿儿岛地区，地理位置优越，拥有众多良港，因长期受益于海外通商贸易，加上萨摩藩藩主岛津重豪（1745—1833年）和岛津齐彬（1809—1858年）开明，因而对于通商贸易持有十分积极的态度。1857年在日本缔结《神奈川条约》之际，岛津齐彬在接受保守的德川幕府的咨询时，也陈述了"应该积极进行通商贸易"④ 的意见。萨摩藩对通商贸易的长期实践，和在明治政府中居于中坚力量的地位，使得日本政府在政策层面受到萨摩藩的重要影响。明治政府刚一成立，军务官就提出奏折，认为"耀皇威于海外非海军莫属"，兴办海军是当务之急。而明治天皇在同年的谕令中则表示，"海军建设为当今第一急务"。这从侧面反映出，明治政府认为日本是亟须发展海军的海洋国家，因此才需要采取制定官制、培养人才、确立理论等一系列措施，以发展海军、对外扩张。此后，海洋国家论、贸易国家论等观点得到进一步发展，并逐渐与海军扩张论结合在一起。

---

① 山崎正董編『横井小楠遺稿』日新書院、一九四三年（昭和十八年）、三一~三二頁。
② 山崎正董編『横井小楠遺稿』、三二頁、三七頁。
③ 张景全：《日本的海权观及海洋战略初探》，上引报刊，第36页。
④ 松野良寅「薩の海軍と米沢」『英学史研究』第一〇号、一九七七年、七四頁。

从整体上来看，日本在这一阶段所追求的海洋国家身份，虽然客观上要求日本发展海外贸易，但在本质上是为发展海军和实行海洋扩张服务的。因此，笔者将这一阶段的日本海洋国家志向称为"军事主导的海洋国家"。

第二节　日本海权思想的萌芽

在"海洋国家"身份确立的过程中，提倡通商贸易主要是基于贸易政策层面的主张。而基于军事层面的主张要求大力发展海军，则是这个过程中最重要的组成部分，强大的海军不仅可以帮助日本巩固海防，而且使日本能够与其他国家争夺殖民地和市场。一个海洋国家发展海军似乎是合乎逻辑的行为，但是对于幕末时期的日本来说，海军的发展过程是被迫且充满艰辛的。由于国家面临被侵略的危机，日本不得不转变认识，着手组建和发展海军，以图进行海防。在此过程中，日本的海权意识逐渐觉醒。明治维新后，随着日本以统一的民族国家的形式出现在国际舞台上，在扩张主义与海防的近乎完美的结合下，日本完成了从海防到海权的转变，其海权思想开始出现。

一　海防思想与日本海权意识的觉醒

1603年，德川家康在经过多年的征战和兼并后，夺取了全国性政权，建立了幕府统治，统治核心位于江户（今东京），史称德川幕府时代或江户幕府时代。德川政权成立之初，其对外政策并不是封闭的。由于基督教传播等原因，为了维护幕府统治，德川幕府于1633年实行锁国政策。在锁国政策的指导下，除中国、朝鲜、荷兰等国家外，日本几乎断绝了与其他国家之间的联系。在西力东渐、西方国家对外扩张不断推进的情况下，坚持锁国政策的日本承受着巨大压力，国家安全面临着严重危机。

首先对日本国家安全产生威胁的国家是北方的沙皇俄国。沙俄对外奉行扩张主义政策，在沙俄到达日本之前，它的扩张政策已经取得了丰硕的成果。早在17世纪，沙俄就对位于远东地区的日本产生了浓厚的兴趣，并尝试利用各种手段搜集关于日本的情报。进入18世纪，沙俄与日本开始有了直接的接触。为了获得东方的出海口，沙俄在东方不断进行扩张。1778年，沙俄船只南下来到虾夷（今日本北海道地区），要求与日本通商，日本并未应允。1792年，俄国人A. K.拉克斯曼以送还海上漂流民大黑屋光太夫等人为名，率领远征队到达根室（今北海道根室），并再次要求通商。德川幕府以"祖宗之法"不能改变为由，予以拒绝，并表示允许俄国船只前往长崎进行交涉。1804年，俄国船只再次抵达日本，要求通商。幕府以驱逐俄国船只作回应。"1811年，俄国军舰开到国后岛，舰长哥罗宁等人登上该岛。"① 由于德川幕府坚决实行锁国政策，加上俄国没有足够的力量与日本开战，因此俄国始终没能实现与日本通商的愿望。俄国的南下给日本造成了一定的冲击，但德川幕府仍坚持闭关锁国，没有从根本上思考如何应对国家危机，只是采取临时的防御措施以求缓解俄国带来的压力。

继沙皇俄国之后，英国也于19世纪初抵达了日本。1808年，英国船"费顿"（Phaeton）号伪装成荷兰船驶入长崎湾，扣留荷兰商馆人员，要求侦查长崎湾并索要补给品，在德川幕府被迫同意供应补给品之后，"费顿"号驶离长崎港。此后，英国船只多次前往日本。1819年，英国船只抵达日本浦贺②附近海面；1824年，英国捕鲸船抵达萨摩藩，劫掠了萨摩藩的宝岛。为应对冲击，幕府于1825年颁发了"驱逐异国船只令"，规定只要外国船只靠近日本，一律进行炮击。③ 英国船只抵达日本带给日本的有形压力，相比之下远远比不上英国侵略中国带给日本的无形冲击。1842年，鸦片战争以英国的胜利而告终，清王朝被迫签订了屈辱的不平等条约。战争的结果传到日本，引起了日本政府的强烈震惊。

1844年，法国船只抵达琉球王国，要求通商。琉球早在17世纪初就成了萨摩藩的藩属，萨摩藩迫于法国的压力，害怕重蹈清王朝的覆辙，遂允许琉球开国通商。1847年，琉球和法国签订了《琉法修好条约》，正式向西方列强开国通商。萨摩藩也通过琉球和法国进行贸易。

---

① ［日］外山三郎：《日本海军史》，解放军出版社1988年版，第1—2页。

② 浦贺位于今日本神奈川县横须贺市东部，离当时的幕府所在地江户比较近，是江户湾的门户。

③ 汤重南、王仲涛：《日本近现代史》（近代卷），现代出版社2013年版，第34页。

真正叩开日本国门的国家是美国。1846年，隶属于美国东印度舰队的两艘军舰即已抵达日本的浦贺海面，舰队司令比德尔（James Biddle）向日本地方官员浦贺奉行说明其来意是想了解日本是否愿意和美国通商后，幕府仍然以"祖宗之法"不可变为由，拒绝与美国通商，并让美国前往长崎港进行外交交涉。1853年7月，美国海军准将佩里（Perry, M. C.）率领四艘军舰驶入江户湾（今东京湾），以武力强行叩关，要求递交国书。由于四艘舰船涂着黑色而被称为"黑船"，佩里的行动也被称为"黑船来航"。1854年，佩里率领舰队再次抵达江户湾。日美双方经过谈判，于当年3月签订了《神奈川条约》，这是近代日本签订的第一个不平等条约。从此，作为"祖宗之法"的锁国政策就被打开了一个缺口，其他西方国家纷至沓来，英国、俄国、荷兰等国纷纷与日本签订了亲善条约。1856年，美国就通商问题与日本进行谈判。最终，两国签订了日美通商条约，日本被迫纳入资本主义世界市场，国家安全面临重大挑战。

从以上危机中可以看出，日本在西方国家的武力胁迫下打开了国门，被迫对外开放，长期坚持的锁国政策受到巨大冲击，日本再也无法坚持完整的闭关锁国政策。正是因为西方国家远洋航行抵达日本，而日本的海岸防备羸弱、无力应对，面临一系列外来压力，日本的一些有识之士和思想家们开始思考如何应对重重危机，他们纷纷著书立说，阐述自己的海防思想。在他们的思想中，或多或少夹杂着扩张主义意识。因此，随着海防思想的出现，日本的海权意识也开始觉醒。

"海防思想是国家、阶级、政治集团及其杰出人物关于海防的理性认识。"[1] 学界普遍认为日本海防思想的先驱是林子平。林子平是日本仙台藩士，对兵学、儒学和地理知识有浓厚的兴趣，倡导"开锁国，放禁海，发展海防"[2]。他长期关注日本的海防问题，一方面，南下长崎与旅居日本的荷兰人进行接触，深入了解荷兰的军事学、舰船、炮术等以及沙皇俄国的情况；另一方面，北上北海道，进行实地考察，了解海备情况。在多年学习和调查研究的基础上，林子平完成了被誉为最早论述日本海

---

[1] 海军军事学术研究所：《中国海防思想史》，海潮出版社1995年版，第1页。
[2] 王生荣：《海洋大国与海权争夺》，海潮出版社2000年版，第91页。

防思想的军事著作——《海国兵谈》。林子平认为，俄国南下扩张对日本构成了实质的威胁，作为海国的日本必须加强海防。据此，他详细地论述了水战、陆战、军法、战略等内容，表达了自己对日本海防的深刻认识。林子平在《海国兵谈》自序中写道："海国须拥有与海国相称的武备，不同于中国的兵法和日本自古以来流传下来的各种军事学说与军事思想。不懂得这一点，就难以建立日本的国防。首先，要知道海国既有易遭外敌入侵的弱点，也有易御敌于国门之外的强点。说易遭外敌入侵，是因为入侵者乘坐军舰若遇顺风，一两天便可越过二三百里到达日本。若无防备，便难以抵挡。……为防御外敌入侵，就要靠水战，而水战的关键是大炮。抓好这两点，就抓住了日本国防的关键。这就是与中国、蒙古等大陆国家国防思想的不同之处。"① 林子平指出，当时长崎已经配有强大的火炮装备，而靠近江户的安房、相模两地海港却没有此等装备，令人费解。继而，他提出海防布局，认为应该在安房、相模两地设置诸侯，在入海海峡严密设防，对日本全部海岸进行防卫，应该以此港口为始端，这是海国武备中的关键之所在。② 与此同时，林子平在另一部著作《三国通览图说》中，试图唤起日本全国对位于日本周边的朝鲜、琉球、虾夷三地的关注，鼓励日本侵占三国。这说明林子平的思想中也有扩张主义意识，尽管这种扩张主义意识并未体系化。

　　林子平极力强调海防对于日本的重要性，认为"日本的武备，知防外寇之术，乃当日之急务"，③ 呼吁日本统治者积极加强海防以应对危机。但是，作为日本当时的实际统治者，德川幕府实行消极海防，反对民间评论政治，因而视林子平的学说为异端邪说，对林子平有关日本海防的思想不予重视，甚至对其加以禁锢。然而，德川幕府的行为并没能阻止林子平海防思想的传播，在其后又有诸多思想家提出海防思想。在他们

---

　　① ［日］外山三郎：《日本海军史》，第 1 页。关于林子平《海国兵谈》自序的详细内容，参见：林子平『海国兵談』圖南社、一九一六年（大正五年）、一～九頁。

　　② 『海国兵談』第一卷『水戰』、二頁。林子平『海国兵談』圖南社、一九一六年（大正五年）所收。

　　③ ［日］丸山真男：《日本政治思想史研究》，生活·读书·新知三联书店 2022 年版，第 282 页。

的著述中，对外扩张的意图越来越明显，海权意识逐步觉醒，早期的这些海权意识与传统海防思想的区别在于，它不仅仅关注日本的海防问题，而且更加强调发展军事力量，特别是海上军事力量，以武力进行扩张乃至海外殖民。

与林子平处于同一时期的本多利明是一位集海防思想与海权意识于一体的早期代表性人物。如前所述，本多利明不仅主张日本应该对外扩张，以征服世界为终极目标，而且主张日本应该依靠海外贸易和殖民地来振兴经济。为实现国富民安，本多利明提出了"四大急务"，即"硝石、诸金、船舶、属地开发"，[①] 特别是第三、第四急务，是日本发展对外贸易和实行海外扩张的关键。在本多利明的思想中，海权意识的觉醒主要表现在他对海外扩张的认识上。他认为，"欧洲各强盛国家，其本国虽小，但多有属国，因此堪称大国"，主张日本"应该效仿西方资本主义国家开展对外贸易、推行殖民制度，谋求向海外发展"。[②] 他还建议日本要积极开发周边岛屿，包括虾夷（今北海道）、小笠原群岛等岛屿，甚至包括堪察加半岛。可以看出，本多利明的思想已经有了明显的海洋扩张意识，其指向主要是日本周边海域上的各岛屿。

佐藤信渊是另一位提出海防思想的日本兵学家。他不仅提倡海防，而且将对外扩张思想发挥到了极致。在著作《防海策》中，佐藤信渊提出了针对阿波（今日本德岛县）的海防策，主张与沙俄进行对抗，并占领堪察加。佐藤信渊的海权意识从其论述中可以窥见一斑，在他的海权意识中，海洋扩张思想开始出现。他鼓励日本向海洋扩张，并提出了具体的海洋扩张攻略。他指出，"如果国家有暇，应该派遣舟师远赴南洋，开拓皮利比那亚岛（即菲律宾）"，并提出"如今属于高知府的四州之人，男女分别有二百多万，若招募五十岁以下、二十岁以上的男子，应该有四五十万人。若在其中选拔强壮的人，可得五万精兵，让他们努力操练航海操舶之术，每年派五千人途经诸岛，逐渐迁移人口并进行开拓，则

[①] 海保清陵『日本思想大系44　本多利明』岩波書店、一九八二年、一二頁。
[②] 海保清陵『日本思想大系44　本多利明』、岩波書店、一九八二年、一三八頁、一一一～一一二頁。

在数年之内，南洋数千里之地，皆可入我国之版图"。① 从中可以看出，佐藤信渊有着明晰且强烈的海权意识，这种意识的目标指向是进行海洋扩张和海外殖民，他的海洋扩张思想对后世产生了极大的影响。

在海防的压力下，原本持消极海防政策的德川幕府开始变得积极起来。幕府海权意识被唤醒主要体现在力图增强海上力量方面，由此日本对外的防备方式开始由在陆上击退敌人的海岸防备方式向在海上击退敌人的海上防备方式转变。② 为应对外来压力，德川幕府在加强海岸防卫的同时，开始组建和扩充海军，并开展军事学习和军事教育。1848 年，松代藩士佐久间象山提出"海防八策"，主张日本应该效仿西方，购买并建造军舰，训练海军。1853 年 9 月，德川幕府废除了实施 200 多年的禁止建造大型船只的禁令，并向荷兰购买军舰。1855 年，荷兰向日本赠送军舰"观光丸"号，并接受日本购买军舰的要求。同年，德川幕府在长崎设海军传习所，从各藩选拔出 100 多名传习生。1857 年，德川幕府在江户筑地设军舰教授所，1866 年改名为海军所。从海军传习所毕业的学生大部分在军舰教授所继续深造。德川幕府于 1861 年在长崎开设了造船所，1863 年在神户设立海军操练所，1865 年又在横须贺和横滨建立了制铁所。日本海军发展的基础得以一步步完善。德川幕府不仅从荷兰、美国、俄国等国家购买军舰，还依靠自身力量建造军舰，使海军实力得到扩充。德川幕府的改革仍是以加强海防、维护统治为导向，这些改革因德川幕府自身的倒台而停止，但改革的成果并没有遭到破坏，"军舰和海军设施及海防思想等几乎都完好无损地被明治政府继承了下来"。③

二 日本海权思想的萌芽

从前一部分的论述中可以看出，18 世纪下半叶至 19 世纪中期，日本在国家安全上面临着巨大危机，日本国内的思想家们纷纷以"海防"之名提出应对之策。在国家面临海防的压力下，他们因受到日本自古以来

---

① 黒田謙一『日本植民思想史』弘文堂書房、一九四三年、一二五頁。
② 立川京一「日本におけるシー・パワーの誕生と発展——第二次世界大戦まで」、立川京一など編著『シー・パワー：その理論と実践』、一九四頁を参照。
③ [日] 外山三郎：《日本海军史》，解放军出版社 1988 年版，第 5 页。

的扩张主义思想的影响，其海权意识逐步觉醒，他们的海防思想中几乎都包含进行海外扩张的因子。有了前期的这些思想准备工作，日本的海权思想便开始萌芽。

笔者所认为的日本海权思想的萌芽，指的是自19世纪五六十年代起，日本国内的海权意识上升到思想层面，并得到系统的发展。在这一阶段，以横井小楠的思想为代表，日本的思想家们试图全面阐述海军发展、海上运输、通商贸易等内容，特别是极其强调发展海军的重要性。这一阶段的日本海权思想初步具有马汉海权论的一些内容，但由于它不包括明确的制海权理论等内容，因此它与马汉的海权论又不完全相同。

横井小楠是幕末时期具有重要影响力的思想家，也是幕末改革和明治初期改革的重要实践者。如前文所述，横井小楠对通商贸易有自己的见解，而他对于日本海军的发展同样有着独到的分析。1860年，横井小楠出版了著名的《国是三论》，该书由《富国论》《强兵论》和《士道》三部分组成。在《强兵论》中，横井小楠基于加强日本海洋防卫的思考，在充分论述当时世界形势的基础上，指明了日本发展海军的重要性。他认为，"当今航路已经被开辟，势必将海外各国当作对手，因此防守日本这一孤岛，只有强化海军"，接着他将中国与欧洲作了对比，认为中国在文明上早已开化，但"上至朝廷，下至黎民百姓，都有一种骄傲自大的风气，虽然允许海外各国来进行贸易，但却无意去追求物产"[①]。因此，中国兵力衰落，遭受他国侵略。反观欧洲则不同。欧洲三面环海，面积小、物产匮乏，必须求助于他国，所以欧洲各国努力发展海军。横井小楠特别指出英国以实现国家富强为目标，大力发展航海事业、开拓殖民地的做法。他还分析了俄国的对外扩张，对俄国南下，进而英俄相争非常担忧。他认为，"如果（俄国的）海参崴繁荣昌盛，各大洲的船舶将汇集于日本海，则不出数年英国与俄国之间的战争将爆发于日本海"，由于"日本处于咽喉之地，其态度将关系到（英、俄）两国的强弱，两国必将争夺日本，因此日本非常危险"，对此，横井小楠强调日本要强化海军。他对欧洲各国发展海军的做法颇为赞赏，他认为"海外形势如此地日新

---

① 山崎正董编『横井小楠遗稿』、四一頁、四二頁。

月异，而唯独日本沉于太平之中，即便让骄兵接受等同于儿戏般的操练，也无法起到抵御敌人的作用，除强化海军外，没有其他的防御之策"，以此表达日本只能走发展海军这条道路的看法。① 对于日本如何应对国际形势的变化，横井小楠也有着自己的见解。他认为，"日本位于地球的中央，环海之便利四通八达，便捷程度远远超过英国，如果幕府下令实行维新，鼓舞固有的锐气和勇猛，团结全国人心，制定军制，明晰威令。那么，不仅可以不用惧怕外国，而且不时地航行于海外各国，以日本的义勇精神对纷争加以劝说，则不出数年，将会使外国反过来仰慕日本的仁义之风。"②

由于横井小楠在《国是三论》中所阐述的关于发展日本海军的思想是基于当时日本越前藩藩政改革而提出的，因此，他又以越前藩为例，再次论述发展海军的重要性。他认为"现如今，不仅英才优先发展海军、陆军次之，而且要将骄兵发展成强兵，陆军也不如海军更适合"，如果越前藩"在解除禁止远航的命令之际，先于其他各藩进行通商贸易，航行至海外各国，观察它们的形势，时而实地体验战争，则（越前藩的）精神面貌会振奋起来，从而摆脱太平下的习气"③。可以看出，横井小楠已经将海军的发展与通商贸易、战争等联系在一起了，这说明他的思想中已经有了海权意识的成分。

值得注意的是，虽然横井小楠的论述也涉及日本的海防危机，但他的思想并不具有多少扩张主义意识，他甚至认为"如果一味地扩张势力，将来会招致祸患"，④ 日本在明治维新至第二次世界大战结束的这段扩张历史及其最终结局，也验证了横井小楠的先见之明。

阐述发展海军的重要性及如何发展海军是早期日本海权思想的主要组成部分，这也为后来日本吸收马汉海权思想，特别是制海权理论奠定了基础。在日本思想家们纷纷论述海权思想的同时，日本政府也着手发展海军，如第一章所述，明治维新后不久，日本就从海军官制、海军兵

---

① 山崎正董编『横井小楠遗稿』、四四页。
② 山崎正董编『横井小楠遗稿』、四六～四七页。
③ 山崎正董编『横井小楠遗稿』、四八页、四九页。
④ 山崎正董编『横井小楠遗稿』、九一一页。

役制、海军人才培养、军舰制造等方面推动海军发展。1868年，明治政府刚一成立，便发布施政纲领，规定日本的对外总方针是"经营天下，安抚汝等亿兆，欲开拓万里波涛，布国威于四方"。① 可以看出，这一方针具有强烈的海洋扩张倾向，幕末时期政府层面的海防思想开始被意欲进行海外扩张的海权思想所替代。

1868年7月，军务官在奏折的开头写道："耀皇威于海外非海军而莫属，当今应大兴海军。……兴办学校为建设海军之根本。拟在兵库创办学校，以建立海军之基础……"同年10月，明治天皇颁布谕令称，"海军之事为当务之急，应从速奠定基础"。② 由此，日本开始在幕府海军的基础上推进海军发展。1870年，日本兵部省向太政官呈交建议书，主要内容包括迅速建设海军、海军军备计划和欧美国家国防资料等，该建议书包含的海军建设思路被称为"海军创立的基本理念"③。兵部省建议日本"在今后七年里应将岁入的五分之一用作军备"；"在论述了日本地理位置的特点后断定，日本需要一支装备精良的海军，且要超过英国"；认为日本海军军备应达到的目标是"20年内拥有大小军舰200艘，常备军队25000人"；同时，将俄国看作是日本的头号假想敌，认为俄国南下损害了日本在中国和朝鲜北部的利益。④ 如果俄国势力进入东海，夺取良港、整备海军，就很难制止其扩张野心，将成为两大洲的大害，因此日本应该提高警惕，制定对付俄国的政策。⑤ 从兵部省的建议书中不难看出，日本海军发展的目标已不再是单一的巩固海防，而是基于日本地理位置想进行海洋扩张，与此同时，将俄国看作是头号假想敌，也为后来日本挑起日俄冲突埋下了伏笔。

从本节的分析中可以看出，日本早期的海权思想与海防思想并不是截然分开的，它们之间有着密切的联系，特别是在日本扩张主义传统的

---

① 《大日本外交文书》第1卷第1册，日本国际联合协会1936年版，第557页。转引自［日］信夫清三郎：《日本外交史》（上），商务印书馆1980年版，第121页。

② ［日］外山三郎：《日本海军史》，解放军出版社1988年版，第13、19页。

③ 外山三郎『日本海軍史』教育社、一九八〇年、三七頁。

④ ［日］外山三郎：《日本海军史》，解放军出版社1988年版，第20—21页。

⑤ 佐藤市郎『海軍五十年史』鱒書房、一九四三年、五一頁。

深刻影响下，基于保卫日本国土的海防思想几乎与海洋扩张意识同时出现，而这种海洋扩张意识是促成日本海权思想萌芽的主要因素。因此，在日本海防思想的发展过程中，海权意识的萌芽和海权思想的生成便顺理成章。明治维新后，日本完成了形式上的国家统一，奠定了实践海权思想的基础。由此，日本海军开始走上谋求对外扩张的道路。在这个过程中，日本海权思想逐渐摆脱了海防的影响和束缚，日本的国家意识开始发生变化。

第三节　马汉海权思想与日本海权思想的形成

明治维新后，日本海权思想得到进一步发展，并且由理论走向了实践。1874年，日本拟定《台湾蕃地处分要略》，不久便入侵中国台湾。1879年，日本通过武力吞并了琉球王国，改琉球为冲绳县，将琉球纳入日本的直接统治之下，使日本长久以来占领琉球的野心得以实现。然而，日本海军军备计划在日本国内屡次受阻，导致海军实力增长受限，处于萌芽阶段的日本海权思想自然无法满足海洋扩张所需的理论指导。此时，在太平洋东侧，已经结束国内战争的工业大国美国也在积极推行扩张政策。在此背景下，美国人马汉的海权思想应运而生，并在世界范围内产生了重要且持续的影响。随着马汉海权思想传入日本，经过日本的吸收和内化，日本海权思想逐渐由萌芽阶段步入了正式形成阶段，具有日本特点的海权思想开始形成，并经历了日本海权实践的考验。

一　马汉海权思想在日本的传播

马汉海权思想传入日本，为日本海权思想的形成和发展提供了重要契机。马汉是美国著名的历史学家和海军战略理论家。他既有在海军参战的实战经验，也有在美国海军学院任教的经历，还曾两度担任美国海军学院院长。马汉一生的著述十分丰硕，共有20多部著作和100多篇文章。通常认为，海权论是由马汉创立的。他于1890年出版的《海权对历史的影响（1660—1783）》一书，标志着海权论的正式创立。这部著作与他的另外两部作品《海权对法国大革命和帝国的影响（1793—1812）》和

《海权的影响与1812年战争的关系》共同构成了马汉海权论的三部曲。当然，马汉海权思想所包含的内容远远不止这三部著作。

概括地说，马汉海权思想的主要内容是，通过论述1660—1783年英国、荷兰、法国、西班牙之间的争霸历史，特别是英国的海战史，揭示了海权对历史发展以及国家繁荣与兴盛的巨大影响，指出了控制海洋对大国地位的重要性，强调建立强大的海军、制定海军战略、发展海上运输、开拓殖民地，以实现海上霸权。在他看来，1660—1815年，英国取得海上霸权的关键原因在于，英国"从未试图依靠在欧洲大陆上进行的军事行动，而是依靠控制海洋，并且通过海洋控制欧洲以外的世界"，从而最终确保自己国家的胜利。[①] 英国海上霸权兴起的过程，充分显示了海权对历史发展和国家兴衰的重要意义。马汉在其论著中所说的海权，就狭义层面而言，指的是通过各种优势力量实现对海洋的控制，即一般意义上的制海权；而在广义层面上，它既包括以武力方式统治海洋的海上军事力量，也包括与维持国家经济繁荣密切相关的其他海洋要素。[②] 在马汉有关海权的论述中，最有影响力的部分就是他关于海权组成要素的探讨。他认为，影响一国海权的主要条件是地理位置、自然结构、领土范围、人口、民族特点和政府的性质。在马汉的海权思想中，他特别强调海权的重要意义，认为强大的海军是夺取海权的保证。马汉认为"海军舰队是海洋上的野战军"，其力量的关键在于它具有海洋上的机动性与进攻性，主张海军作战要集中兵力，"强调舰队决战思想，以优势舰队歼灭对方舰队，或对对方实行有效的海上封锁，以剥夺对方的主动权"，进而获得制海权。[③] 马汉还鼓励美国发展海权，认为美国应该放弃孤立主义政策，扩大海外商业利益，对外进行军事扩张。

[①] Alfred T. Mahan, *The Influence of Sea Power up on the French Revolution and Empire*, 1783—1812, (Boston: Little, Brown, 1892), Vol. 2, pp. 118, 119. 转引自吴征宇《海权的影响及其限度——阿尔弗雷德·塞耶·马汉的海权思想》，《国际政治研究》2008年第2期。

[②] Geoffrey Till: *Maritime Strategy and the Nuclear Age*, (London: Macmillan, 1982), p. 14. 转引自吴征宇：《海权的影响及其限度——阿尔弗雷德·塞耶·马汉的海权思想》，《国际政治研究》2008年第2期。

[③] [美] A. T. 马汉：《海军战略》，蔡鸿幹、田常吉译，商务印书馆2009年版，前言第8页。

马汉海权思想不仅直接影响此后美国海军的发展和海军战略的制定，而且对世界上其他国家，特别是德国和日本也产生了重要的影响。马汉的著作一经问世，就受到日本人的关注，很快便被传入日本。第一个将马汉海权思想传入日本的人是金子坚太郎。他曾于1871—1878年留学美国，回国后活跃于日本政坛。1889年，金子坚太郎前往欧美各国进行考察，并就《大日本帝国宪法》、日本议会的运营、日本海军等议题征求欧美名士的意见。1890年，金子坚太郎在回国途经波士顿时，买下了刚刚出版不久的《海权对历史的影响（1660—1783）》一书，并带回了日本，由此开启了马汉海权思想在日本的传播。此后，金子坚太郎节译了该书中有关"海上权力要素"的内容，并赠送给时任海军大臣的西乡从道。金子坚太郎在1893年7月号的《水交社记事》中称，"这是近来杰出的一大海军珍书，不只是美国海军社会，在欧洲各国军人社会政治家外交官之间也广受敬迎，是我社会员必读书。"① 随后，水交社以《海上权力史论》为题名，对马汉该著作的第一编进行了连载，受到了日本军界和政界的广泛关注，马汉海权思想在日本正式传播开来。1896年，水交社以《海上权力史论》为译著书名，首次翻译了《海权对历史的影响（1660—1783）》一书，并交由东邦协会出版发行。曾任东邦协会会长的副岛种臣在该译著的序文中称，"外交术与海军力谓之制海二要素，吾国海国也"，认为熟读马汉著作、掌握"制海权"有着重要意义，若如此，则日本能支配通商航海，巩固海防，征服敌人。② 水交社干事肝付兼行则在序文中称赞马汉的著作"照亮了海军进步的道路，其理论解开了吾人心中的迷惑"。③ 该译著后来呈献给明治天皇等人。在明治天皇的指示下，全日本的中学、高等学校等开始引入马汉著作，了解马汉海权思想。这样的传播过程，足以证明日本对马汉海权思想的极大兴趣和重视程度。人们普遍认为，在甲午战争中，日本正是因为掌握了黄海、渤海的制海权，才最终赢得了战争的胜利，而日本在海战中对制海权的重视和争夺

---

① 段廷志等：《大家精要 佐藤铁太郎》，云南教育出版社2011年版，第49页。
② エー・テー・マハン『海上権力史論 上』（水交社訳）東邦協会、一八九六年、序。
③ エー・テー・マハン『海上権力史論 上』（水交社訳）東邦協会、一三頁。

正是来源于马汉的海权思想。不仅如此，日本还曾有意聘请马汉到日本海军大学任教，但由于种种原因，未能实现。此后，曾任日本海军大臣的山本权兵卫派秋山真之赴美国留学，并以马汉为师，系统学习马汉的思想，接受马汉海权思想的熏陶。秋山真之的这一经历，使他善于运用海军战术，并在后来的日俄战争中一战成名。山本权兵卫还派遣佐藤铁太郎赴英美留学，研究国防理论。佐藤铁太郎以马汉海权思想为蓝本，创立了具有日本特点的国防理论，并促成了日本海权思想的形成。

曾任日本海军大尉的小笠原太郎也受到马汉海权思想的熏陶。他在1898年出版的著作《帝国海军史论》中指出，"自古以来，海上权力的盛衰和国权国威的消长就是形影相随的"，"作为岛国的日本，其位置、地势及国民性的自然的结果就是使海上权力发达。如同马汉所讲的那样，海上权力并不单单是在战时击破当面之敌，掌握海上霸权。即使在平时，使海上航路得以保全，以保障本土与殖民地之间的联系也是必要的"。[①]

马汉海权思想提出之际，正值日本海洋扩张高涨、企图与中国开战的年代。在此之前，日本已经在南方海洋上进行了十多年的扩张，不仅将琉球据为己有，还将触角伸向了中国的东南沿海。在日本国内，这一时期已经出现了海军与陆军之争，双方对日本对外扩张的重点和军备发展方向有不同的看法，而日本的海洋扩张由于缺乏强有力的理论指导，难以抗衡陆军的"大陆政策"，使海军在与陆军的争论中处于下风。马汉海权思想传入日本，对日本海军而言是恰逢其时。马汉在其著作《海权对历史的影响（1660—1783）》中阐述的核心命题，就是"当客观条件同时有利于两种发展时，一国最好选择海上发展而不是陆上发展"。[②] 这样的阐述无疑适应了日本海洋扩张所需的理论指导，马汉所强调的制海权此后成为日本海军在实战中追求的重要目标，制海权理论也由此成为日本海权思想的主要内容。

---

① 杜小军：《近代日本的海权意识》，《日本研究论集·2002》，天津人民出版社2002年版，第268页。
② 吴征宇：《海权的影响及其限度——阿尔弗雷德·塞耶·马汉的海权思想》，《国际政治研究》2008年第2期。

二 日本海权思想的形成

在日本海权思想萌芽后的几十年里，日本对外贸易有了很大发展，海军建设也取得长足进步，不仅在海外占有殖民地，还进一步拓展了海洋扩张的范围。但是，日本海权思想的内容却始终未能突破发展海军和通商贸易的范畴，主要是理论上未能有所发展。但在马汉海权思想传入日本后，日本迅速捕捉到了马汉海权思想的核心，通过关键人物佐藤铁太郎[①]对马汉海权思想的吸收，并结合日本自身的特点，最终形成了以制海权为核心的日本海权思想。

在日本海权思想形成的过程中，日本完成了对外扩张中的两场重要战争——甲午中日战争和日俄战争，由此在东亚地区获得了前所未有的权力和地位。两场战争最大的共通点之一就是日本掌握了海上作战的主动权，通过获得制海权，最终赢得了战争的胜利。正是在总结战争经验的基础上，日本国内出现了国防理论研究，这一研究的重点便是探讨日本国防，制定国防战略。在这样的背景下，出身海军的佐藤铁太郎完成了日本国防战略体系的构建，并直接促成了日本海权思想的形成。佐藤铁太郎因此被称为"日本的马汉"。

佐藤铁太郎（1866—1942年）是日本海军军官，官至海军中将。他的一生几乎贯穿整个日本近代历史，见证了近代日本的兴与衰。如前文所述，佐藤铁太郎于1899年奉命前往英美国家研究国防理论。佐藤铁太郎出身海军，自然对海军更为重视。正因如此，他的国防理论实际上就是海洋国防理论。在其关于国防理论的著述中，佐藤铁太郎的海权思想一览无余。他撰写的《帝国国防史论》（1908年出版）一书，堪称日本版的海权理论著作，是此后指导日本海军发展的重要理论。佐藤铁太郎的海权思想，反映出日本海洋扩张的理论需求，它的形成与日本海洋扩张的实践密切相关。当然，除这本著作外，佐藤的海权思想还体现在他的其他作品中，包括《国防私论》（1892年出版）、《帝国国防论》（1902

---

① 佐藤铁太郎的战略思想深受其故乡历史和风土的影响。有关这一点的讨论，参见：石川泰志编著『戦略論大系⑨ 佐藤鉄太郎』、芙蓉書房、二〇〇六年、一八〇～一八一頁。

年出版)、《海军战理学》(1912年出版)、《国防新论》(1930年出版)。通过对其思想的摸索可以发现,佐藤铁太郎的海权思想是一个相对比较完整的思想体系,同时也随处可见马汉海权思想对他的深刻影响。

佐藤铁太郎海权思想不仅要求日本军备发展以建设海军为主,实行海洋扩张,而且认为掌握制海权对日本的生存和发展具有重大意义,鼓励日本追求制海权。其核心就是发展强大的海军,夺取并掌握制海权,同时将海洋国家作为日本的道路选择。具体来说,佐藤铁太郎海权思想大致包括以下几个部分的内容。

第一部分是阐述对日本国家身份的认知,据此指明日本国家发展的方向。佐藤铁太郎海权思想的出发点就是将日本视为类似于英国一样的海洋国家、岛屿国家。佐藤铁太郎极力主张日本应当效仿英国,强化海上力量。他认为英国并没有热衷于将欧洲大陆纳入自己的版图,而是信奉海洋主义,舍弃对欧洲大陆的欲望,专注于增进海上威力,以自强开拓为原则,求富于海外,因而能够成就强盛。①

佐藤铁太郎反复强调,日本的地理环境类似于英国,而且都是海洋民族,日本应该向英国学习,以英国为典范,向海洋扩张,把日本建成"亚洲的英国",将建立"海洋帝国"作为日本发展的战略目标。佐藤铁太郎甚至认为,像日本、英国这样的岛国,拥有上天恩赐的永远作为世界性大国而存续的福惠。② 因此,日本应该确立的方针是避免征服大陆的壮志,利用良好的天然地理条件,扩张海上势力,永远维持这一道路,采取自强对策,依靠海上权力的畅达来增进国家利益。③ 不难看出,尽管佐藤铁太郎一再强调国家军备发展的目标在于防卫,但他研究英国历史的目的是希望日本积极发展海上力量,建立像英国一样的、独立于大陆的海上霸权。防卫与扩张之间的这种矛盾性体现在佐藤铁太郎的思想中。

第二部分是论述日本国防与军备的有关问题。佐藤铁太郎海权思想倡导"海主陆从"的理念,强调日本国防以海军为重心的必要性和重要

---

① 佐藤鉄太郎著『帝国国防史論 上』原書房、一九七九年、八六～八七頁。
② 佐藤鉄太郎著『帝国国防史論 下』原書房、一九七九年、三六三頁。
③ 佐藤鉄太郎著『帝国国防論』(国立国会図書館デジタルコレクション)、一九〇二年、八頁。

性。早在1892年出版的著作《国防私论》中，时任日本海军大尉的佐藤铁太郎就提出"海主陆从"的观点，认为日本国防建设应该以海军为主、海军优于陆军，并列举出十四个要点阐述海军对日本国防的重要性。这是佐藤铁太郎最早提出"海主陆从"的理念。此后，佐藤铁太郎进一步丰富了对这一理念的认识。他列举了国防的三大要素，即地理条件、经济、对国民的影响（军事负担的大小），详尽地探讨了这三大要素与国防之间的关系，并据此摸索出适应国际军事形势的军备的应有状态。通过国力的选择和集中，构筑与岛国日本相适应的以最小费用发挥最大效果的国防体制（即海主陆从）。①

佐藤铁太郎强调，日本在国防方面不需要以征兵制为必需的陆军，以志愿兵为中心的海军能够充分保证岛国日本的幸福，② 然而日本的现状却是"在海上配备强国所需的大海军，同时又要求在陆上配备数倍于英国的陆军"，③ 佐藤铁太郎借此对实行大陆扩张的陆军压迫民生进行了批判。佐藤铁太郎认为军备并不具有直接增进国家利益和国民福祉的能力，因此要节约军备，但发展海军不仅可以对贸易产生影响，而且可以间接增加国家的财力。他进而指出，节省军费，将其用于促进生产性事业的进步，是在扩张国势方面不得不注意的。④ 因此，佐藤铁太郎轻视陆军的作用，认为海军是国防的关键，海军所需的兵员数少，通过志愿兵制⑤就能保证兵员数，从而能够减轻国民的军事负担。

在军备标准和设定假想敌方面，佐藤铁太郎也深受马汉的影响。马汉认为，"一国军备的标准，不应只是能够应付偶然发生的危险，而是能够应付最可怕的危险"，"因此，其标准是能预测到的与最强的假想敌国的军力相对的本国能集结的兵力"。⑥与此相似，佐藤铁太郎认为日本海

---

① 石川泰志编著『戦略論大系⑨ 佐藤鉄太郎』、二〇三頁。
② 石川泰志编著『戦略論大系⑨ 佐藤鉄太郎』、二〇九頁。
③ 佐藤鉄太郎著『帝国国防史論 下』、一六一頁。
④ 佐藤鉄太郎著『帝国国防史論 下』、一一五頁。
⑤ 在当时的日本，陆军与海军扩充兵员的方式并不相同，陆军实行的是征兵制，而海军实行的是志愿兵制与征兵制相结合的方式。
⑥ 杜小军：《近代日本的海权意识》，《日本研究论集·2002》，天津人民出版社2002年版，第270页。

军军备应该达到假想敌国的七成，再以地理上的利益为辅助，从而完成国防任务。在这样的认知下，佐藤铁太郎将德国和美国视为当时日本的假想敌。[1] 这为后来日本在国防方针中将美国认定为第一假想敌定下了基调。

此外，针对日俄战争后陆海并行的军事扩张和大陆侵略对日本经济造成的恶劣影响，佐藤铁太郎深入研究了军备与经济之间的关系，提出了"远离自卫、走向侵略终归是亡国之根"[2] 的观点。客观地说，对任何国家而言，佐藤铁太郎的这一观点是适用的。然而，积极谋求大陆扩张的日本未能听从佐藤铁太郎的建议，最终走向了失败。

第三部分是论述制海权的相关问题。马汉在其海权思想中指出了夺取和掌握制海权对于国家兴盛的重要意义，而佐藤铁太郎对此完全接受，并将其改造成适合日本特点的理论。佐藤认为夺取海战的胜利是海国国防的关键所在。他指出，基于日本特殊的地理位置，日本的国防应该以海军为主，国防的第一目标在于夺取制海权，取得首战的胜利。他以英国国防史为参考，设计了日本国防三线，即第一线在海上、第二线在海岸、第三线在内地，其中第一线又分为敌国海域、外洋和日本近海。国防第一线的目的在于控制敌国海域。因此，日本应该充实第一线的军备，完成第一线的国防建设，而这一切需要倾注全力于海上，发展强大的海军。

在佐藤铁太郎的海权思想中，关于制海权的论述随处可见。佐藤详尽地剖析了英国与法国之间的海陆博弈，认为对海岛国家而言，海军比陆军更有优势，关键在于控制海洋。佐藤铁太郎通过分析地理与军备的关系，阐述了制海权的重要性。他认为要根据地理环境来确定国家的军备，对于四面环海的日本来说，来袭者必定是敌国海军，予以还击的也必定是日本海军。因此，在海岛国家的海上势力强盛之时，敌军一步也不能踏上其国土。英国正是拥有了强大的海上力量，掌握了制海权，才得以阻止敌国跨海来袭。佐藤铁太郎指出，如果海军弱小、无法掌握制

---

[1] 野村実『日本海軍の歴史』吉川弘文館、二〇〇二年、八〇頁。
[2] 佐藤鉄太郎著『帝国国防史論 下』、一四四頁。

海权，则不仅不能阻止敌国陆军进入本国，也无法实施沿岸防御。① 佐藤铁太郎反复论述英国国防史，指出发展海军和掌握制海权对岛国英国的重要意义，并据此强调同为岛国的日本，也应该学习英国，发展海上力量，掌握制海权，以"拥护万世不变的国体，避免他国的觊觎，维护和平，以保护国家利益之源，促进国家强盛，成就千载伟业"。② 需要指出的是，佐藤铁太郎并不是和平主义者，他同样支持侵略，认为海军的发展对于派遣陆军到他国是不可或缺的，日本海军可以支援陆军的侵略主义。他指出，如果在海外使用日本陆军，则必须先拥有能够制海的海军；为防范敌国陆军侵犯日本国土，则必须先控制海洋，使敌国无法运送兵力。③

处于形成阶段的日本海权思想，其核心是夺取并掌握西太平洋地区的制海权，其重点是实施海军战略，主要是指日本在甲午战争和日俄战争中使用的舰队决战战略。对日本而言，佐藤铁太郎的海权思想是现实的，他将马汉的制海权理论与日本的实际情况结合在一起，从而形成了日本的海权思想。佐藤铁太郎海权思想的逻辑是很清晰的，即日本是一个海岛国家，日本的国防应该坚持"海主陆从"战略，军备发展应该以海军为主、陆军为从，应该发展强大的海军，夺取并掌握制海权，实行海洋扩张，建立"海洋帝国"。按照佐藤铁太郎的设想，日本终将成为"亚洲的英国"。与此同时，日本海军与美国海军也必有一战。不难看出，佐藤铁太郎所鼓吹的日本海洋扩张道路，也是一条走上对外侵略的不归路。尽管佐藤铁太郎试图打造属于日本的海权思想，但其海权思想终究没能在日本制定国家政策所依据的思想理论中占据主导地位。这也表明，在近代以占领东亚大陆为主要目标的日本，海权只能是辅助它追求陆权的工具。不可否认的是，在之后的历史进程中，日本的海权思想有所发展，以海权思想为指导的日本海军的地位也有所上升，但这并没有化解日本业已存在的"海陆"之争，反而使"海陆"之争趋于激烈。

---

① 佐藤铁太郎著『帝国国防論』、七二頁。
② 佐藤铁太郎著『帝国国防史論 上』、二九頁。
③ 佐藤铁太郎著『帝国国防論』、一九頁。

第四节 "海陆"之争与日本海权思想的发展

日本国内存在的"海陆"之争一直伴随着它的对外扩张。"倒幕运动"的成功，为日本实行对外扩张提供了有力的保证。明治时代刚一开启，日本便走上了对外侵略的道路。然而，对于扩张的方向，日本国内却一直争论不断，囿于国力的限制，日本只能选择一个方向作为扩张的重点，"海陆"之争由此浮出水面。日本自古以来的大陆扩张野心与现实地缘环境所指向的海洋扩张之间产生了矛盾，这一矛盾具有显著的内生性，它伴随着日本整个近代史，自明治政府成立便出现了，一直持续到第二次世界大战结束。在这个过程中，日本海权思想得到发展，并走向极端化。不断的侵略扩张最终导致日本战败，使近代日本的海权思想随之落下帷幕。

一 "海陆"之争及其结果

据历史记载，自公元 7 世纪起，日本就开始通过武力染指亚洲大陆。然而，中国国力长期处于领先地位及其对朝鲜半岛的保护，使得日本始终未能实现大陆扩张的野心。及至 16 世纪，日本再次侵入朝鲜半岛，仍以失败告终。但是，17 世纪初，日本萨摩藩却以武力征服了琉球王国，迫使琉球称臣，从而开启了日本海洋扩张的道路。18 世纪下半叶，西方列强开始向日本扩张，日本面临国家危机，各藩对危机的认识并不一致。其中，萨摩藩的态度在萨英战争后由"攘夷"变为"开国"，而长州藩持激进的"攘夷"态度。19 世纪中期，原本意见不一的萨摩和长州两藩，基于倒幕这一共同利益，在土佐藩士坂本龙马的说服下，结成倒幕同盟，放弃了"攘夷"口号，开启了"倒幕运动"。以萨摩、长州、土佐、肥前四藩中下级武士为核心的倒幕力量，推翻了德川幕府的统治，为明治维新奠定了基础，但萨摩藩和长州藩之间业已存在的矛盾并没有因此而真正消除。

萨摩藩位于日本九州岛西南部，临近黄海和东海，历来有着重视海军和对外贸易的传统。在萨英战争结束后，萨摩藩深刻地认识到西方国家海上力量的优越和建设强大海军的重要性，发展海军，进行海洋扩张自然成为萨摩藩的优先选择；而长州藩位于日本本州岛最西端，靠近朝鲜半岛，一直以陆军为重，始终鼓吹大陆扩张。明治政府成立初期，日本形成了以萨摩、长州两藩为主的强调原籍的藩阀政治，两藩几乎垄断了政府和军队的主要官职。在"倒幕运动"中发挥重要作用的萨摩、长州两藩的武士纷纷进入政府和军队中担任要职，并在政界和军界形成了萨摩阀与长州阀。① 及至19世纪80年代末90年代初，日本陆海军中有五分之三的将官来自长州藩和萨摩藩，陆军四分之一的校官来自山口（即长州藩），海军大部分的校官来自鹿儿岛（即萨摩藩）。② 两派争权夺利，逐渐影响到日本的国策。两派的矛盾由此波及日本的方方面面。在军事层面，日本逐渐形成了由萨摩阀主导的海军和由长州阀主导的陆军。③ 在对外扩张层面，萨摩阀主张以海军为主，实行海洋扩张，而长州阀却主张以陆军为主，实行大陆扩张。双方的对立状态几乎贯穿了日本的近代史，单纯从双方的立场来看，是双方对日本国家发展方向的不同认识，体现在日本海军与陆军之间的对立，但从深层次的地缘政治角度来看，尽管当时并没有出现海权与陆权对立的说法，但是双方的立场和要求却反映出双方的对立实质上是海权与陆权的对立。海权与陆权对立的地缘意识不仅在日本国内开始勃发，也外溢到后来日本对国际关系的认识，并成为日本至今都无法消除的意识。

海陆军制的分设，为日本"海陆"之争奠定了制度上的基础。明治政府成立后，日本开始建立行政机构，采取"三职七科制"，④ 即设置总裁、议定和参与三职，并在三职之下设立七科，七科中设有海陆军科。

---

① 阀，主要是指派系。因此，萨摩阀的成员未必都来自萨摩藩，长州阀的成员也未必都来自长州藩。

② 池田清『海軍と日本』中公新書、二〇〇七年、一五六頁。

③ 萨摩阀和长州阀分别主导海军和陆军，但并不是绝对的。特别是为了调和海陆军之间的对立关系，日本也对藩阀进行了调整。例如，甲午战争前后，陆军中就有萨摩藩出身的将军，如大山严陆军大将、川上操六陆军中将等。

④ 三职七科制是明治政府最早的行政架构，其中，"总裁"统管所有国政；"议定"是各科的事务长官，负责制定政策；"参与"是各科的事务次官，参与政策的审议。参见［日］外山三郎《日本海军史》，解放军出版社1988年版，第6页。

海陆军科的参与分别由萨摩藩出身的西乡隆盛和长州藩出身的广泽真臣担任。不久，"三职七科制"改为"三职八局制"，海陆军科也改为军防事务局。此后，"三职八局制"改为"太政官七官制"，七官中设有军务官，军务官下设有海军局和陆军局。由此，日本的海陆军军务开始分开。1869年，"太政官七官制"改为"二官（神祇官和太政官）六省制"，军务官改为兵部省。受幕末时期海防压力和海防思想的影响，明治初期日本海军的发展更受重视。1870年5月，兵部省向太政官呈交了一份建议书，论述大力发展海军和加强陆军的必要性，并指明了海军军备发展应达到的目标。在这份建议书中，兵部省采取"海陆军"的说法，说明当时的日本是以海军为主、陆军为辅的。① 1870年10月，日本决定海军的发展采取英国方式，陆军的发展采取法国方式。② 1871年7月，日本对兵部省进行官制改革，在其下设置海军部和陆军部。1872年2月，日本废除兵部省，设置陆军省和海军省，从此陆海军完全独立。1873年，长州藩出身的山县有朋出任陆军卿，幕府重臣胜海舟出任海军卿。完全独立后的陆军和海军，开始朝着各自主张的方向发展，并为争夺主导地位展开了竞争，以致最终形成不可调和的矛盾。1878年12月，原属陆军省的参谋局脱离陆军省，改为参谋本部，开始独立存在。与此相对应，1883年，海军省设置了军事部（即海军军令部的前身）。此后，日本陆海军进行了数年的斗争。③ 直到1893年，海军设置军令部，日本军队的大框架才最终成形，即陆海军军政分别由陆军大臣和海军大臣管理，陆海军军令则分别由独立的参谋本部和军令部掌握，参谋本部和军令部均成为直属于天皇的最高军令机关。

以德国为模范的日本陆军，由参谋本部的参谋总长掌握陆军统帅权，而以英国为模范的日本海军，传统上尊重海军大臣的优势地位，即便在

---

① ［日］外山三郎：《日本海军史》，解放军出版社1988年版，第21页。

② 尽管1870年日本决定陆军的发展采取法国方式，但是1870年爆发的普法战争最终以法国的失败、普鲁士的胜利而结束。日本随即做出改变，决定陆军的发展采取普鲁士方式（即德国方式）。

③ 日本陆海军大致的斗争过程，可参见：海軍省編『山本権兵衛と海軍』原書房、一九六六年、六六~六七頁。

军令部长掌握海军统帅权之后,海军大臣仍然拥有众多的权限。[1] 因此,虽然在战时,由陆军参谋总长作为大本营的幕僚长(即军队总指挥),统揽陆海军军令,但是,由于海军大臣的权限强于军令部长,所以海军并不认可对陆军的从属地位。由此可以看出,日本海军与陆军在军队指挥权问题上的斗争亦是十分激烈的。在国防层面,双方的斗争引发了日本国防究竟是"陆主海从""海主陆从"还是"陆海对等"的问题,导致后来日本一直在"海"与"陆"之间摇摆不定,"海陆"之间的竞争始终没有停止过。

1893年,明治政府制定敕令第52号《战时大本营条例》,[2] 规定在战时大本营中,由参谋总长参与筹划最高统帅部的军事机密事项,负责制订帝国陆海军的重大作战计划,从而确定了战时陆海军军令机关的一元化关系。[3] 参谋总长由此成为日本陆海军的总参谋长。于是,日本实际上就确立了"陆主海从"的方针。1895年,日本海军通过掌握黄海和渤海的制海权,击败了北洋舰队,最终取得了甲午战争的胜利。战争结束后,日本海军的地位有所上升,但仍未能改变"陆主海从"的方针。1899年,为了对俄备战、加强海军的实力,海军大臣山本权兵卫要求修改《战时大本营条例》,以改变"陆主海从"的方针,但被参谋本部拒绝。1902年,佐藤铁太郎出版了《帝国国防论》,提出将俄国海军视为假想敌,强调岛国日本的国防不能不以海军为主,倡导"海主陆从"论,引发了陆军的强烈不满。直到1903年,鉴于日俄关系的紧迫性,陆海军达成协议,修改《战时大本营条例》,规定在大本营中,参谋总长和海军

---

[1] 高橋文彦『海軍一軍人の生涯:肝脳を国にささげ尽くした宰相の深淵』光人社、一九九八年、一五八頁。

[2] 《战时大本营条例》,名为战时的条例,但作战的计划等都是在平时制订的,因此也就导致不仅在战时,而且在平时,参谋总长的权力也要大于海军军令部长。所谓战时大本营,指的是战时天皇指挥军队的最高统帅部。设立战时大本营的主要目的是统一军令,防止已有各自为政倾向的陆海军军令机关独自采取军事行动。日本于甲午战争和日俄战争期间两次设立战时大本营,战争结束后即告解散。此外,日本在发动全面侵华战争后再次设置大本营,至第二次世界大战结束后解散。

[3] 防衛庁防衛研修所戦史室『戦史叢書 海軍軍戦備<1>——昭和一六年十一月まで——』朝雲新聞社、一九六九年、一二頁。

军令部长拥有完全相同的资格，① 由此海军军令部取得了与陆军参谋本部对等的地位，从而改变了"陆主海从"的方针。日俄战争结束后，日本在"满洲"、朝鲜半岛取得了巨大的权益，日本陆军开始积极展开大陆经营，推行"北进"，维持并扩大大陆利权成为国防的至上目标②，而海军则提倡舍弃朝鲜半岛，向南方海洋扩张，推行"南进"。加上，陆军仍以俄国为假想敌，而海军却以美国为假想敌，由此导致双方的对立再一次凸显。

1907年，日本出台了《帝国国防方针》，③ 由国防方针、国防所需兵力、用兵纲领三部分构成，以采取大陆攻势为宗旨，意图维护日本在东亚侵略扩张所取得的权益，并扩大侵略，同时以俄国为第一假想敌、美国为第二假想敌。这就明确确立了"陆主海从"的战略思想，日本陆军又一次占据了主导地位。此外，《帝国国防方针》通篇采用"陆海军"的说法，甚至在"用兵纲领"中将海军置于陆军的辅助兵种的地位，也是以陆军为主思想的体现。1908年，佐藤铁太郎在《帝国国防论》的基础上，完成了《帝国国防史论》的编写。佐藤铁太郎再次倡导"海主陆从"论，通过对大量战争史的阐述，强调岛国日本发展海军的重要性。1913年，为了让政府要员等理解海军问题，以八代六郎中将（时任海军大学校校长）为首，佐藤铁太郎大校（时任军令部第一班长兼海军大学校教官）、安保清种大校（时任军令部出仕）、下村延太郎大校（时任海军大学校教头）等为中心，制作了《国防问题之研究》的小册子，散发给政府要员等。④《国防问题之研究》极力倡导"海主陆从"，提出日本海军应确立针对美国海军的"南进计划"，大力宣传加强海军军备的重要性，意图争取海军预算的增加，以实现"八八舰队"的建设。

---

① 防衛庁防衛研修所戦史室『戦史叢書　海軍軍戦備＜1＞——昭和一六年十一月まで——』、一二頁。

② 北岡伸一『日本陸軍と大陸政策』東京大学出版会、一九七八年、一二頁。

③ 关于《帝国国防方针》的研究，可参见：黒野耐『帝国国防方針の研究』総和社、二〇〇〇年。

④ 平間洋一「佐藤鉄太郎：南進の理論的リーダー」『太平洋学会誌』第五一号（第一四卷第二号）、一九九一年七月、一〇三頁。

此后，围绕日本陆海军的假想敌、军备构想、作战计划等问题，日本对《帝国国防方针》进行了三次修改。1918年，日本对《帝国国防方针》进行了第一次修改。基于第一次世界大战的经验，修改后的方针提出了总体战思想，为了构筑总体战体制，必须占有中国的资源，但如果独霸中国，必然引起西方列强特别是美国的干涉，为了应对对美作战的可能，日本制订了具体的海军对美作战计划。关于假想敌，修改后的方针仍然将俄国视为第一假想敌、美国为第二假想敌。由此，海军的地位得以提升，"陆海平等"论暂时居于主导地位。1923年，日本对《帝国国防方针》进行了第二次修改。受华盛顿《限制海军军备条约》的约束，第二次修改后的方针强调大力建造辅助舰，并正式将美国视为第一假想敌，由海军联合陆军制订了详细的对美作战计划，"日美必有一战"以最高国防文件的形式被确定下来。于是，海军成为国防的主力军，"海主陆从"战略思想得以确立。此后，日本三次参加海军裁军会议，[①] 海军发展在一定程度上受到限制。1936年，日本对《帝国国防方针》进行了第三次、也是最后一次修改。陆海军围绕假想敌的问题仍存在不同意见。最终，在国防方针中将美国视为第一假想敌，而在用兵纲领中将苏联视为第一假想敌。为了在南北两个方向上扩大侵略，经陆海军协调后，日本确立了南北并进的策略，"陆海对等"论取得了主导地位。尽管如此，日本的侵略重点仍然在东亚大陆，加上日本海军"对复杂的亚洲大陆，特别是中国内情的认识很肤浅，只能依靠陆军的情报"[②]，从而不得不协助陆军的"大陆政策"，这就决定了海军依然无法撼动陆军的主导地位。

从"海陆"之争不难看出，与陆权诉求相比，日本的海权诉求基本处于下风，追求海权的目的不在于海权本身，而在于追求陆权，维护并扩大日本所谓的大陆权益。日本的"海陆"之争，表面上是关于日本国家发展方向的争论，但究其本质，乃是海权与陆权的竞争，其产生的源头是萨摩藩与长州藩之间的竞争，外在表现为海军与陆军的分歧与对立。

---

① 日本参加的三次海军会议，指的是1927年日内瓦海军会议、1930年伦敦海军会议和1935年第二次伦敦海军会议。

② 池田清『海軍と日本』、八八頁。

"海陆"之争的结果,是"陆主海从"论与"海主陆从"论的交替,从总体上看是"陆主海从"论占据上风,即日本要追求陆权,国家发展以大陆志向为主导,陆军在国防和军备上占据主要地位、海军居于次要地位。倡导追求海权的"海主陆从"论曾分别在几段时间内占据过上风,但都没能彻底动摇和取代"陆主海从"论的主导地位;而所谓的"陆海对等"论只不过是应一时的需要,特别是战争的需要,陆海军之间妥协而出现的。

"海陆"之争导致日本的对外政策无法保持协调,严重影响了日本的对外扩张,是日本最终战败的重要原因。第二次世界大战结束后,基于战前"海陆"之争带来的恶劣影响,日本进行了深刻的反思,在国内层面抛弃了"海陆对立"的意识,开始走上以"海洋国家"自居的道路,但在国际层面,日本仍保留了显著的"海陆"竞争意识,从地缘政治角度为自身理解国际关系奠定了认知基础。

二 日本海权思想的发展

毋庸置疑,"海陆"之争影响了日本对海权的追求,但"海陆"之争并没有完全阻碍日本追求海权,日本的海权思想仍然经历着演变的过程。在这个过程中,日本海权思想有了进一步的发展,并加快了向军事思想倾斜。这一阶段日本海权思想的关键仍然是夺取并掌握制海权,但制海权的范围明显扩大了,由西太平洋扩大到了太平洋甚至东印度洋,其主要内容是日本海军的作战思想和南进论,具体而言,就是对美作战战略和南进政策。因此,这一时期日本海权思想的发展主要体现在两个方面:一是日本海军对美作战思想的变化,即从起初的"对美邀击作战"发展到后来的"对美邀击渐减作战";二是日本海军南进论的变化,即从南进论演变为南进政策。

"对美邀击作战"战略思想起源于日俄战争。基于在日俄战争中日本海战经验,日本海军提出了"邀击作战"的战略思想,这一战略思想成为日本海军对美作战思想的雏形。在日俄战争中,日本击败了俄国舰队,从而在东亚海域占据了优势地位。之后,在日本周边,除了与日本结盟的英国外,拥有较大规模海军力量的国家只有美国。因此,日俄战争后,日本海军在寻找敌人时，便将美国视为第一假想敌，"日美战争论"频繁出现在日本的舆论中。在1907年制定的《帝国国防方针》中，日本海军以美国为假想敌，提出了作战方针，即"在东洋扫荡敌国的海上主力，控制西太平洋，确保日本的交通线，尔后等待敌国本土舰队前来，邀击击灭之"①。不难看出，日本海军的对美作战思想乃是日俄战争中日本海军作战思想的翻版，其战略构想就是与美国的战争，只不过是日本海军将对手由俄国海军换成了美国海军，作战地点则由日本海换成了西太平洋。② 在1918年修改后的《帝国国防方针》的"用兵纲领"中，日本海军提出了更为具体的作战内容，即"在开战之初，陆海军协同夺取吕宋岛，消灭敌国的海军根据地……海军的作战将把全部舰队集中在奄美大岛附近，在小笠原群岛一线设置警戒线，向敌国主力的进攻方向全力以赴地出击"③。吕宋岛是当时美国的殖民地，日本海军如此明确地提出要夺取吕宋岛，表明日本海军完全将美国视为假想敌，已经做好与美国作战的打算。由此可以看出，此时日本海军依赖的战略思想依然是"邀击作战"。

由于海军在与陆军的争论中处于下风，为了满足陆军扩张的要求，在1907年制定的《帝国国防方针》和1918年第一次修改的《帝国国防方针》中，日本都将俄国列为第一假想敌，并将美国列为第二假想敌。但这并没有改变日本海军的想法。随着形势的变化，日美之间的矛盾进一步加深。在华盛顿海军裁军会议上，起初日本极力主张保持对美七成以上的海军兵力。由于当时日本经济实力不足以抗衡美国，国内经济面临萎缩，要求海军裁军的呼声很高，因此，尽管以加藤宽治海军中将为核心的强硬派强烈反对美国的提案，但日本首席代表、海军大臣加藤友三郎代表日本政府最终同意了美国提出的方案，即日本保持对美六成的

---

① 防衛庁防衛研修所戦史室『戦史叢書　海軍軍戦備＜1＞——昭和一六年十一月まで——』、六三頁。

② Naoko Sajima & Kyoichi Tachikawa, *Japanese Sea Power: A Maritime Nation's Struggle for Identity* (Canberra: Sea Power Centre – Australia, 2009), p. 42.

③ 防衛庁防衛研修所戦史室『戦史叢書　海軍軍戦備＜1＞——昭和一六年十一月まで——』、六七頁。

海军兵力。华盛顿海军裁军会议结束后,日本海军内部分裂成了条约派与舰队派,海军内部的反美情绪也持续高涨。这也直接影响到了1923年日本《帝国国防方针》的第二次修改。① 此次修改终于使日本海军如愿以偿,美国被视为日本的第一假想敌。以往日本都是将美国视为理论上的假想敌,而在华盛顿海军裁军会议后,美国就成为日本真正意义上的假想敌了。② 在1923年第二次修改后的《帝国国防方针》的"用兵纲领"中,日本海军进一步完善了对美作战计划,分为两个阶段,即第一阶段,在开战初期驱逐美国在东洋的海军力量,从而掌握东洋的制海权;进入第二阶段,在太平洋上的日本本土南部海域与从美国本土而来的主力舰队进行决战,从而掌握西太平洋的制海权。日本海军针对美国海军主力舰队的基本作战构想的第二阶段被称为"对美邀击作战"。③

随着武器技术的进步,日本海军对美作战思想逐渐向"对美邀击渐减作战"转变。日本将对美作战思想从"对美邀击作战"改变为"对美邀击渐减作战",是在1936年第三次修改《帝国国防方针》之际。在这次修改中,日本正式确立了"对美邀击渐减作战",即在美国海军主力舰队从本土前往日本的途中,选择适当的时机和有效的手段,攻击美国舰队,削弱其实力,进而在日本本土附近海域实施最终的舰队决战。日本海军通过计算得出了"渐减"将使美国舰队的战斗力下降三成左右的结论。④ 因此,按照日本海军的设想,通过"邀击渐减作战",日本战胜美国的可能性将会增加。然而,日本海军的这种作战思想得以实践的前提是美国海军按照日本设想的方式进行进攻,这是一种"依赖对手"的作战思想,因而具有很大的不确定性。这是日本海军"对美邀击渐减作战"思想存在的最大问题。此外,这一作战思想的本质仍然是日俄战争时期的舰队决战思想,日本海军并没有随着技术的进步和形势的变化对这一

---

① 石川泰志『海軍国防思想史』原書房、一九九五年、一一〇頁。
② 立川京一「日本におけるシー・パワーの誕生と発展——第二次世界大戦まで」、立川京一など編著『シー・パワー:その理論と実践』、二〇六頁。
③ 立川京一「日本におけるシー・パワーの誕生と発展——第二次世界大戦まで」、立川京一など編著『シー・パワー:その理論と実践』、二〇八頁。
④ 池田清『日本の海軍——躍進篇』朝日ソノラマ、一九九三年、八七頁。

思想进行进一步的改造。从"对美邀击渐减作战"思想存在的问题也可以看出，日本海权思想的发展是一种不切实际的发展，并不能有效地支撑日本追求海权。正因如此，日本海军的"对美邀击渐减作战"并没有在实际战争中得以运用。①

日本海权思想的发展还体现在日本海军南进论的变化上。南进论的本质是日本意欲实行海洋扩张，谋求西太平洋和东印度洋的海权，而其着眼点在于占有东南亚和大洋洲的丰富资源，为追求在东亚大陆的陆权服务。南进论最初产生于日本民间。1887年，志贺重昂将自己在南洋考察时的见闻整理成《南洋时事》一书，在书中他提出了环太平洋经济圈的相关问题，呼吁日本人关注南洋地区。菅沼贞风是南进论的另一位代表性人物。他主张为了国家的繁荣，要向海外发展，就必须振兴贸易，应该有计划地进行移民。他进而主张，日本应该帮助被法国占领的越南和被英国占领的马来、缅甸独立，并与还未成为殖民地的中国、朝鲜、泰国等国家结成"东洋势力"，以拒绝"白种人的跋扈"。② 与菅沼贞风同一时期的稻垣满次郎，也极力倡导日本应该向太平洋发展。稻垣满次郎认为，"在即将到来的世纪（即20世纪）里，太平洋将成为政治与贸易的主要舞台"③。他强调，"如果东洋成为世界万国的一大市场，则日本必将成为其中心，（日本的）工商业将取得难以预料的繁荣昌盛"④。南进论的另一位代表性人物竹越与三郎在其著作《南国记》中认为，日本作为岛国，不应该向大陆发展，声称日本人是"南人"，而南人北上违背了自然规律，他主张日本的未来不在北方而在南方，不在大陆而在海洋，日本人应该注目的大业是将太平洋变为日本的湖沼。⑤ 这些民间人士的论述和主张，无不具有海洋扩张的因子，对此后日本海军的南进论产生了

---

① 立川京一「日本におけるシー・パワーの誕生と発展——第二次世界大戦まで」、立川京一など編著『シー・パワー：その理論と実践』、二一〇頁。
② 平間洋一「菅沼貞風　菅沼周次郎：南進の推進者兄弟」『太平洋学会誌』第六六/六七号（第一八巻第一/二号）、一九九五年六月、八四頁。
③ 稻垣満次郎『東方策』活世界社、一八九一年、一八頁。
④ 稻垣満次郎『東方策』、九〇~九一頁。
⑤ 竹越与三郎『南国記』日本評論社、一九四二年、一四五頁。

很大的影响。

日本海军的南进论发端于日俄战争结束后。日俄战争后，围绕日本此后的发展方向，日本国内出现了"北进"与"南进"的争论。佐藤铁太郎便是当时南进论的坚定支持者，他的海权思想也成为日本"南进"政策的理论支柱。而后日本通过参加第一次世界大战和战后的巴黎和会，不仅占领了太平洋上原属德国的殖民地，还取得了德国在太平洋上赤道以北的南洋群岛的委任统治权，从而使得南进论、"南方经营"与日本的国策联系在一起。获得南洋群岛后，日本开始进行产业开发，此后日本又在马来半岛发现了丰富的铁矿，由此激发了日本海军对南进问题的进一步关注。海军对南洋开发、铁矿产业等抱有很高的期待，并给予了积极的援助。

进入20世纪30年代后，随着日本对外扩张步伐的加快，南洋地区资源的重要性也越来越凸显。为此，日本海军积极推动南进论向南进政策的转变。在南进论国策化的过程中，日本海军发挥了很大的作用。日本海军通过设置"第一委员会"，对海军政策的具体落实情况进行调查研究。在日本退出伦敦裁军会议后，日本海军的南进论发生了质的变化。1936年，广田内阁五相会议制定了《国策基准》。南进政策在《国策基准》中被确立为日本的根本国策，南进政策的作用是确保日本在东亚的帝国地位。《国策基准》还规定，针对美国海军，海军军备要为确保西太平洋的制海权而充实足够的兵力，同时，对国防和产业具有重要意义的资源、原料，要促进其自给自足政策的确立。[①] 于是，日本海军的南进论正式上升为日本的国策，即南进政策，这一政策不仅将"对美问题""资源问题"和南进论联系在一起，还成为日本海军在裁军条约失效后寻求军备扩充正当化的理由。而在同一天制定的《帝国的外交方针》中，日本提出"南洋正当世界贸易的要冲，同时作为帝国产业及国防上必不可少的地区，并且作为我民族发展的自然地区，应该巩固其发展中的地

---

① 外務省編『日本外交年表竝主要文書　下』原書房、一九六五年、三四四～三四五頁。

位"①，从而进一步肯定了海军的南进论，南进论也被认为既是"日本今日的全部问题，也是未来的前途问题"②。1938年，日本海军在台北设置了武官府，武官府开始与总督府协同制订南进政策的具体计划，由此南进政策步入了实施阶段。1940年7月，大本营政府联络会议（御前会议）制定了《适应世界形势变化之时局处理纲要》，提出"针对兰印（即荷属印度尼西亚），暂时依靠外交措施努力确保重要资源"的主张，但同时也提出"为解决南方问题，在内外各种形势允许的范围内，把握好时机，行使武力"，即"对南方行使武力"的"准据"基准。③ 同年9月，日本侵入法属印度支那北部。1941年7月，日本侵入法属印度支那南部。由此，日本与美国、英国、荷兰等国的矛盾日益激化。日本海军提倡的南进论在走向政策化的同时，也在走向毁灭。

随着日本扩张野心的膨胀，加上侵略战争的需要，南进论和南进政策逐渐演变为"大东亚共荣圈"的构想，这是日本谋求建设东亚地区秩序的雏形，也是日本企图独霸西太平洋海权的表现。在太平洋战争初期，日本基本上达到了独霸海权的目标。1941年末，日本掌握了西太平洋的制海权；1942年4月上旬，日本又掌握了东印度洋的制海权。可以说，此时的日本掌握了从未有过的海权。④ 随着战争的不断推进，日本由战略进攻转入战略防御，其海权被一步步削弱，最终彻底失去了海权。值得注意的是，日本提出"大东亚共荣圈"构想的重要出发点在于获取南洋地区的丰富资源，以实现自给自足的"大东亚经济圈"，即所谓的"自立的集团经济"。为了支撑在东亚大陆的侵略扩张，日本不得不借助南洋地区的丰富资源。虽然从结果看，"大东亚共荣圈"的构想并未能形成"自立的集团经济"，⑤ 但不可否认的是，日本的南进政策表面上是为了获取

---

① 复旦大学历史系日本史组编译：《日本帝国主义对外侵略史料选编》（1931—1945），上海人民出版社1975年版，第200页。

② 室伏高信『南進論』日本評論社、一九三六年、八頁。

③ 外務省編『日本外交年表竝主要文書 下』、四三七～四三八頁。

④ 立川京一「日本におけるシー・パワーの誕生と発展——第二次世界大戦まで」、立川京一など編著『シー・パワー：その理論と実践』、二一五頁。

⑤ 有賀定彦「『北進』論と『南進』論」、『東南アジア研究年報』第二八号、一九八六年、一〇一頁。

资源，实质上其着眼点仍在于东亚大陆，东亚海域的海权是日本维持陆权的基础。由于近代日本发展的志向在大陆，因此，尽管日本海军始终谋求西太平洋甚至东印度洋的海权，但其客观上仍不得不服务于日本对陆权的诉求。这也是近代日本海权的宿命之所在，即从属于陆权。

小　结

本章首先探讨了日本"海洋国家"身份的建构，这是日本自我认知的国家身份。在海防面临巨大压力、国家生存出现危机的背景下，日本产生了海防思想。海防思想与日本固有的扩张主义传统相结合，以大力发展海军，进而夺取制海权为重心的日本海权思想开始萌芽。马汉海权思想的传入和日本海军对外扩张的实践，促使日本海权思想逐渐形成，其重心也转变为夺取和掌握制海权。不断膨胀的海洋扩张野心，促使日本海权思想进一步发展，其主要内容仍然是夺取和掌握制海权，同时制海范围有所扩大。在这一过程中，"海陆"之间反复进行着斗争。"海陆"之争的本质是海权与陆权之争，由于近代日本国家发展方向是向"陆"而非向"海"，最终决定了陆权诉求必然优先于海权诉求。这表明，近代日本海权思想的形成与发展，都与日本追求陆权息息相关，海权仅仅是日本追求陆权的工具。随着日本战败，近代日本海权思想也暂时退出了历史舞台。

第 三 章

因海重生：冷战时期日本海权思想的再建构

第二次世界大战之前，日本海军奋力排挤英美等国势力，一心谋求西太平洋乃至东印度洋的绝对制海权，力图成为名副其实的以海军为主导的海洋国家。随着在第二次世界大战中的失败，日本海军力量被迫解体，以追求和掌握制海权为重心的近代日本海权思想自然也无法存在。从国家层面来看，无论是日本海军倡导的海洋国家志向，还是日本陆军主张的大陆国家志向，战前日本设想的国家发展道路都被彻底打断，这导致战后的日本不得不重新思考国家的发展方向。与此同时，帝国瓦解、社会经济凋敝等残酷的现实，迫使日本朝野不得不反省战前所做的种种决断。在这种情况下，战前日本有关海外扩张的各种思想理念虽然面临被废弃的境地，但也因此获得了重塑的机会。以重新思考日本的发展方向，即以海洋国家志向为起点，日本开启了对海权思想重新摸索和建构的过程。在这个过程中，基于国际形势变化和时代特征，日本的方向和目标更为明确，不仅减少了海权思想重塑过程中可能遇到的阻力，同时也摸索出不同于战前"军事主导型"的，以追求海上权力为重心的海权思想。

第一节 "海洋国家"身份的重新建构

从地理环境的角度来看，日本是一个四面环海的群岛国家。从日本人认识到这个客观事实起，日本就与海洋发生着各种各样的联系。在战前，日本努力塑造着海洋国家的身份，但囿于强大的大陆国家志向，海洋国家身份始终没能占据主流。第二次世界大战结束使日本内外环境发生了重大变化，给日本重新认识和塑造海洋国家身份提供了历史性的机遇。在客观的地理环境、深刻的经验反思和巨大的现实压力等多种因素的作用下，日本调整了国家发展的战略方向，最终确立了海洋国家身份，步入了新的国家发展道路。

一 日本重构国家身份的动因分析

世界上任何国家的身份都不可能脱离其自然属性而独立存在。从自然属性来看，国家身份大致可分为大陆国家、海洋国家、陆海复合型国家等类型。战前的日本正是以侵略亚洲大陆为主线，志在建立大陆国家。1945年，日本天皇发布《终战诏书》。日本投降，宣告第二次世界大战结束，也宣告了近代日本追求大陆国家身份的终结。在新的国际形势和时代背景下，迫于国内外各种压力，日本开始重新思考立国根基，将视野专注于海洋，并最终选择塑造海洋国家身份。究其动因，主要包括以下两个方面。

一是体系层面的动因。第二次世界大战导致世界主要国家在政治、经济、军事等各个方面产生巨大差距，国际力量对比出现重大变化，新的国际体系开始形成。第二次世界大战结束之际，欧洲传统的四大强国已经衰落到难以自保的地步。[1] 英法两国均为战争付出了沉重的代价，经济疲惫不堪、军事实力下滑，法国更是遭到德国占领，大国影响力丧失殆尽；德意两国则饱尝战祸，国家遭受巨大损失，国际地位一落千丈；日本发动侵略战争，最终战败，社会经济遭到严重破坏，军事力量被迫肢解，失去了原有的国际地位；苏联一方面在战争中遭受巨大损失，另一方面换来了强大的军事实力和大国地位；中国经过多年的抗战，人力、物力等遭受严重损失，付出了巨大的牺牲和代价，与此同时，也获得了大国地位；美国则得益于战争，国力急剧膨胀，军事、经济实力和政治影响力都位居世界之最。因此，第二次世界大战彻底打破了原有的欧洲

---

[1] 王绳祖主编：《国际关系史·第七卷（1945—1949）》，世界知识出版社1995年版，第2页。

中心格局，开始形成新的以美苏两国为核心的两极格局。在这一格局的形成过程中，美国对日本实施单独占领和间接统治，使得日本不得不倒向以美国为首的西方阵营。对当时身处逆境的日本而言，一方面，战后的国际政治现实迫使日本认清自己的国家身份，以便于作为一个统一的国际行为体在新的国际社会中生存和发展。然而，倒向美国并没有直接解决日本面临的国家身份问题，尽管进入战后新时代的日本开始出现各种各样的社会思潮，但在国家身份问题上仍然处于迷失的状态，日本既不可能选择战前以大陆扩张为核心的大陆国家身份，也不可能选择以海军扩张为核心的海洋国家身份。日本只有重新理解和建构自己的国家身份，才有可能摆脱战前对外侵略的老路。另一方面，战后的世界新形势迫使日本重新思考以什么样的国家身份来完成它所面临的新的艰巨任务。世界新形势既不允许日本再度推行侵略扩张的对外政策，也不允许日本再像战前那样通过军事力量获取资源能源，而是要求日本确立和平的对外政策，并依靠和平的通商贸易方式来解决资源能源短缺的问题。这一艰巨任务使得日本依据国际形势变化对战前所追求的各种国家身份进行反思。因此，日本只能选择重新建构自己原有的国家身份，以适应战后新的国际形势，最大程度地保全自己。

二是国家层面的动因。一方面，日本独特的文化和地理环境造就了日本人独特的民族性格，自强不息、积极、现实、忍耐、自大等常常被用来形容日本人的国民性，日本人也因日本成为欧美之外第一个实现近代化的国家而感到无比自豪。然而，在长年累月的对外侵略战争的影响下，日本人民早已产生了厌战情绪，战争的最终结局使日本人曾经拥有的民族自豪感荡然无存，日本人不得不小心翼翼地谋求生存。战争结束之时，日本国内经济遭到严重破坏，军队遭到解散，社会十分不稳定，一时间工人运动高涨，甚至要在日本全国举行总罢工，以至于联合国军总司令麦克阿瑟亲自发布命令禁止总罢工。[①] 而在国家制度方面，尽管战后日本统治阶级试图维护战前天皇专制的"国体"，但战败的现实、被占领的状态以及美国对日本的战后处置设想等因素使得日本所谓的"国体"

---

① 郭炤烈：《日本和东盟》，知识出版社1984年版，第2页。

不可能维持下去，重新建立国家制度成为必然。日本人的精神世界也因"国体"的崩塌而遭受沉重打击，并在心理上产生了受害者意识。日本人的集体认同由此面临崩溃的境地。这样的国内现实，要求日本尽快凝聚人心，恢复社会经济，实现国民的民族认同和国家认同。另一方面，从日本地理和历史的角度来看，建构符合战后日本的国家身份也是必要的。回顾日本与海洋发生联系的全部历史可以看出，日本对自身国家身份最朴素的认知就是岛国或者所谓海国。这样的身份认同使日本主动将自身的命运与海洋紧密联系在一起。日本与海洋的联系确实早已有之，在近代之前主要表现为对海洋资源，特别是近海渔业资源的利用，在近代则主要表现为对海洋的利用与控制，以及构建以军事扩张为特征的海洋国家的努力。但是，战后海洋国家身份被赋予了新的时代意义，国际海洋政治中的海洋国家身份更多地具有了和平开发与利用海洋资源、发展海洋经济和海上贸易等内涵。加上对战前历史和理论，特别是对具有侵略扩张性质的海洋国家论的反思，也导致战后的日本不得不重新认知和建构国家身份，并赋予它新的内涵。

国家身份问题不仅涉及战后日本采取何种国家发展道路，而且直接关系日本的国际政治地位和国家形象。因此，在战后新的国际环境中，基于上述内外两方面因素的催化，在反思战败教训的基础上，日本开启了重新建构国家身份的道路，这个国家身份正是战前日本业已存在的海洋国家身份。

二 高坂正尧的"海洋国家构想"

正如笔者在第二章中所指出的那样，第二次世界大战前，日本国内已经出现了海洋国家论或相关论调。只是在战前，更多的是对现实主义与理想主义、扩张主义、帝国主义与小日本主义乃至反帝国主义，或者陆主海从论与海主陆从论进行对比，从而使得海洋国家论、贸易国家论埋没于其中。[1] 战前的海洋国家论是日本扩张主义的典型代表，它整体上

---

[1] 北岡伸一「海洋国家日本の戦略—福沢諭吉から吉田茂まで—」、平成15年度戦争史研究国際フォーラム「日米戦略思想の系譜」基調講演（二〇〇三年）、二五頁。

主张以发展海军和海洋扩张为主要手段，以通商贸易为辅助手段，谋求西太平洋地区的霸权。这样的海洋国家论显然不能适应战后新的国内外形势。

从国际政治形势来看，第二次世界大战尚未结束，美苏两大国即已出现分歧和对立。丘吉尔的"铁幕演说"拉开了冷战序幕，"杜鲁门主义"意味着冷战的正式开启，两大政治军事集团"北约"和"华约"的成立，标志着两极格局的正式形成，世界陷入东西方阵营对立的局面。在此之后，国际政治局势又出现了一些新的重大变化。美苏两国首脑的戴维营会晤暂时缓和了东西方之间的紧张对立局势，以南斯拉夫、印度、埃及等国为首倡导的不结盟运动开始形成，这些新变化有力地冲击了国际政治局势，在一定程度上改变了国际力量对比。然而，"古巴导弹危机"引发国际局势再次紧张，使整个世界笼罩在核大战的阴影之下。从日本国内的形势来看，战后被美国单独占领的日本，在美国占领当局的指导下，采取了一系列民主化、非军国主义化的措施，按照美国的战略需要对政治、经济、社会等各个领域进行了改造，其目的在于"确保日本不再成为美国的威胁，或世界和平与安全的威胁"。[①] 虽然日本国内战后初期的人民运动不断爆发，甚至多次造成政府危机，但经过民主化改革，日本基本上建立起了稳定的政治、经济和社会结构，进入了恢复社会经济、寻求正常发展的时代。随着冷战形势的变化，日本逐步被美国确定为远东地区的战略基地。朝鲜战争的爆发更是给日本经济带来了"特需"[②] 景气，日本由此进入全面复兴的轨道。尽管如此，日本仍然遭到美国的削弱和压制，不得不依赖于美国，最终建立起了更多服从美国利益的日美同盟。此外，日本国内保守派与革新派围绕日本发展道路等

[①] 鹿島平和研究所編『日本外交主要文書・年表　第一卷（1941—1960）』原書房、一九八三年、八一頁；「降伏後ニ於ケル米国ノ初期ノ対日方針」第一部「究極ノ目的」、『日本外交主要文書・年表（第一卷）（1941—1960）』、八一～九一頁、一九四五年九月六日；末川博・家永三郎監修、吉原公一郎・久保綾三編『日本現代史資料　日米安保条約体制史　第一卷』三省堂、一九七〇年、四九三頁。

[②] 所谓"特需"，指的是应朝鲜战争期间的特殊需要，日本接受的大量军需订货和提供的大批军用物资。参见宋成有、李寒梅《战后日本外交史（1945—1994）》，世界知识出版社1995年版，第73页。

重要问题展开了长期的争论。在国内外形势的冲击下，日本国内的有识之士开始重新审视日本所处的国际政治环境和国际地位。

正是在这个背景下，日本著名国际政治学者高坂正尧开始探索日本应有的国家发展道路，试图指明日本发展方向。高坂正尧认为虽然战后日本逐步迈向繁荣，但经济上的发展并没有改变日本对美从属、外交缺乏独立的状态，"日本虽然拥有如此巨大的国力，却不知应该将此国力运用于何方"。① 因此，高坂正尧从现实主义角度出发，通过重新思考日本的国际政治定位，反思历史教训，提出了"海洋国家构想"。从1963年起，高坂正尧以杂志《中央公论》为阵地，先后发表了一系列重要文章，论及国际政治、日本对外政策、日本发展方向等课题，并于1965年出版论文集《海洋国家日本的构想》。② 具体来看，高坂正尧的"海洋国家构想"主要包括以下三部分内容。

第一部分是日本的国际政治定位。高坂正尧对国际政治定位与国民性目标的关系进行了分析。他认为，"原本，国民性目标指的是一国国民在国际政治中的定位"，但要"赋予现在日本的国际政治定位以意义是非常困难的。因为日本既不是东洋也不是西洋。（日本）没有把自身认同为东洋或西洋的因素"。一方面，在20世纪60年代以前的近百年时间里，日本几乎完全被西欧化。不仅近代工业和交通系统等方面被称为"西洋的艺术"，而且日本人的生活方式和习惯也在很大程度上被西欧化。甚至有外国人认为，日本并非是位于东洋之端的"远东"之国，而是位于西洋之端的"远西"之国。另一方面，在几乎完全西欧化的生活方式的角落里，日本又有着某些不协调的东西。日本无法将西洋与日本完全等同起来，日本人在心中还残留着对东洋事物的憧憬。③ 在高坂正尧看来，正是这种矛盾的事实，使得日本难以找到国民性目标。在经济方面，交通工具的发展已经使距离问题变得没有意义，但是在军事、政治、心理等方面，距离上的靠近确实又有着重要意义。高坂正尧认为，日本与拥有

---

① 高坂正堯「海洋国家日本の構想」、高坂正堯著作集刊行会編集『高坂正堯著作集　第一卷』都市出版、一九九八年、一三〇頁。

② 高坂正堯『海洋国家日本の構想』中央公論、一九六五年。

③ 高坂正堯著作集刊行会編集『高坂正堯著作集　第一卷』一三一～一三二頁。

不同政治经济体制的中国和苏联靠得很近，但与拥有相同政治经济体制的西欧却隔着广阔的大海。由此，他认为，日本不仅是"远西"之国，而且是"相去甚远的远西"之国。① 这种状态导致日本的国际政治定位面临困难，而这正是日本所处的困境。

对于日本能否越过这一困境，高坂正尧给出了自己的答案。他从日本对外交流史的角度回顾了日本国际政治定位的历史变迁。他认为历史的发展导致日本国际政治定位出现了特殊性和困难性，近代日本一直面临着"脱亚"和"入亚"的两难选择。虽然日本吸收了中国文明，并在内化为日本文明后继续受到中国文明影响，但日本文明与中国文明有着诸多不同之处。高坂正尧将日本比作"东洋的旁厅"，② 意指日本几乎完全独立，能够为了自身文明的发展吸收必要的中国文明。基于这样的理解，为了使日本打破国际政治定位上的困境，高坂正尧引用英国历史学家汤因比（Amold Joseph Toynbee）有关文明交流的观点，以海洋为原点思考日本的国际政治定位。他认为随着葡萄牙人到达日本的种子岛，日本开始具有"极西"之国的性格，而"黑船来航"使日本开国，从而促使日本进入世界交流结构。在这个结构中，日本能够选择的道路就是近代化。然而，近代化给日本带来的问题，不仅仅包括"脱亚"与"入亚"的问题，还包括日本与美国争夺太平洋霸权的问题。高坂正尧认为，作为海洋国家，日本至少要支配太平洋的一部分来保障自己的防卫。随着日本打破华盛顿体系，日美两国开始走向战争，"太平洋战争最简单，也是最重要的事实，就是美国海军打败了日本海军"。在高坂正尧看来，只有理解这一事实，才能理解当时日本的国际政治定位。战后，日本被纳入美国的势力范围。于是，"对日本来说，剩下的道路就只有一条，那就

---

① 高坂正堯著作集刊行会編集『高坂正堯著作集　第一巻』、一三三頁。注：此处的"远西"，日文原文为"極西"；"相去甚远的远西"，日文原文为"飛び離れた西"。根据笔者的理解，高坂正尧先生的意思是，站在东亚的角度看西方，西方可以被称为"远西"，犹如西方称东亚地区为"远东"一样，而日本在政治经济体制方面与西方相同，故日本也被称作"远西"之国，但日本在客观上的地理位置又与西洋离得很远，故日本被称为"相去甚远的远西"之国。笔者觉得没有合适的汉语能够体现高坂正尧所要表达的意思，故将原文直译出来。

② 高坂正堯著作集刊行会編集『高坂正堯著作集　第一巻』、一三七頁。

是彻底'脱亚',作为'极西'之国全力以赴地发展"。①

第二部分是历史的经验教训。从战后十几年的现实来看,日本采取了经济优先主义和内政中心主义的政策,这一政策的前提是日本在防卫和外交方面依赖美国,即对美从属。尽管如此,高坂正尧认为,中国的崛起使日本再次具有"远东"之国的性格,从而导致日本在东洋与西洋之间的矛盾性再次出现。因此,他认为"对美从属与对华从属的困境是实际存在的,摆脱困境的道路只有增强日本自身的力量"②。针对"日本应该发展的力量是什么力量"这一问题,高坂正尧指出,在解决这一问题之前,首先应该引出历史的经验教训。他主张借鉴英国的经验、吸取日本的教训,将"海洋国家"作为日本国家发展的方向。高坂正尧认为,"英国与日本在两个基本的重点上很相似。英国是优秀的海洋国家,正如拿破仑所说的'通商国民'那样,(英国)是依靠海外贸易而形成的伟大的国家。日本也是一个必须依赖海外贸易而生存的国家,事实上也朝这个方向在发展。……更为重要的是,虽然英国位居欧洲一侧,但却在欧洲之外寻求活动的舞台。……同样地,日本虽然与以中国为中心的东洋相邻,但却不是其中的一部分",这一认识对日本来说是重要的,高坂正尧更是认为日本"在历史上首次迎来站在这一认识的角度而应该行动起来的时刻"。③ 不难看出,高坂正尧所谓的英国与日本相似的两个基本重点,就是民族性格和地理位置,即通商国民和岛国。这两点决定了英日两国的国际政治定位。然而,英国构筑了独特的伟大,而日本却走向了毁灭。

高坂正尧通过分析英国的历史经验和日本历史的教训,阐释了造成这一不同结果的原因。他指出,英国从位居欧洲二三流的国家发展成繁荣的海洋国家,其历史有很多地方值得日本学习。他认为,英国都铎王朝(1485—1603年)时代的亨利七世、亨利八世、伊丽莎白一世等君主,在对外政策上有着共通的特征。首先,是极度的慎重。在西班牙支配世

---

① 高坂正尧著作刊行会编集『高坂正尧著作集 第一卷』、一四三页、一四四页。
② 高坂正尧著作刊行会编集『高坂正尧著作集 第一卷』、一五三页。
③ 高坂正尧著作刊行会编集『高坂正尧著作集 第一卷』、一五六～一五七页。

界的时代里，英国君主们不得不采取慎重的对外政策，亨利七世和亨利八世都踌躇采取当时十分普遍的贸易保护政策。高坂正尧认为，这种极度的慎重产生了积极的素质。英国的君主们能够把握机会，实践势力均衡原则，进行有意识的情报搜集工作。其次，是这些君主们预料英国的未来与海洋相关，并将国民的注意力引向这一点。高坂正尧指出，都铎王朝的君主们开创了英国作为海洋国家的未来。他们将英国发展的目光投向海洋，尽可能地制造更多的船只，建立常设海军，抢夺海外市场，鼓励并援助冒险商人投身海外，最终为英国作为海洋国家的崛起和发展奠定了基础。高坂正尧认为，"造就英国伟大的素质是'非英雄式'的精英与'英雄式'的冒险商人的组合"，而这正是日本所欠缺的。在高坂正尧看来，日本并不缺乏具有冒险精神的商人，但日本的精英更重视保持国内权力，他们将目光投向国内稳定，没有对进出海外的人们抱有亲近感，最终日本出现了锁国和满洲事变（即九一八事变）两大悲剧。[1] 在高坂正尧的逻辑中，英国是海洋国家，因此能充分利用海洋所具备的各种可能，而日本是岛国，封闭、保守，因此没能充分利用海洋。战后日本在美国的军事保护下，防卫和外交都依赖美国，从而能够倾注全力发展经济，但其付出的代价则是日本再次变成岛国。高坂正尧批评战后的日本精英和政治家们视野狭隘、缺乏行动力，对海外的事情关心不足，轻视充满行动力的人才，因而日本仍然是被美国第七舰队所保护的岛国，一旦美国的保护伞失去效用，日本将被迫陷入对美从属还是对华从属的困境中。[2]

第三部分是高坂正尧基于前述第一、第二部分的讨论而提出的构想，即日本作为海洋国家的对策。为了解决日本可能面临的选择困境，高坂正尧认为日本的发展应该以海洋国家为方向，拥有必要的独立力量，最重要的是恢复开阔的视野。对此，高坂正尧提出了具体的建议。

第一，在安全保障问题上，高坂正尧认为日本有关防卫的议论陷入了完全主义的争论中，"抑制力完全主义者"的主张最终将导致日本进行

---

[1] 高坂正尧著作集刊行会编集『高坂正尧著作集 第一卷』、一六二～一六五頁。
[2] 高坂正尧著作集刊行会编集『高坂正尧著作集 第一卷』、一六九～一七〇頁。

核武装，而"意图完全主义者"的主张要求大部分国民拥有宗教式的热情。单纯强调抑制力或意图都是不可取的，要处理好抑制力与意图之间的关系，避免成为完全主义者。进而，高坂正尧引出了最小限度的军备和自主防卫的问题。在他看来，日本有三个理由与美国保持某种程度上军事关系。一是在战后二十年间，日美两国之间的军事合作是保证势力均衡的一部分。二是美国与日本相距甚远。如果美国与日本比邻而居，日本会更加地美国化，实质上会被美国吸收。美国在地理上位于太平洋的另一边，这对战后的日本来说是巨大的恩惠。日本能够站在"既非东洋，也非西洋"的立场上，采取"远交近攻"的方式保持平衡。三是世界海洋处于美国的支配之下，而支撑日本安全保障最基本的条件就是支配海洋。如果日本违背美国海军，其安全保障就无法得到保证。由此，高坂正尧得出结论——日本的安全保障有赖于维持最小限度的军备和调整对美关系。关于日本独自的军备，高坂正尧认为日本应该维持现有的强大空中力量，维持两个强大的陆自师团，并强化其他师团作为国土建设队伍的性质，使海自达到能够镇压周边海域内游击队活动的程度，同时使其具备进行海洋调查的能力。关于日美关系，高坂正尧认为日本应该收回日本本土的美军基地，但有必要维持海军基地，可以通过条约、即军事协议的方式进行基地租借。[①]

第二，在政策方面，高坂正尧认为日本应该保持积极的政策应对世界政治，使日本成为对外开放的国家。为此，日本政府应该采取两大措施。一是为了引导国民将目光朝向外部世界，政府要奖励走出外部世界的行为，对开放保持亲近感，并进行调整和援助，同时不实行强有力的计划指导，从而使通商贸易保持活力；二是政府要制定重要的长期政策，开创国民的未来。在高坂正尧看来，日本政府的长期政策应对的问题就是以开发为中心的世界政治，即发展中国家的开发问题和海洋开发问题。首先，在发展中国家的开发问题上，针对援助问题，日本开始认识到保持独自政策的重要性，但日本没有根据受援国的具体情况开展具体的政策讨论，同时也不可能制定一个总体规划，投入资本和技术就能解决开

[①] 高坂正尧著作集刊行会编集『高坂正尧著作集　第一卷』、一七三～一七四页。

发问题。高坂正尧认为所有重要问题的核心是人才问题。对此，日本应该制定针对发展中国家的援助政策，将其与贸易政策结合起来，以地区形式开展援助，重视技术援助的中心作用，并将在日本发展空间小的产业转移到对发展中国家的援助上。① 其次，在海洋开发问题上，高坂正尧认为，随着潜水技术的进步、原子能等能源的开发、各种海洋调查技术的进步，海洋开发的可能性开始显现，渔业资源和海洋自由原则成为问题。特别是海洋自由原则，冲击了国际海洋法秩序，它不仅是国际秩序问题，也是日本国民利益问题。高坂正尧呼吁，为了保护国民利益和参与国际秩序建设，日本要积极参加海洋开发，而且有必要进行大规模的科学基础调查。他还认为，海洋调查实际上与防卫间接地联系在一起。据此他提出，将自卫队大约三分之一的预算用于海洋调查，以海上自卫队为中心调查日本近海，以国际合作为原则由科学家对世界海洋进行调查。②

针对日本的国际地位、国家发展方向等一系列问题，高坂正尧颇具理性地提出了"海洋国家构想"，他将日本的未来置于海洋这一无限广阔的空间，主张日本作为海洋国家开拓未来，在发展必要的独立力量的同时，限制军备、调整对美关系，建议日本制定积极的政策支持发展中国家的开发，加大海洋开发的力度。正如高坂正尧最后的总结，"我们（日本）比邻东洋却不是东洋，是'相距甚远的西'之国却不是西洋。这是烦恼，但同时也使日本具备了活跃于世界政治的可能性。在此状况下，我们能够限制军事力量，采取妥当的防卫政策。或许日本是一个资源贫乏、人口过剩的国家。但与此同时，它也具备作为'通商国民'的巨大优势。而且，在今后的开发时代，或许日本能够开发的国土并不多。但是我们的国境在广阔的海洋。最后，与一个宏大的计划相比，我们的强大在于使诸多小计划的集合变成可能的无限适应力和产生冒险精神的活力。从这个意义上来说，日本是一个海洋国家。而且，能够产生这种伟大的是能够将慎重与冒险、'非英雄主义'与'英雄主义'结合起来的政

---

① 高坂正尧著作集刊行会编集『高坂正尧著作集　第一卷』、一七四～一七七頁。
② 高坂正尧著作集刊行会编集『高坂正尧著作集　第一卷』、一七七～一七八頁。

治技巧，以及不将慎重以单纯的慎重而终结的广阔视野。我称它为地平线。那里有日本的未来"。①

客观地说，高坂正尧的"海洋国家构想"具有先见性，是战后日本现实主义关于日本前进道路的代表性观点，这一构想可以说是综合"官民一体的海洋国家身份、支撑海洋安全保障的海上军事力量、通过发展中国家的开发获得海外市场、为了获得海洋资源的海洋调查与开发能力"为一体的海洋战略。② 高坂正尧倡导日本作为海洋国家追求和平发展，指明了日本的发展方向，引起了日本国内对日本海洋国家身份的普遍关注，他的一系列论述成为此后探讨和研究日本海洋国家身份以及海洋战略的重要指南。

三 海洋国家身份的确立

从上文内容不难看出，作为现实主义学者的高坂正尧为日本未来的发展提供了一份蓝图，这份蓝图得以实现的前提是日本的海洋国家身份。只有确立了海洋国家身份，日本才有可能按照高坂正尧的构想去实现自己的目标。高坂正尧的"海洋国家构想"是相对清晰的，但日本海洋国家身份的确立过程却是相对漫长的。其实，早在高坂正尧提出"海洋国家构想"之前，基于对战败的反思，战后日本的国家身份问题即已成为日本不得不讨论的课题，曾经的两难选择随着战争的失败而消失，日本只能放弃大陆国家志向、转而选择海洋国家志向。第二次世界大战的失败，使日本再也不可能像战前那样控制一片海洋，对战后不久的日本而言，海洋不再是私有产品，而是开展海外贸易的公共媒介，其意义在于通过对外贸易恢复国民经济，以实现并维持国家繁荣。可以说，海洋是战后日本保持繁荣的关键。正因如此，战后日本国内的海洋国家论与战前的海洋国家论有很大的区别，它更加强调通商贸易的重要性和对海上通道的保护，强调以和平方式成为海洋通商国家，这种海洋国家论等同

---

① 高坂正堯著作集刊行会编集『高坂正堯著作集 第一卷』、一七九頁。
② 林賢參「日本の海洋戰略：シー・パワーの視点から論ずる」、『當代日本與中國大陸研討會：臺灣與日本學者的對話』研討會論文集，政治大學當代日本研究中心等主辦，二〇一〇年九月一八～一九日，七頁。

于同期出现的贸易国家论等，它们本质上都将日本视为海洋国家。

战后，在美国占领当局的指导下，日本实施了民主化等一系列改革。改革对日本外交提出的要求是改变以往的外交路线。因此，吉田茂内阁根据国内外形势，将"贸易立国"思想作为指导经济发展的理论依据，确立了"轻军备，重经济"的"贸易立国"路线，奠定了战后日本外交路线的基础，开启了战后日本作为海洋国家发展的道路。吉田茂将海洋国家身份与通商贸易结合在一起，从而改变了日本单纯从地缘政治角度认识海洋国家身份的传统，拓展了海洋国家身份所蕴含的内在意义。正如吉田茂所说，"日本是一个海洋国家，显然必须通过海外贸易来养活九千万国民。既然如此，那么日本在通商方面的联系，就不能不把重点放在经济上最富裕、技术上最先进，而且历史关系也很深厚的英美两国国民之上了。这未必是主义或思想的问题，也不是所谓隶属关系，因为这样做最简便且有成效。总而言之，这无非是增进日本国民利益的捷径"。[1]吉田茂通过简单的表述，从经济角度出发将日本的国家身份确立为海洋国家。这既是他基于战后现实的考虑，也与他此前的经历密切相关。早在战前，吉田茂便持有贸易国家论的观点，他重视日本的贸易利益，强调日本与英美进行协调的重要性，反对日本与德国合作。[2] 与战前日本对贸易的重视在本质上为了发展海军相比，战后的复杂形势使日本必须与英美等国协调，从而促使贸易国家论的目的转变为恢复日本经济、实现经济繁荣。不难看出，吉田茂的立场并没有发生根本改变，发生变化的只是其贸易国家论的目的。从这个角度来看，战后吉田茂坚持"贸易立国"路线便是理所当然的。

尽管吉田茂从自由贸易和通商的角度认为日本是一个海洋国家，但日本国内并没有就此达成共识，日本的发展方向仍然是一个悬而未决的课题，因此才出现了以高坂正尧为代表的日本有识之士对海洋国家身份进行讨论的局面。在高坂正尧之后，海洋国家身份更多的是一个不证自

---

[1] 吉田茂『回想十年 第一卷』新潮社、一九五七年、三三頁。
[2] 北岡伸一「海洋国家日本の戦略—福沢諭吉から吉田茂まで—」、平成一五年度戦争史研究国際フォーラム「日米戦略思想の系譜」基調講演（二〇〇三年）、三二～三四頁を参照。

明的概念，一批学者以日本是"海洋国家"或"海洋国"为原点，进行相关问题的研究。[①] 及至20世纪70年代末，日本著名政治家中曾根康弘从经济发展和国家生存的视角阐述海洋对日本的重要性。他认为，"从地理政治学的角度来看，日本是个海洋国家。……日本和英国因为缺乏资源，就向外发展，利用海洋，靠通商贸易生存，成为海运国家"[②]。可见，从战后的吉田茂到20世纪70年代的中曾根康弘，日本政治家们对日本海洋国家身份的认知基本一脉相承，他们都从经济的角度将日本的国家身份确立为海洋国家，从而与高坂正尧等学者的海洋国家论遥相呼应。如果说战前日本的海洋国家志向是"军事主导的海洋国家"，那么冷战期间日本的海洋国家志向则可以被称为"经济主导的海洋国家"。

经过战后几十年的努力，日本在政界和学界形成了一股势力，他们普遍将日本视为海洋国家，并以此作为思考的起点。对此进行考察可以发现，确立日本海洋国家身份的过程并不是孤立的，而是伴随着战后日本海权思想的摸索和再建构。

第二节　经济重生：日本海权思想的再建构

战前日本以军事扩张为导向、以制海权为重心的海权思想随着第二次世界大战的失败而隐匿，日本及其海权思想的发展都进入了一个新时期。第二次世界大战后，国际形势和国际格局发生了巨大变化，人类对海权的认识越来越丰富，海权的经济属性受到越来越多的关注。在战后

[①] 这方面的研究著述包括：林三郎「海洋国日本のアジア政策」『自由』第八巻第一〇号、一九六六年、一〇～二四頁；西村友晴「海洋国家防衛論の志向と限界」『日本及日本人』第一四六五号、一九六八年九月、一八～二六頁；三好喜太郎『海洋国家の安全保障：日本海海戦の意義を考える』朝雲新聞社、一九六九年；安全保障研究会『海洋国日本の将来：安保研究十七年の記録』原書房、一九七〇年；海空技術調査会編著『海洋国日本の防衛』原書房、一九七二年；佐藤徳太郎『大陸国家と海洋国家の戦略』原書房、一九七三年；日本海洋協会『転換迫られる海洋国家』日本海洋協会、一九七六年；佐々木忠義「危機に立つ海洋国・日本」『公明』第一七五号、一三〇～一三七頁。

[②] ［日］中曾根康弘：《新的保守理论》，金苏城、张和平译，世界知识出版社1984年版，第135页。

日本逐步确立海洋国家身份的过程中，海权经济属性的凸显催生了日本重构海权思想的进程，随着日本经济的复苏，特别是海外贸易的迅猛发展，日本海权思想在经济领域获得了重生。

一　战后海权认知的新变化

马汉在19世纪末20世纪初提出的"海权论"在世界范围内至今仍发挥着重要影响力。毫无疑问，马汉对海权的认识和解读是经典的，马汉自始至终都在通过对海战历史的阐述，来证实夺取并掌握制海权的重要性，强调国家对海洋的控制权也成为马汉"海权论"的核心所在。据考证，海权这一名词并不是马汉首创的，早在古希腊时期，修昔底德就认为，"凡是知道如何征服及利用海洋的人，海洋就会把这种权力赐予他"。[①] 尽管如此，马汉却是第一个将海权系统化、理论化的战略家。在马汉提出海权论的年代，民族国家一方面主要通过海上军事力量的较量获得殖民地和特权；另一方面，运用海上军事力量维护本国利益，从而有条件地建立起"产品—航运—殖民地与市场"[②]这一海上霸权体系。事实上，马汉不仅指出了制海权对国家发展的重要性，同样也指出了海外贸易的重要性。在马汉的海权认知中，海权是一个相对完整的体系，它既包括国家拥有强大的海上军事力量，也包括国家拥有庞大的商业船队，还包括国家建立的殖民地体系。其中，强大的海上军事力量是获得海权的核心。马汉主张加强海军建设，打破敌人的海上封锁，确保海上航道的安全，通过掌握制海权促进商业和贸易的发展。马汉对海权的这一认知直接影响了第二次世界大战前人们对海权的认识。马汉"海权论"极大地影响了美国、日本等国海军的发展和海军战略的实施，各国都对他的海权理论推崇备至。从19世纪末至20世纪40年代，通过发展海上力量，利用军事手段夺取并掌握制海权成为世界海洋强国追求本国利益的普遍方式。

---

① Herbert Rosinski, edited by B. Mitchell Simpson Ⅲ, *The Development of Naval Thought*, (Newport: U. S. Naval War College Press, 1977), p. 26. 转引自钮先钟《西方战略思想史》，广西师范大学出版社2003年版，第33页。

② [美]马汉：《海权论》，同心出版社2012年版，第73页。

在人类海权思想发展史上，马汉的贡献无疑是巨大的。然而，正是由于马汉极力强调制海权的重要性，因此，第二次世界大战前人们对海权的认识大多集中于增强海上军事力量方面，即重视海权的军事属性，相对忽视了马汉"海权论"中包含的海权经济属性。同时，在马汉的海权认知中，他并没有对海权的概念进行明确的界定，也没有对海权所包含的内容进行某种程度的区分。因此，后人对马汉海权思想的理解并不完全一致。在对马汉海权思想的解读中，有的人将马汉所说的海权分为狭义上的海权和广义上的海权，[1] 也有的人将其分为经济海权和军事海权。[2] 无论哪一种分法，都是他们各自对马汉海权思想的解读，在某种意义上有其合理性。正如前文所指出的那样，马汉的海权思想并不只包括国家对海洋的控制，它同样关注国家的商业贸易、海上运输等经济利益。只是在马汉生活的那个遵从"弱肉强食"丛林法则和"强权即公理"的时代，相比之下军事手段比经济手段更有利于国家利益目标的实现，因而更容易受到国家的青睐；而马汉本人极其强调制海权的重要性，并将国家的繁荣和强大与国家对海洋的控制联系在一起，利用海洋在于将海洋当作对外扩张的载体，而不在于开发海洋，更加突出了海权的军事属性。即便如此，不能否认的是马汉所说的海权仍然具有经济属性，它所包含的经济因素在第二次世界大战后受到了更多的重视。正因如此，越来越多的人倾向于将马汉海权思想理解为海权的军事属性与经济属性的统一，强调应该根据时代的变化与发展对马汉海权思想作出不同的解释，特别是第二次世界大战后海洋与经济之间的联系越来越紧密，世界各国把海洋的财富用于发展经济的兴趣持续增长，[3] 国家繁荣的实现在一定程度上并不需要依赖国家对海洋的控制，开发海洋、发展对外贸易等方式也是战后濒海国家实现国家繁荣的重要途径。

第二次世界大战结束后，在冷战阴影的笼罩下，海上力量依然备受

---

[1] 参见 Geoffrey Till, *Maritime Strategy and the Nuclear Age*, (London: Macmillan), 1982, p. 14。转引自吴征宇《海权的影响及其限度——阿尔弗雷德·塞耶·马汉的海权思想》，《国际政治研究》2008 年第 2 期。

[2] 参见王生荣《海洋大国与海权争夺》，海潮出版社 2000 年版。

[3] [苏] 谢·格·戈尔什科夫：《国家的海上威力》，海洋出版社 1985 年版，第 16 页。

各国重视。然而战争期间已经出现的核武器凭借其巨大的杀伤力颠覆了人们对战争的认识，核战争不仅可以毁灭他国，也可以自我毁灭，战后出现的新技术和核革命更是打破了原有的战争模式和态势。正如1952年时任美国总统的杜鲁门（Harry S. Truman）在其国情咨文中所说，"现在我们已经进入了原子时代，已经出现的技术变革使现在的战争与以往相比迥然不同……这种战争不仅会给我们的斯大林主义对手掘下坟墓，同时也给我们自己的社会，给属于我们也属于他们的这个世界掘下了坟墓"。[①] 正因为技术变革改变了以往海上军事力量的地位和作用，加上第一次世界大战、第二次世界大战两场世界范围内的战争所带来的深刻反省，人们对海权的认知逐渐发生了重大变化。在更普遍的意义上，这种变化集中体现在，人们不仅仅关注海权的军事属性，或者说制海权的重要性，而且开始关注海权的经济属性，并通过发展海外贸易、开发海洋等经济行动客观上提升了海权经济属性的重要性，拓展了海权的内涵与外延。

随着人类社会对海洋的开发与利用，海洋的经济价值越来越受到各国关注。20世纪70年代，苏联海军元帅戈尔什科夫提出了新的海权认知，他认为，"开发世界海洋的手段与保护国家利益的手段，这两者在合理结合的情况下的总和，便是一个国家的海上威力。它决定着一个国家为着自己的目的而利用海洋的军事与经济条件的能力"，戈尔什科夫主张将国家海权视为一个体系，其特点不仅在于军事、商船、渔业、科学考察船队等组成部分之间存在联系，还与海洋环境有着不可分割的联系，因此这种体系在和海洋的相互关系中体现了自身的完整性。[②] 在戈尔什科夫的海权思想中，国家海权是一个完整的体系，它是由海上军事力量、海洋开发能力、海洋科学考察能力、海上运输能力等部分构成的。在这个海权体系中，海上军事力量即海军发挥着主导作用，是海权最重要的组成部分之一，而其他能力则是海权体系中不可或缺的部分。在戈尔什

---

① ［美］麦乔治·邦迪:《美国核战略》，褚广友等译，世界知识出版社1991年版，第323页。

② ［苏］谢·格·戈尔什科夫:《国家的海上威力》，海洋出版社1985年版，第1—2页。

科夫看来，国外流行的有关海权的概念，带有狭隘的实用主义倾向，它被等同于海上军事实力或海军，其作用在于夺取世界霸权，而他的海权概念，显然更为宽泛，其实质是为了国家整体利益而最有效地利用海洋，是一个囊括了各种因素的复杂综合体，是巩固国家经济的重要因素，在一定程度上标志着一个国家的经济和军事实力。与马汉的"海权论"相比，戈尔什科夫的"国家海权"思想体系更加强调海上军事力量与海上非军事力量之间的平衡与协调，在突出海军能力建设的同时，注重加强海洋开发和海洋科学考察等方面的能力，是第二次世界大战后国际新形势下海权新认知的代表性观点。戈尔什科夫之所以能够建构"国家海权"思想体系，与战后的国际政治经济形势，特别是世界和平的必要性和海洋经济的快速发展密不可分。正如戈尔什科夫所说，"到了人类历史发展的一定阶段，就出现了利用无边无际的汪洋大海及其财富的迫切需要"。[①]可以说，对海权军事属性与海权经济属性均予以重视的"国家海权"思想体系的出现，是人类历史发展的必然结果。对比第二次世界大战前和第二次世界大战后人类对海权的不同认知发现，第二次世界大战后人类对海权认知出现了变化，是战后国际新形势和新技术发展的客观要求。这一变化使海权思想的演变出现了新的特点，人类越来越重视海权的经济属性。

在海权思想发展到一定阶段后，"经济海权"[②]这一概念便应运而生。应该说，经济海权是在当代形势下才会出现的概念，它被认为是当代海权不可或缺的组成部分。在马汉的海权思想中，海权原本就与经济联系在一起，拥有海权不仅意味着以军事手段控制海洋或部分海洋，也涉及和平贸易与航运。第二次世界大战结束后，国际新形势和技术新发展促使人类对海权的理解发生了变化，海洋的经济作用急剧上升，海洋对国家经济的影响不断增强，海权与经济的联系因此愈加紧密。海洋蕴藏着丰富的资源能源，战后主要国际贸易线几乎都穿过海洋，海洋对人类的

[①] [苏] 谢·格·戈尔什科夫：《国家的海上威力》，海洋出版社1985年版，第9页。
[②] 从笔者掌握的中外文资料来看，国外学者并未使用"经济海权"一词，最早使用"经济海权"一词的是中国的王生荣，在其之后，不少中国学者发表对经济海权的看法，并将经济海权应用于对海权的理解中。

意义不只在于马汉所说的通过控制海洋实现国家繁荣，更在于通过开发和利用海洋促进国家经济发展。特别是自20世纪60年代起，人类不断发现并开发新的海洋资源能源，海洋的经济价值备受关注。由此，海权的经济属性逐渐凸显。正如海权没有明确的定义一样，经济海权也没有明确的定义，学者多是根据自身对海权和当代形势变化的理解，阐述经济海权的内涵。总的来说，学术界对"经济海权"这一概念的内容主要有三种看法：第一种观点认为经济海权是海权的经济基础，指的是对海洋的利用权益；① 第二种观点认为经济海权包括利用海洋促进经济发展和海洋经济开发等两层含义，② 或者说体现在海洋经济和海上贸易两个方面；③ 第三种观点认为经济海权本身就是海权的基本内涵，④ 或者说是海权概念的表现形式，更多地与海上权利相对应。⑤ 可以看出，这些学者对经济海权的理解基本上没有超越海洋权益的范畴。应当说，第二次世界大战后，随着在人类生存与发展中海洋地位的提高以及国际海运贸易的发展，"经济海权"这一概念的出现势所必然，同时也是现代海权概念的内涵不断丰富的结果。由于海权概念本身具有复杂性和多样性，因此，从海权中引申出的"经济海权"的概念同样也难以明确界定，但从经济海权的相关研究成果来看，中国学者所理解的经济海权至少包括以下两方面的内容，即海洋权利和海洋利益，二者共同构成了经济海权的基本内容。

　　需要指出的是，笔者认为部分中国学者对海权经济属性的认识存在一定缺陷，主要表现在将所谓经济海权几乎等同于海洋权益，这显然有悖于海权的本来含义。海权的重心在于"权"，即控制。经济海权作为从海权中引申出来的概念，其重心也应当是"权"。因此，将经济海权几乎等同于海洋权益，就忽视了经济海权应有的"控制"的含义。从这一点来看，经济海权这一概念并不适合用来解释当代中国发展海权的行为，

---

① 参见王生荣《海洋大国与海权争夺》，海潮出版社2000年版。
② 参见曹云华、李昌新《美国崛起中的海权因素初探》，《当代亚太》2006年第5期。
③ 参见杨震《论后冷战时代的海权》，博士学位论文，复旦大学，2012年，第185页。
④ 参见石家铸《海权与中国》，上海三联书店2008年版，第37页。
⑤ 参见刘小军《关于当代中国海权的若干思考》，博士学位论文，中共中央党校，2009年，第17页。

中国发展海权并不是为了控制他国或其他地区。但经济海权这一概念的内涵却较为符合冷战期间日本海权思想的发展状况和海权实践。只是在日本的经济海权中,"权"的内涵更多表现为主导而非控制。笔者将在下一部分具体分析日本的海权思想的重生。

二 日本海权思想在经济领域的重生

在马汉提出海权论的 19 世纪末,人类整体的科学技术水平并不高,各国一般将海洋的核心功能视为交通媒介。通过强大的海军力量获得对海洋的支配权,进而保障国家的海外贸易,实现国家的繁荣,是马汉海权的要义所在,普遍认为其核心是制海权思想。但在 20 世纪中叶,海权的内涵发生变化是不争的事实。一方面,第二次世界大战结束后,通过战争手段谋求国家利益不符合国际法,战争只能是自卫的手段;另一方面,随着科技水平的提高,特别是海洋科技的发展,对海洋蕴藏的丰富资源能源进行开发与利用成为可能。由此,海权被赋予了新的意义,海权经济属性逐渐凸显出来。对战后日本而言,战前以制海权为重心的海权思想随帝国海军的解体而失去了发挥其作用的空间。随着日本国内形势的渐趋稳定和各种政治思潮对日本国家方向的争论,在有关海洋国家身份的讨论出现之后,重新建构海权思想便具备了现实的必要性与可能性。

战后初期的日本面临严峻形势。一方面,1945 年《波茨坦公告》[①]的发布加速了日本的投降。最终,日本的武装力量被解除,长期的战争导致日本国民经济处于极度疲乏的状态。如何在一片废墟上恢复国民经济成为日本不得不面对的课题。另一方面,在被美国实际单独占领的情况下,日本只能完全依附于美国,政治外交失去了自主性。在被占领期间,美国基本上把持了日本内外政策制定的主导权。在被占领前期,美

---

① 《波茨坦公告》,全称《中美英三国促令日本投降之波茨坦公告》,发表于 1945 年 7 月 26 日。公告的内容可参阅《国际条约集(1945—1947)》,世界知识出版社 1959 年版,第 77—78 页。

国甚至不允许日本与瑞士等中立国家保持外交关系。① 如何结束被占领的状态，重返国际社会也成为日本政府和政治家们面对的棘手难题。战后日本就是在面临经济与政治双重困境的条件下走上了复兴的道路。

日本在占领当局指导下推行的一系列改革措施，最终将自身纳入了以美国为首的西方资本主义经济体系中，从而彻底改变了战前日本的经济发展方式。战前通过军事手段获得殖民地，进而获得资源和市场，转变为通过相互之间的贸易获得资源和市场，即由"硬性的"军事扩张转变为"软性的"经济扩张。不仅经济发展方式实现了由"硬"到"软"的转变，而且这种转变反过来又使经济发展方式具备了更多的可持续性。同时，这种变化也使马汉所说的"产品—航运—殖民地与市场"海上霸权体系转变为"产品—航运—贸易与市场"体系。这一体系的逐步确立成为冷战时期日本海权思想得以在经济领域重生的基础。

随着"经济主导的海洋国家"身份的确立，冷战期间日本海权思想的再建构呈现出一种新的逻辑，即日本是海洋国家，国家的生存与发展都依赖海洋，因此日本强调海洋自由，重视对海洋进行开发与利用，从而促进了经济发展，实现了国家繁荣。这是典型的通商国家所具备的逻辑思维，在其指导下，一种新的以追求海洋权益为重心的海权思想逐步构建起来。纵观整个冷战时期，日本海权思想在经济领域的重生集中体现在追求海洋权益的同时谋求亚太区域经济发展与合作的主导权。具体来看，主要表现在以下三个方面，即海洋自由论、海洋开发论和区域主导意识。海洋自由是日本追求海洋权益的基础，是日本发展海洋经济和通商贸易的前提；海洋开发是日本扩大海洋权益的手段，是日本保持经济增长、维持国家繁荣的途径；区域主导则是日本扩张主义映射在经济层面的必然结果，是日本海权思想中"权"意识的体现。

（一）海洋自由论

海洋自由论是冷战时期日本海权思想在经济领域重生的第一个表现。提倡海洋自由并不是战后才有的现象。早在两千多年以前，为制衡拥有

---

① 鈴木九萬監修『日本外交史 第26巻 終戦から講和まで』鹿島研究所出版会、一九七三年、一〇九～一一一頁を参照。

第三章 因海重生：冷战时期日本海权思想的再建构　　117

强大海军、掌握西地中海制海权的迦太基，古罗马最早主张海洋自由。17 世纪初，荷兰法学家格劳秀斯（1583—1645 年）以匿名的形式发表《论海洋自由》，"其核心思想是：根据自然法和万民法，荷兰人有权参与东印度的贸易，并拥有航海权"；①而格劳秀斯提出这一核心思想的主要理由则是"每个民族均可与另一民族自由地交往，并可自由地与之从事贸易"。②从这个角度来看，海洋是共有财产（common heritage）。海洋自由首先意味着海上航行自由，据此任何国家都可以自由地航行于海上。18 世纪，亚当·斯密（Cdam Smith）在其著作《国富论》中倡导自由贸易论，追求贸易自由的海洋自由论逐渐在英国兴起。至 19 世纪，英国最终确立海洋自由原则，从而彻底抛弃了自 17 世纪以来坚持的"海洋封闭论"。③ 20 世纪，志在实现世界范围内贸易自由化的美国，也大力提倡海洋自由。第一次世界大战后，美国总统威尔逊（Wilson）在其著名的"十四点"计划中明确提出了在平时和战时保证海上航行自由的必要性。第二次世界大战之际，美国总统罗斯福（Roosevelt）在《大西洋宪章》中同样强调了公海航行自由的重要性。在 20 世纪 50 年代以前，海洋自由或公海自由原则，意味着归属自由和使用自由。④ 二者之间并不具有必然的联系，但都与海洋自由密切相关。第二次世界大战后，为了避免人类再次陷入战争，联合国着手制定了一系列国际准则，《联合国海洋法公约》是其中的重要一环，公海自由则是《联合国海洋法公约》的主要原则之一。

　　一直以来，海洋自由论都与经济利益密切联系在一起。格劳秀斯不

---

① ［荷］格劳秀斯：《论海洋自由或荷兰参与东印度贸易的权利》，马忠法译，上海人民出版社 2005 年版，《论海洋自由》导读第 11 页。

② ［荷］格劳秀斯：《论海洋自由或荷兰参与东印度贸易的权利》，马忠法译，上海人民出版社 2005 年版，第 7 页。

③ 在格劳秀斯提出海洋自由论后，英国学者约翰·塞尔登（John Selden）出于维护本国利益的考虑，针锋相对地提出了"海洋封闭论"。关于"海洋封闭论"，参见 John Selden, *Mare Clausum* (*of the Dominion*, *or*, *Ownership of the Sea*), translated by Marchamont Nedham (New Jersey: The Lawbook Exchange, Ltd., 2004)；林国华《封闭海洋：约翰·塞尔登的海权论证及其问题》，《自由海洋及其敌人》（林国基主编），上海人民出版社 2012 年版。

④ 大平善梧「I・M・C・Oへの路：海洋自由論と世界経済」『一橋論叢』第二十四卷第四号、一九五〇年一〇月一日、四八二頁。

仅主张海上航行自由，而且提倡自由贸易。他明确提出海洋自由的观点，正是出于维护当时荷兰殖民利益特别是商业利益的需要。同样，战后日本的海洋自由论，也与日本的贸易利益密不可分。对战后日本而言，海洋是其生存的基础。[1] 进口资源与出口产品都极其依赖海洋这一交通媒介，只有确保海洋自由才能保证海上运输的通畅，从而促进贸易的发展。由此可见，保证海洋自由对日本经济的发展非常重要。在通商贸易层面，冷战期间日本的海洋自由论主要着眼于两点，即公海航行自由和渔业自由。

公海航行自由意味着任何国家的军舰和船舶在公海上都有自由航行的权利，同时也意味着任何国家的航空器在公海上空都有自由飞行的权利。一方面，公海航行自由有利于日本发展航运业，保证海上运输的通畅，进而可以使日本维持与资源能源供给国和商品市场之间的贸易往来。战后日本实现繁荣的主要因素之一就是在海上运输方面拥有较高的效率。[2] 海上运输的高效率使得日本能够以较低的海上运费进口原材料、出口商品，获取经济发展所需的资本。随着日本对外贸易中海上贸易的比重不断上升，公海航行自由在经济层面的意义愈加凸显。航行自由受到威胁，"对世界是重大的损失，对日本则是巨大的损失"。[3] 因此，最大限度地保证航海自由成为过去日本坚持领海 3 海里说的重要理由。[4] 另一方面，公海航行自由客观上为日本发展造船业创造了良好的国际环境。自德川幕府废除建造大船的禁令后，日本就十分重视造船业的发展。在近代日本海洋扩张的过程中，造船业发挥了极其重要的作用，不仅海军军舰的建设有了较好的基础，而且民间造船业的兴旺也使得日本航运业迅速发展起来。战后，日本造船业的发展速度惊人。1949 年，远洋船舶建造禁令被解除，仅仅经过 7 年的时间，日本就超过英国成为世界第一大

---

[1] 海空技術調査会編著『海洋国日本の防衛』、二五七頁。
[2] 海空技術調査会編著『海洋国日本の防衛』、二七六頁を参照。
[3] 田村優輝、浅羽祐樹「「航行の自由」と陸での「船」造り」『山口県立大学学術情報』（第六号）〔国際文化学部紀要　通巻第一九号〕、二〇一三年三月、五九頁。
[4] 曽村保信『海の政治学：海はだれのものか』中央公論社、一九八八年、九〇～九四頁を参照。

造船国。① 得益于公海航行自由的原则，日本庞大的商船队为经济复苏和国家发展奠定了坚实的基础。

渔业自由是日本提倡海洋自由的另一个着眼点。渔业自由意味着除特别规定外，任何国家的船舶在公海上都有自由从事渔业的权利。这一点对日本十分有利。日本人的日常生活都与渔业紧密相连，渔业资源自古以来就是日本人日常食物的重要来源，渔业也是日本国民经济的重要组成部分。战后，凋敝的社会经济使日本更加重视渔业资源这一相对丰富的海洋资源。由于诸多渔业协定的缔结，基于海洋自由原则的渔业自由受到了限制。② 尽管如此，战后日本的渔业发展依然呈现出快速的增长态势。到1967年，日本即已成为世界上第一大水产国，渔业成为名副其实的重要产业。在这个意义上，日本需要坚持海洋自由，才能"确保在外国沿岸的渔业自由"。③

无论是公海航行自由还是渔业自由，均出自海洋自由原则。一方面，海洋自由与自由贸易之间有着密切的关系。可以说，海洋自由是自由贸易经济体系得以存在和发展的基本条件。战后日本经济的复苏和发展，得益于海洋贸易的发展。另一方面，海洋自由原则也有利于日本追求海洋权益，特别是获取各类海洋资源。从这两点来看，冷战时期日本海权思想在经济领域的重生必然要求日本坚持海洋自由的原则。

（二）海洋开发论

海洋开发论是冷战时期日本海权思想在经济领域重生的第二个表现。海洋面积约占地球表面积的71%，海洋被称为"人类剩下的最后边疆，是隐藏着无限可能性的空间"。④ 战前的海权思想以控制海洋为重心，海洋的利用价值主要在于交通运输，同时囿于生产条件和科学技术水平的限制，对海洋的开发十分有限。第二次世界大战后，人类社会进入了一

---

① 曾村保信『海の政治学：海はだれのものか』、三九頁を参照。
② 大平善梧「海洋の自由と漁業協定」『一橋論叢』第二十七卷第三号、一九五二年三月一日、二二六～二二七頁を参照。
③ 曾村保信『海の政治学：海はだれのものか』、九四頁を参照。
④ 宇都宮「我が国の海洋開発の動向」『日本舶用機関学会誌』第二一卷第二号、一九八六年二月、六五頁。

个新的时期。由于世界人口急剧膨胀，资源消耗不断增多，陆地资源的有限性逐渐凸显，而海洋被认为"拥有无限的资源"，① 随着人类对矿物资源、能源需求的不断增加，海洋的资源价值逐渐被人类发现和重视，如何开发利用这些资源成为经济发展中的一个重要课题。社会经济活动的扩大与科学技术的发展，使人类深化了对海洋的认识，而海洋科学技术的不断进步则使人类对海洋进行广泛的开发成为可能。战后，美国将海洋开发与原子能开发、宇宙开发并列作为国家政策，从而逐步带动了世界范围内的海洋开发。由于"对海洋丰富的能源资源以及空间的开发利用，对提高生活水平、推进产业活动等社会发展来说，是不可或缺的"②，因此，海洋开发逐渐成为日本扩大海洋权益的重要手段。

"作为一个海洋国家——这个国家必须稳定地立足于广泛的海上贸易的根基之上"，③ 战后日本经济的迅速恢复正是得益于海外贸易的展开。20世纪40年代末，日本即已充分认识到自身经济有很高的海外依存度，第一份《通商白皮书》指出，"如果不依赖贸易，（日本）国内的生产和就业就会缩小，经济循环将变成极小的规模，其结果是国民生活连合理的水平都无法维持"④。不断扩大的对外贸易使日本经济在1955年便恢复到了战前的水平，从此日本经济开始快速增长。随着经济发展和人民生活水平的提高，日本对资源的需求越来越大，这对于四面环海且陆地资源十分匮乏的岛国日本来说，"石油、天然气、锰结核等海底资源具有非常大的魅力"。⑤ 因此，日本面向海洋索取更多的资源成为必然选择。日本对海洋开发的关心始于1960年资源调查会汇总的意见报告"有关海洋

---

① 理化学研究所「理化学研究所の海洋開発に関する研究」『理化学研究所ニュース』、No. 8、一九六九年五月号、一頁。

② 高木俊毅「海洋開発の将来動向」『日本舶用機関学会誌』第一六巻第三号、一九八一年、一三九頁。

③ ［美］马汉：《海权论》，同心出版社2012年版，第54页。

④ 「わが国経済の海外依存度」、日本『通商白書』（S24年版）、一九四九年、http://warp.da.ndl.go.jp/info：ndljp/pid/285403/www.meti.go.jp/hakusho/.（访问时间：2014年12月17日）

⑤ 「第1部 第1章 第17節「フロンティア外交」の推進」、『外交青書』（昭和四七年版）、一九七二年、http://www.mofa.go.jp/mofaj/gaiko/bluebook/1972/s47-1-1-17.htm#k70.（访问时间：2014年12月17日）

资源的综合调查"。① 但在 1962 年前后，在美国、法国、苏联等国积极进行海洋开发之际，日本对有关海洋的认识还比较贫乏。② 1964 年，提出"海洋国家构想"的高坂正尧指出了海洋开发的重要性和必要性，呼吁日本进行大规模科学基础调查，积极参与海洋开发。此后，海洋开发论的呼声越来越高，开发利用丰富的海洋资源逐渐受到日本政府的重视。"对于国土狭小、资源匮乏的日本来说，海洋开发是日本发展的关键所在"。③ 因此，日本不仅提高了对海洋开发重要性的认识，而且政府和民间企业也积极推进海洋开发。④ 从 20 世纪 60 年代中后期到 70 年代初期，以佐佐木忠义为代表的一批专家学者陆续提出有关海洋开发的观点，这些观点涉及的内容相当广泛，不仅探讨世界海洋开发的动向，强调日本海洋开发的重要性，呼吁日本大力进行海洋开发，而且深入探讨了海洋科学技术的发展，意在推动提高海洋开发能力。⑤

与此同时，日本政府也相当重视海洋开发机制建设，通过设立各种咨询机构和研究机构推进海洋开发。1961 年，日本设立内阁总理大臣咨询机构海洋科学技术审议会，该审议会的主要职责在于谋求推动海洋科学技术领域的综合发展。1968 年，日本科学技术厅开始实施海洋开发五年计划。1969 年，日本政府设立海洋科学技术开发推进联络会议，负责

---

① 久良知章悟「海洋開発のための新技術の開発」『日本舶用機関学会誌』第一六巻第三号、一九八一年、一四九頁。
② 松前重義「海洋開発について」『電気学会雑誌』（Vol. 88 - 10, No. 961）、一九六八年、一七三五頁。
③ 高木俊毅「海洋開発の将来動向」『日本舶用機関学会誌』第一六巻第三号、一九八一年、一三九頁。
④ 佐々木忠義「海洋開発の最近の状況と今後のみとおし」『溶接学会誌』第三八巻第七号、一九六九年、六九一頁を参照。
⑤ 关于这方面的研究参见：佐々木忠義「世界海洋開発技術研究の動向」『水産海洋研究会報』第一〇号、一九六七年三月、六頁；遠矢公郎「海洋開発 - 雑誌と Proceedings の紹介」『造船協会誌』第四五八号、一九六七年九月、三九五～三九八頁；松前重義「海洋開発について」『電気学会雑誌』Vol. 88 - 10, No. 961、一九六八年、一七三五～一七四四頁；佐々木忠義「リードする米，仏，ソ連（海洋開発の現状と将来）」『エコノミスト』第四六巻第四六号、一九六八年一一月、三〇～三五頁；関経連事務局「英米の海洋開発」『経済人』第二二巻第二号、一九六八年二月、六五～六七頁；佐々木忠義監修『海洋開発（第一巻～第五巻）』海洋開発センター出版局、一九七一年。

制订海洋科学技术开发推进计划，谋求推进海洋科学技术的综合发展。1971年，日本第65届国会通过了《海洋科学技术中心法案》，同年成立了综合海洋科学技术推进机构海洋科学技术中心，其目的就在于通过强有力地推进海洋科学技术的研究，推动对日本国民经济发展和生活水平提高有重大影响的海洋的开发利用。[1] 此外，为推进综合的海洋开发，日本对海洋科学技术审议会进行了改组，设立了海洋开发审议会，负责与海洋开发相关的基本性、综合性事项的调查审议。1973年，海洋开发审议会发表了题为"关于我国海洋开发推进的基本构想及基本对策"的报告，首次对日本海洋开发的应有状态进行了综合、系统的整理，从而指明了日本海洋开发的发展方向。[2] 日本政府对海洋开发，特别是海洋开发所需的科学技术发展的重视程度，从相关机构的设立和活动等方面可窥见一斑。

从整个冷战时期来看，日本的海洋开发论主要强调以下四个方面，即海洋开发、海洋科学技术、海洋调查和海洋环境保护。其中，海洋开发是目的，指的是开发海洋的可利用性，包括资源开发、能源开发、空间开发等；海洋科学技术是提高海洋开发能力的基础，关系着海洋开发的深度和广度；海洋调查是扩大对海洋的科学认知进而推动海洋开发的前提；海洋环境保护是海洋开发可持续的必要条件，防止海洋污染是关系到海洋开发的重要因素。上述四个方面相辅相成，构成了较为完整的海洋开发体系。海洋开发论是日本知识界和科学界鼓励日本推动海洋开发的认知准备，其根本目的在于呼吁日本通过海洋开发的途径，谋求海洋权益，有效应对资源能源短缺等问题，从而维持日本经济发展和国家繁荣。从这一点不难看出，作为资源十分匮乏的岛国，冷战期间日本海权思想的再建构，反映在经济层面必然要求日本充分利用海洋，大力推进海洋开发，获取海洋资源，拓展海洋权益。

---

[1] 海洋科学技術センター『年報』（昭和四六年版）、一九七一年、八頁を参照、http://www.godac.jamstec.go.jp/catalog/data/doc_catalog/media/NP_S46_all.pdf.（访问时间：2014年12月17日）

[2] 高木俊毅「海洋開発の将来動向」『日本舶用機関学会誌』第一六巻第三号、一九八一年、一三九頁を参照。

(三) 区域主导意识

区域主导意识是冷战时期日本海权思想在经济领域重生的第三个表现。第二次世界大战前，日本通过掌握西太平洋的制海权，以军事手段实现了对东亚区域的控制，并设计了所谓的"大东亚共荣圈"构想，意欲建立起以日本为核心的、控制他国的东亚地区秩序。战争最终失败使日本的构想戛然而止，日本再一次丧失了西太平洋的制海权，[1] 也无法再次通过军事手段来控制东亚区域。战后的国际形势纷繁复杂，战败的日本最终选择倒向美国，加入了以美国为首的西方资本主义阵营。战后有关战争赔偿问题成为日本与东南亚国家之间再次发生联系的桥梁。在美国、日本以及第二次世界大战期间受日本侵略的东南亚国家经过多次交涉后，日本开始走上战后赔偿的道路。利用战争赔偿这一手段，日本将自身势力重新渗入东南亚地区，从而在事实上实现了重返东南亚。此后，日本与东南亚地区的经济联系越来越紧密，东南亚国家对日本的经济依赖逐渐加深。通过不断加大在东南亚地区的投资，日本既获取了东南亚资源又占领了东南亚市场，为经济高速发展提供了条件。

1964年，日本高速铁路"新干线"通车运营，同一年日本成功举办了东京奥运会。1968年，日本的经济总量超过联邦德国，成为西方资本主义阵营仅次于美国的经济大国，日本的大国意识和信心逐渐膨胀。在经济不断增长的情况下，日本在亚太地区的主导意识越来越明显。同时，战后法德主导的欧洲合作模式也使经济实力强大的日本看到了主导亚太经济合作的希望。于是，日本开始通过区域经济整合，将区域主导意识付诸实践。1964年，日本学者小岛清首先提出建立"太平洋共同体"的设想。次年，小岛清提议建立由美国、日本、加拿大、澳大利亚、新西兰等5个太平洋地区发达国家组成的"太平洋自由贸易区"。1978年，时任日本首相的大平正芳提出了"环太平洋经济合作"构想，意图主导亚太地区的经济合作。由于建立机制的实践过程并不顺

---

[1] 立川京一「日本におけるシー・パワーの誕生と発展——第二次世界大戦まで」、立川京一など編著『シー・パワー：その理論と実践』、二一八頁を参照。

畅，日本在亚太地区没有取得类似法德在欧洲的主导地位。但是，战后东亚地区的历史进程却在客观上使日本成为该地区经济合作的主导国，"雁行"发展模式的形成是日本事实上主导东亚区域经济合作的集中体现。这一模式是以日本为雁首、亚洲"四小龙"（即中国香港、韩国、新加坡、中国台湾）为雁身、东南亚其他国家和中国内地（大陆）为雁尾而形成的东亚区域内产业发展的梯级模式，日本由此确立了区域经济合作的主导地位。

战前日本对西太平洋地区的控制意识逐渐转变为战后以经济手段为主的区域合作主导意识。日本在战前谋求控制西太平洋地区，建立殖民统治体制，很大程度上是为了拥有东南亚地区丰富的资源能源和市场，保证经济发展，以支撑其在东亚大陆上的扩张。第二次世界大战的最终结果打破了日本的殖民体制，军事扩张已无可能，但"（日本）不必使用直接的武力保护就能安心地在南方（即东南亚地区）进行经济扩张"。[①]可见在战后，以经济手段取代军事手段使日本重新获得了资源和市场，进而实现了经济的高速发展。这与战前日本追求西太平洋地区制海权的逻辑是一致的，都是为了获得资源、占领市场。因此可以说，战后日本不是通过"硬性的"军事手段，而是通过"软性的"经济手段主导西太平洋地区的经济合作，正是战前日本追求制海权在逻辑上的某种延续，是日本谋求经济海权的体现，是日本海权思想中"权"意识在经济层面的反映。

第二次世界大战后，人类对海权的认知发生了巨大变化，海权的经济属性持续得到强化。对日本而言，第二次世界大战同样改变了其海权思想的演变轨迹。在新的国内外形势下，日本开始以发展经济为主要目标，全力以赴地扩大对外贸易，广泛地进行海外投资，以非武力的方式占领世界市场。在经济领域得以重生的日本海权思想，海洋与经济是极其重要的两大因素，扩大了海洋权益、确保区域经济合作中的主导地位成为海权思想的重心。由此，日本海权思想展现给世人的景象，便是积极倡导海洋自由，推动海洋开发，拓展海洋权益，培育区域主

---

① 曾村保信『海の政治学：海はだれのものか』、二二六頁。

导意识，力图建立日本主导下的区域经济合作机制。尽管战前日本海权思想中的军事扩张已无推行的可能，但这一时期日本海权思想在军事领域并非没有体现，而是以军事转型的方式实现了海权思想的重新建构。

第三节 军事转型：日本海权思想的再建构

太平洋战争的失败，导致日本完全丧失了制海权，日本海军也被迫解体，[①] 战前追求制海权的海权思想因此而无法延续。但是，客观上基于美国的需要和国际形势的发展，日本在战后不久便重新建立起了军事力量。随着日本海洋国家身份的逐步确立，日本在军事领域开启了海权思想的转型进程——建构不同于战前的以制海权为重心的海权思想。在这一过程中，日本对"海陆对立"的认识不断深入，并逐渐将"海陆对立"嵌入自身的海权思想中。由此，在海上军事力量渐进发展的同时，对海洋国家身份的笃定和对"海陆对立"意识[②]的执着，促使日本海权思想在军事领域实现了转型。

一 日本海权思想转型的力量基础

1945年8月15日，日本天皇通过"玉音广播"向日本全国发表《终战诏书》，"日本的投降宣告了第二次世界大战的结束"。[③] 第二次世界大战结束后，日本海军随之被勒令解散，海军省和海军军令部也被撤销。

---

① 第二次世界大战结束后，帝国日本的海军力量并没有完全被解体。为了扫除日本周边海域的大量水雷，联合国允许保留日本扫雷部队。从1945年秋天起，在美国海军控制下的日本扫雷部队约350艘船舰、1万名人员开始了扫雷作业。关于这一点，参见：海上自卫队二十五年史编さん委员会编『海上自衛隊二十五年史』防衛庁海上幕僚監部、一九八一年、一二〇〜一二三頁。

② 正如笔者在前文中的分析，在第二次世界大战前的历史上，日本国内围绕海陆问题产生了一系列严重的对立意识，包括萨摩藩与长州藩的对立、海军与陆军的对立、海洋国家志向与大陆国家志向的对立等，笔者将这些对立意识统称为"海陆对立"意识。

③ 宋成有、李寒梅：《战后日本外交史（1945—1994）》，世界知识出版社1995年版，第38页。

1947年开始实施的《日本国宪法》,规定日本不保持陆海空及其他战争力量,从而在法理上否定了日本海军的再建。但是,形势的变化与发展总是会打破历史。1948年,日本成立了海上保安厅;1954年,日本成立了海上自卫队。海上保安厅和海上自卫队的设立,构成了日本海权思想在军事领域转型的力量基础,这两大组织的性质也直接影响到了日本海权思想转型的方向。

(一)作为"警察海权"① 的海上保安厅

第二次世界大战后日本海上力量的重建始于海上保安厅,它的成立有着特殊的时代背景。第二次世界大战期间,由于战争的需要,日本和反法西斯同盟国均在日本近海海域部署了大量水雷。第二次世界大战结束后,这些水雷的存在对正常的航行产生了严重影响,如何扫除这些水雷成为日本不得不考虑的重要课题。加上日本和朝鲜半岛之间存在大量的走私、偷渡等现象,日本近海治安状况十分严峻。对此,日本政府开始计划创立维护海上治安的机构。由于受到盟军总司令部(GHQ)占领政策的影响,日本的这一计划被迫搁浅。1946年,朝鲜半岛发生的霍乱给日本设立海上治安机构带来了契机。为应对霍乱可能通过走私、偷渡等方式进入日本,在盟军总司令部的指示下,日本政府在运输省(现国土交通省)海运总局下设立了"非法入境船舶监视本部",构成人员均来自运输省,拥有的船舶数量少,实际力量极其有限,其承担的任务仅限于监视非法入境。这一机构成为海上保安厅的前身。后来由于盟军总司令部认识到日本沿岸港口警备的紧迫性,在美国沿岸警备队官员的提议下,为了对确保海上治安和航行安全等任务进行一元化管理,1948年5月1日,作为战后日本第一支警备力量、隶属于运输省的海上保安厅正式宣告成立。为了避免日本海军的复活,盟军总司令部对海上保安厅作出了具体要求,主要包括:海上保安厅职员总数不超过1万人;拥有的船艇总数量不超过125艘,总吨位不超过5万吨;单艘船艇的吨位不超过

---

① "警察海权",即ポリスシーパワー(Police Seapower),参见2009年日本海洋·东亚研究会编写的《海上保安厅进化论》一书,编者在该书中将日本海上保安厅称为"警察海权"(海上警察力)。海洋·東アジア研究会编、冨賀見栄一監修『海上保安庁進化論:海洋国家日本のポリスシーパワー—』シーズ·プランニング、二〇〇九年を参照。

1500吨；船艇最大速度不超过15节；武装力量仅限于海上保安官的轻型武器；活动范围仅限于日本沿岸的公海。① 这些规定有力地限制了日本海上保安厅的规模，使得海上保安厅既具备一定沿岸防卫警备能力，又不会威胁到美国的安全。

成立初期，海上保安厅仅拥有小型船艇254艘，其中包括29艘巡视船和103艘巡视艇。② 其主要职责在警备救难业务、航路业务和航线标示业务等方面。此后，海上保安厅组织航道开启队（即清除航道中障碍物的队伍），利用日本帝国海军③的扫雷舰船，在日本各港口和航道中开展扫雷作业。1950年朝鲜战争爆发后，海上保安厅派出扫雷船执行扫雷任务，其准军事性质开始得以体现。此后，海上保安厅不断增强武装力量、扩大任务范围，并将主要职责定位于海洋权益的保全与拓展。至冷战结束前后，日本海上保安厅拥有亚洲实力最强的海上准军事力量，其职能逐渐扩展为海上治安、海难救助、海上交通安全、海洋调查、灾害应对等方面。虽然海上保安厅在法律上被明确认定为不是军队，④ 但由于其具备强大的武装力量，在战时可作为军队的一部分而投入战争，因而它被普遍认为是一个准军事组织。经过几十年的发展，海上保安厅具备了强大的海上实力、高素质的人员配置和丰富的海上行动经验等特点，已成为日本海上力量的重要组成部分。因此，它也被称为日本的"警察海权"。基于这一点，海上保安厅可以说是战后日本海权实践的载体，是日本海权思想在军事领域转型的重要力量基础。

---

① 読売新聞戦後史班編『昭和戦後史 「再軍備」の軌跡』読売新聞社、一九八一年、一七四～二五六頁を参照；『海上保安庁法』（昭和二三年四月二七日法律第二八号）、一九四八年、電子政府の総合窓口、http://law.e-gov.go.jp/htmldata/S23/S23HO028.html.（访问时间：2014年12月24日）

② 道下徳成「自衛隊のシー・パワーの発展と意義」、立川京一など編著『シー・パワー：その理論と実践』芙蓉書房、二〇〇八年、二二〇頁を参照。

③ 日本帝国海军，即日本海上自卫队的前身，成立于1872年，解散于1947年，是日本帝国的海上军事力量。

④ 『海上保安庁法 第二五条』（昭和二三年四月二七日法律第二八号）、一九四八年、電子政府の総合窓口、http://law.e-gov.go.jp/htmldata/S23/S23HO028.html.（访问时间：2014年12月24日）

(二) 作为"军事海权"的海上自卫队

与海上保安厅不同,海上自卫队自创立就被认为是日本海军的重建。"海上自卫队"这一术语在正式文书以外几乎不被使用。[①] 但是,由于受到各方面的限制,特别是1947年宪法的限制,海上自卫队的创立过程是渐进式的,其防御性质在整个冷战时期尤为突出。

奠定战后日本国家发展路线的政治家吉田茂对日本重整军备问题有着自己的看法。他认为,对于战败的日本来说,无论怎样努力都不可能达到像美国一样的先进武装;而且日本国民已经完全丧失了重整军备的心理基础,在国民心中也残留着战败的创伤,同时善后的处理工作仍未完成。[②] 因此,吉田茂反对日本重整军备。在吉田茂看来,日本既没有愿望,也没有实力重整军备。但是,以朝鲜战争的爆发为契机,在美国的允诺下,日本借口维持国内治安状况,于1952年4月在海上保安厅中成立了海上警备队,从而走上了重建海上军事力量的道路。1952年8月,日本成立保安厅(即自卫队的前身),并将海上警备队和航道开启队从海上保安厅中分离出来,改称警备队,移交保安厅管辖。同年11月,日美签署船艇租借协定,日本向美国租借18艘护卫舰和50艘登陆支援艇(后又追加3艘)。这些船艇成为战后日本最早的战斗舰艇。1954年7月,随着防卫厅设置法和自卫队法的颁布,保安厅改称防卫厅,警备队改称海上自卫队。日本正式建立起了战后的海上军事力量。海上自卫队成立之初,拥有自卫队员15808人,各式舰艇302艘,总排水量68000吨,其中包括警备舰18艘、警备艇50艘、扫雷舰艇43艘,[③] 同时还编成了海上幕僚监部和自卫舰队,主要任务是反潜、侦察和护航等,兵力发展逐渐分为舰艇部队和航空部队两个部分。从当时的背景来看,日本之所以

---

① 曽村保信『海の政治学:海はだれのものか』、一六九頁を参照。又如,以增进日本海上自卫队和美国海军的友好亲善与相互理解为目的而设立的日美海军友好协会,其名称即为 The U. S. – Japan Navy Friendship Association。

② 吉田茂『回想十年 第二巻』新潮社、一九五七年、一六〇~一六一頁を参照。

③ 朝雲新聞社編集局編著『防衛ハンドブック』朝雲新聞社、二〇〇六年、二二二頁;海上自衛隊五十年史編さん委員会編『海上自衛隊五十年史 資料編』防衛庁海上幕僚監部、二〇〇三年、一〇八、二七〇頁。

能够快速建立海上军事力量,一方面,是日本具有意愿,即出于对朝鲜战争的担忧,同时还得到了美国的支持;另一方面,则在于日本具有了相应的经济实力,朝鲜战争带来的"特需"经济,使日本快速恢复了国民经济。朝鲜战争爆发后,远东地区的美军向日本订购了约5亿美元的物资,到1952年日本经济几乎恢复到了战前的水平。[1]

由于自卫队具备武装力量、具有军事性质,从而违反了1947年宪法关于日本不保持海陆空及其他战争力量的规定,[2] 因此,日本政府通过内阁法制局的解释规避这一问题,声称自卫队只能被用于日本本土防卫,不拥有进攻性武器,不被派往海外等。[3] 与此同时,在自卫队成立前,日本参议院通过一项决议,重申"日本不会向海外出动自卫队"。[4] 内阁法制局的解释和参议院的决议使自卫队的性质被定位于自卫、防御,海上自卫队作为自卫队的组成部分,也同样具有自卫、防御的性质。尽管如此,冷战期间海上自卫队的力量却始终在增强,它的装备和训练程度被认为具备世界一流的水平。[5] 随着四次《防卫力量整备计划》、1976年《防卫计划大纲》和1985年《中期防卫力量整备计划》等的实施,至20世纪80年代末,海上自卫队已经成为装备精良、训练有素、亚洲实力第一的海上军事力量,作战能力得到大幅提升,其主要任务也拓展至反潜、扫雷、海峡封锁、海上通道防卫等方面,尤其是海上通道防卫,成为海上自卫队特别重视的任务,海上通道不仅是日本生存与发展的生命线,[6] 而且对它的防卫也是日本对美国要求其在安全领域做出更多贡献的

---

[1] 入江昭『新・日本の外交』中央公論社、二〇〇三年、七二頁。
[2] 『日本国憲法 第二章 第九条』、国立国会図書館、http://www.ndl.go.jp/constitution/etc/j01.html#s2. (访问时间:2014年12月24日)
[3] 参见周琪《美国对日安全合作政策对中日关系的影响》,《当代亚太》2009年第2期。
[4] 日本国会参議院・本会議「自衛隊の海外出動を為さざることに関する決議」、第十九回国会参議院外務委員会議録第五十七号、一九五四年六月二日、http://kokkai.ndl.go.jp/SENTAKU/sangiin/019/0512/01906020512057.pdf. (访问时间:2014年12月24日)
[5] 曽村保信『海の政治学:海はだれのものか』、一六九頁を参照。
[6] 海空技術調査会編著『海洋国日本の防衛』、二二四頁を参照。

回应。① 海上自卫队作为日本主要的海上军事力量，在日本海洋安全战略中占据着极其重要的地位，它是日本海权实践最重要的载体，也是日本海权思想在军事领域转型最重要的力量基础。在海上军事力量逐步建立并不断强化的同时，日本海权思想在军事领域转型的认知基础也得以构建和深化。

二 日本海权思想转型的认知基础

第二次世界大战结束后，基于历史与现实两方面的考虑，日本逐渐将国家身份确定为海洋国家。与此同时，日本开始将原有的国内层面上的"海陆对立"意识延伸至国际层面，并吸收利用传统地缘政治理论中有关海权与陆权对立的思想，从而整合为对世界范围内的海洋国家与大陆国家对立的认知。在反思近代日本扩张历史教训的基础上，日本进一步深化了自身对"海陆对立"的认识，进而构成了日本海权思想在军事领域转型的认知基础。

作为四面环海的岛国，海洋是日本自然的界线，向海洋拓展权益也是日本必然的选择。从自然地理的角度来看，纯粹的海洋国家身份理应是日本天然的本质属性。但在第二次世界大战前的历史中，日本孜孜以求的国家身份却是大陆国家身份，为此不惜数次发动侵略战争，谋求成为拥有东亚大陆的大陆国家。在德川幕府末期到明治维新的这段时间，海洋对日本而言主要是交通媒介和渔业资源来源地，而在军事层面，通过海洋输送陆军则是海洋的主要功能之一。在日本国内，由于此时的日本仍然处于将军控制的幕府时代，"海陆对立"并不表现为国家层面上的海军与陆军的对立，而主要表现为萨摩藩与长州藩的对立。这是日本"海陆对立"意识最初的表现形式。随着1868年明治维新的成功，日本

---

① 美国自20世纪70年代末80年代初开始逐渐要求日本分担防卫任务，减轻美国压力，从而使日本在日美同盟关系中做出更多的贡献。1981年，日本首相铃木善幸与美国总统里根（Reagan）发表共同声明，明确提出日本要改善防卫力量，减轻美国财政压力。关于"铃木·里根共同声明"的具体内容，参见日本外务省、『外交青书』（一九八二年版、第二六号）、一九八二年、http://www.mofa.go.jp/mofaj/gaiko/bluebook/1982/s57-shiryou-403.htm. （访问时间：2014年12月24日）

推翻了长达数百年的幕府统治，建立起了天皇主导的统一的民族国家，并迅速成立了陆军和海军，确立了对外扩张的道路。由于历史原因，长州藩和萨摩藩几乎分别控制了陆军和海军，它们将自身的诉求反映在国家发展方向和国家政策上，为此争论不止，从而深化了近代日本的"海陆对立"意识，并直接影响到日本的对外行为。

在20世纪以前，日本的"海陆对立"意识主要立足于日本自身。而在国际上，从更宽阔的地区视野和全球视野分析"海"与"陆"的对立也逐渐出现了，传统地缘政治理论便对"海陆二元对立"做出了丰富的回应。马汉于19世纪末提出了海权论，并在阐述亚洲问题时注意到了"海"与"陆"的对立，他的分析主要立足于海权与陆权的对立和冲突。19世纪末，帝国主义国家正掀起瓜分世界的狂潮，后起的强国到处寻找可以据为己有的地盘。自彼得大帝开始，沙皇俄国便在帝国的各个方向不断地寻找出海口，位居太平洋西侧沿岸的中国成为俄国东向的目标，俄国在亚洲的扩张引起了马汉的注意。马汉将俄国视为陆权国家，强调以海权去对抗陆权俄国，并指出具体的对抗手段，即海权国家联合起来建立强大的海上力量，攻击俄国的两翼，因为"某种程度的压力或攻击施加于侧翼比对于中间地带更为有效，简单不过的道理就是两个侧翼间的距离比中心与它们间的距离要远得多，而集中力量的进攻或防御行动在中心和一翼之间比在两翼之间更容易开展"。[①] 同时马汉还认为，俄国的利益就是寻找"尽可能宽阔、开放的通向海洋的出口"，而"俄国的这些行动将影响其他国家的利益，激起后者的强烈而且合理的敌对情绪，他们将利用一切强有力的手段去对抗俄国。这些手段的基础是海权"。[②] 可以看出，从对抗陆权俄国的视角来看，马汉已经意识到了海权与陆权的对立，并为海权国家指出了对抗陆权国家的方向和具体途径。第二次世界大战结束后，马汉有关海权与陆权对立的观点仍然备受关注，有学者指出，"大陆国家与海洋国家的性质差距一般不能通过竞争或其他互动

---

① [美]马汉：《海权论》，同心出版社2012年版，第228页。
② [美]马汉：《海权论》，同心出版社2012年版，第231页。

来消除"。① 马汉的"海陆对立"意识及其主张，是后来日本所吸收的传统地缘政治思想的重要来源，也是日本主张联合海洋国家对抗大陆国家的重要依据。在马汉之后，英国地理学家哈尔福德·麦金德（Halford J. Mackinder，1861—1947年）提出了"陆权论"，他将陆权与海权的对抗作为展开讨论的中心论题，同时对这种对抗进行了历史的回顾。② 麦金德将注意力放在大陆国家和海洋国家之间的冲突以及它们相互之间的权力转移关系上，他在《历史的地理枢纽》一文中指出，"世界历史基本上是陆上人与海上人之间的反复斗争的过程"，③ 从而确立了陆权与海权对立的基调。同时，麦金德试图从更久远的历史中追寻这种对立的本质存在，他将陆权与海权的对抗追溯至古罗马，"在某种意义上说，欧洲的向海和向陆的扩张，应该认为是古代罗马和希腊之间对抗的继续"，④ 麦金德据此进一步巩固了自己的认识。麦金德在分析这种"海陆"对抗历史时，提出了"枢纽地区"和"心脏地带"。特别是后者，"他认为陆上霸权最有力的中心总是在欧亚大陆的心脏地带"，正是由于近代技术的发展使陆上力量的机动性超过了海上力量，从而突出了人力的优势，进而使得欧亚大陆中心地带成为世界权力的心脏地带，"当心脏地带拥有了在质量上和数量上足够强大的守备力量时，将会变成世界权力的中心"。⑤ 因此，"谁统治东欧，谁就能主宰心脏地带；谁统治心脏地带，谁就能主宰世界岛；谁统治世界岛，谁就能主宰全世界"。⑥ 从地缘政治思想的发展历程来看，麦金德进一步强化了人类对海权与陆权对立的认识。在他之

---

① George Liska, *Quest for Equilibrium: America and the Balance of Power on Land and Sea* (Baltimore and London: Johns Hopkins University Press, 1977), p. 4.

② ［英］杰弗里·帕克：《地缘政治学：过去、现在和未来》，刘从德译，新华出版社2003年版，第30页。

③ ［英］杰弗里·帕克：《二十世纪的西方地理政治思想》，李亦鸣等译，解放军出版社1992年版，第17页。

④ ［英］麦金德：《历史的地理枢纽》，林尔蔚、陈江译，商务印书馆2010年版，第65页。

⑤ ［英］杰弗里·帕克：《二十世纪的西方地理政治思想》，李亦鸣等译，解放军出版社1992年版，第17、24页。

⑥ H. J. Mackinder, *Democratic Ideals and Reality*, New York: Henry Holt and Company, 1942, p. 62；［英］麦金德：《历史的地理枢纽》，林尔蔚、陈江译，商务印书馆2010年版，第14页。

后，"海陆二分"的观点成为地缘政治理论中几乎不可逆转的认知。这一认知同样影响到日本的地缘政治意识，日本自身的"海陆对立"意识与这一认知不谋而合，特别是战后日本将国家身份确立为海洋国家后，基于对自身扩张历史教训的反思和国家生存与发展的现实需要，日本在地缘政治层面进一步固化了"海陆对立"意识。

日本对近代扩张历史教训的反思，与其说是迫于国际社会的压力，不如说是日本人内心的自我意识的压力，因为"与单纯的天罚论相比，（日本人更愿意）进行内在的反省"。[①] 日本在近代发动了一系列侵略战争，走上了大陆扩张的道路，最终自食其果。战后的反省便始自于对战前国家发展道路的反省，可以说，反省的过程也是日本将"海陆对立"意识拓展至国际层面的过程。1946年，日本外务省调查局特别调查委员会发表了名为《日本经济重建的基本问题》的报告。报告认为，战后的世界被分割为苏联圈和美英圈，日本经济的基础在美英圈里。[②] 这一报告将日本归为美英等海洋国家的队列，间接否定了战前日本所走的大陆国家扩张道路，开始彰显出日本在国际层面的"海陆对立"意识。战后担任过日本首相的吉田茂则指出，"我们（日本）要高举反共民主主义的大旗，与志向相同的国家站在一起，为人类的幸福做贡献，在（它们的）援助下完成祖国的复兴"[③]。显然，吉田茂所谓的"志向相同的国家"指的就是美英等海洋国家，日本所要走的道路就是一条海洋国家道路，而非战前的大陆国家道路。此后，吉田茂对过往的历史进行阐释，再次显露出明确的"海陆对立"意识。他认为，"与英国提携"是日本明治时期的先驱们确立的日本外交的基本方针，从"满洲事变到太平洋战争"之间的日本对英美的疯狂行动并不是日本的本来面目，而只是"一时的变调"；他还批评前大陆派军人的亚洲政策，认为日本军国主义政府与德意两国结盟"不仅战略拙劣，还意味着日本丧失了国际信用"；"战后日本

[①] 南博『日本人の心理』岩波書店、一九五三年、一二〇頁。

[②] 「第一巻　日本経済再建の基本問題」、有沢広巳監修・中村隆英編集『資料・戦後日本の経済政策構想』東京大学出版会、一九九〇年、五六頁。

[③] 小島正固、竹内雄『吉田内閣』佐藤印刷所、一九五四年、九頁。

外交受日美关系左右，不仅是事实也是必然"，其"根本基调是对美亲善"。①吉田茂不仅说到"与美亲善"，而且确实做到了"与美亲善"。在他担任首相期间，日本与美国签订了片面媾和的《旧金山对日和约》，并与美国签署了《日美安全条约》和《日美行政协定》。由此，美日等国建立起了与战后雅尔塔体系同时存在的"旧金山体制"，确保了日本与美国的亲善和同盟关系。

吉田茂等日本政府官员是从历史的角度反思日本的发展道路的，绝口不提地缘政治思想。因此，他们自然也就无法直接提及"海陆对立"。但是，通过上述分析可以看出，日本的"海陆对立"意识是客观存在的事实。随着地缘政治思想的禁锢被打破，日本在反思战前扩张历史时，"海陆对立"意识更加明显。

纵观日本近代史，不难发现几个显而易见的事实：1904年日俄战争爆发时，日本已与英国结成同盟关系，最终日本战胜了俄国；在第一次世界大战中，日本站在英法等国一边，对抗德国，最终以战胜国的姿态活跃于国际舞台上；在第二次世界大战中，日本与同样是法西斯国家的德国、意大利结盟，推行军国主义政策，企图征服和瓜分世界，最终败于反法西斯国家同盟。战后，日本将自身和英美等国家视为海洋国家，将俄国、德国、中国等国视为大陆国家，并在这样的认知前提下，对以上几个事实进行了自己的解读，认为日本在太平洋战争中战败的原因就在于作为海洋国家的日本与大陆国家结盟对抗海洋国家。与此同时，在战后至20世纪60年代的这段时间，日本也没有充分反省为什么作为海洋国家的日本会采取与大陆国家结盟、与海洋国家为敌的政策。②20世纪60年代后，这样的反省逐渐多了起来。曾在日本海军服役的大井笃将日本失败的原因归罪于纳粹德国地缘政治学的祸害，认为正是因为受到德国豪斯霍弗（Karl Haushofer，1869—1946年）地缘政治学说的直接影响，日本走上了与大陆国家德国结盟、与英美等海洋国家为敌的道路。大井笃指出，豪斯霍弗的学说在日本陆军、知识层以及日本领导层中产生了

---

① 廉德瑰：《略论日本"海洋派"的对外战略思想》，《日本学刊》2012年第1期。
② 海空技術調査会編著『海洋国日本の防衛』、二七頁を参照。

众多的共鸣，其主要著作《太平洋的地缘政治学》在日本拥有众多的读者，日本在他的影响下，提出了"大东亚共荣圈"的构想，实践"生存空间"理论，并与德意结盟，对抗海洋势力。① 大井笃的言下之意包括两点：一方面，日本战败的原因并不在于侵略战争本身，而在于受到纳粹德国地缘政治思想的误导；另一方面，作为海洋国家的日本，今后不应与大陆势力结盟，而应与海洋势力结盟。从中可以看出，"海陆对立"意识在日本反思战前扩张历史时发挥的显著作用。

吉田茂认为，"日本自从与外国建交以来，一直是以同英美两国取得政治上和经济上的协调为原则，破坏了这个基本原则，同德国和意大利结盟，是投入轻率的战争的原因"。② 在日本看来，明治维新之后的百年历史充分证明，每当日本与大陆国家结盟时，日本就将失败；每当日本与海洋国家结盟时，日本就能确保安全。仅凭这一点，日本也应该坚持海洋国家的道路，与海洋国家结成同盟关系。③ 战后日本试图从对历史的反思中确立自己的海洋国家身份，或主动或被动地将源自国内的、根深蒂固的"海陆对立"意识扩展至国际层面，从而形成关于世界范围内海洋国家与大陆国家对立的地缘政治观，这种地缘政治观与西方传统地缘政治思想一拍即合，成为日本谋求联合海洋国家对抗大陆国家的重要认知基础。

三 日本海权思想在军事领域的转型

冷战期间日本海权思想在军事领域的转型，不仅有赖于力量基础的重建，而且有赖于认知基础的支撑。第二次世界大战前，日本的海权思想以制海权思想为重心，整体上表现出了强烈的扩张性。第二次世界大战后，日本的海上军事力量被迫肢解，力量基础被瓦解意味着日本海权

---

① 海空技術調査会編著『海洋国日本の防衛』、二六~四一頁を参照。
② [日] 吉田茂：《激荡的百年史：我们的果断措施和奇迹般的转变》，孔凡、张文译，世界知识出版社1980年版，第72页。
③ 渡辺利夫「海洋国家同盟論再論—日本の選択」『環太平洋ビジネス情報』二八号、二〇〇八年、一一~一二頁を参照。渡辺利夫「近代史のなかの日本とアジア—海洋同盟か大陸関与か」『アジアフォーラム21』ANNUAL REPORT、二〇〇九年、二七~三五頁を参照。

思想失去了实践的平台，但作为精神力量的日本海权思想并没有就此消失。随着战后日本海上力量的重建，其海权思想再次得到展现的空间，同时海上力量的重建也使日本确保了重获制海权的可能。只是在海上力量的性质被界定为防御性的前提下，其海权思想也必然由原来的进攻转变为防御。同时，在战后国内外政治形势的影响下，特别是面对美国超强的军事实力而自身实力不济的客观现实，以"海陆对立"意识为内核的地缘政治观，使战前日本独霸西太平洋海权的观念逐渐演变为西太平洋地区的日美共同海权。在这样的背景下，日本实现了海权思想在军事领域的转型。

（一）从整个冷战时期来看，日本海上力量体系建设思想的特征由战前的进攻转变为明确的防御

海上力量是海权实践的最重要载体，关于它的建设思想自然是海权思想的组成部分。从理论上说，濒海国家为了维护国家利益，必须拥有一定的海上力量。这种海上力量常被称作海军、海上警察或是海岸警备队。[1] 就日本而言，冷战期间日本海上力量主要包括海上保安厅和海上自卫队，它们构成了日本的海上力量体系。因此，其体系建设思想也主要围绕这两支海上力量而展开。

关于海上保安厅的建设思想，它得以成立的公开目的就是维持日本周边海域的治安，特别是防范和处理来自朝鲜半岛的走私、偷渡等事件。不难看出，它具有明显的防御性质。即便是在朝鲜战争期间，日本派出了扫雷部队，其扫雷行为也很难被认为是一种进攻性行为。然而，随着国内外形势的变化，海上保安厅的建设思想也发生了一些变化。海上保安厅开始成为日本维护海洋权益的专门性机构。与此同时，日本逐步增强了海上保安厅的实际力量，扩充海上保安厅的人员编制，并扩大海上保安厅执行任务的区域。特别是在20世纪70年代日本确立12海里领海和200海里专属经济区之后，海上保安厅的重要性大幅度提升。此外，海上保安厅名义上并不是军事力量，它的特殊身份和地位使得日本能够充

---

[1] 青木栄一『シーパワーの世界史：海軍の誕生と帆走海軍の発達』出版協同社、一九八二年、二五頁を参照。

分利用它来提升自身的国际影响力。因此，无论是从海上实力的发展情况来看，还是从海上的职责范围来看，冷战期间海上保安厅所具备的防御性都是显而易见的，它的建设基本上坚持着海岸防御和海洋权益维护的思路。

海上自卫队的建设思想，在整个冷战期间有着一定的变化。海上自卫队的建立，一方面受到美国要求日本再军备的直接影响；另一方面也受到日本国内特别是旧海军人员的鼓动。由于美国在占领初期对日方针是"确保日本不再成为美国的威胁，或世界和平与安全的威胁"，[①]因此为了防止日本再度威胁美国，美国仍然限制着海上自卫队的建设，海上自卫队的主要作用也是配合美国海军，提供支援，承担反潜、扫雷、护航等具有非进攻性的任务。这样的建设思路，在决定海上自卫队防御性质的同时，也大大提升了日本海上力量的反潜和扫雷等能力。通过四次《防卫力量整备计划》的实施，日本"周边海域的防卫以及确保海上通道安全"的能力得到提高。[②]此后，在美国要求日本承担更多防卫责任的有利借口下，日本不断增强海上自卫队的力量，防卫范围也逐渐扩大。

在冷战期间，总体而言，由于面临苏联的强大压力、美国的限制性要求以及国内和平主义的呼声，日本海上力量体系建设主要基于防卫目的而展开，因此，其建设思想相应地具有防御性。但不可否认的是，冷战后期，日本海上力量的发展思路有了一些转变，其增强进攻能力的意图逐渐显现。

（二）日本海上战略思想的特性由战前的扩张性转变为重视海上通道安全的防御性

日本自战后被美国单独占领后，其命运就与美国的利益息息相关。

[①] 鹿島平和研究所編『日本外交主要文書・年表』（第1巻）（1941—1960）、原書房、一九八三年、八一頁。「降伏後ニ於ケル米国ノ初期ノ対日方針」第一部「究極ノ目的」、日本外交主要文書・年表（第1巻）（1941—1960）、八一～九一頁、一九四五年九月六日；末川博・家永三郎監修、吉原公一郎・久保綾三編『日本現代史資料　日米安保条約体制史　第一巻』三省堂、一九七〇年、四九三頁。

[②] 鮒田英一「シー・パワーと日米防衛協力——日米同盟から見た日本の海上防衛力」、立川京一など編著『シー・パワー：その理論と実践』芙蓉書房、二〇〇八年、二九三頁を参照。

随着冷战的形成，靠近苏联势力圈的日本不可避免地成为美国对抗苏联的前沿地带。可以说，冷战期间日本的海上战略主要受制于美苏冷战的国际大环境，并服务于美国的亚太战略。日本在战后的首要课题是恢复因战争而遭到严重破坏的国民经济，其主要方式是接受美国援助、发展对外贸易。但是，不久后日本便重建了海上力量。在谋求恢复和发展经济的同时，日本也开始进行海上防卫，其防御性海上战略思想逐步形成，集中体现在日本对海上通道防卫的重视。

一般而言，"海上通道作战被称为消耗战"，[1] 本土资源极度匮乏的日本自然难以承受长期的消耗。太平洋战争爆发之际，日本采取偷袭等战术，取得了暂时的胜利，但日本岛内资源匮乏的弊端随着战争的推进逐渐显露。美国在战争中采取袭击日本运输船队等策略，使日本惨遭打击。战争后期，美国对日本实施封锁作战，彻底切断了日本的物资补给。日本在战争末期物资的极度不足，被认为是战败的最大因素。[2] 日本对第二次世界大战期间海上通道被美军切断的记忆相当深刻。在自身海上力量得以重建之后，如何确保海上通道安全成为日本海上保安厅乃至海上自卫队的重要任务，它不仅关乎日本的经济，也关乎日本的安全。一方面，战后日本经济的复苏依赖对外贸易。1945年年底，外务省调查局特别调查委员会在"关于日本赔偿能力的研究"中指出了贸易对日本生存的重要性，"朝鲜、台湾、库页岛等领土的丧失使得以往依靠这些地区获得的粮食、木材和其他必需品转变为依靠外汇，因此今后日本的生存将比以往更加依赖于对外贸易。……对日本民族而言，高度依赖对外贸易，建设和平的工业国家成为唯一的生存之道"[3]。可见，对外贸易对日本极其重要，而对外贸易的发展有赖于运输线的安全。因此，保护海上通道的安全，即是保护对外贸易；保护对外贸易，即是保护经济。另一方面，战后日本安全依赖美国。第二次世界大战结束后，美国在日本派驻大量兵力，不仅威慑苏联等国，也保护着日本的安全。战后日本经济能够迅

---

[1] 左近允尚敏『海上防衛論』麹町書房、一九八二年、七九頁。
[2] 海空技術調査会編著『海洋国日本の防衛』、二二五頁。
[3] 有沢広巳監修・中村隆英編集『資料・戦後日本の経済政策構想・第一巻』、八〇～八一頁。

速崛起的重要原因就是将安全防卫任务交由美国负责。尽管日本也逐渐发展起了自己的防卫力量，但驻日美军仍然是确保包括海上通道安全在内的日本安全的重要力量。

20世纪70年代，日本确立起了"专守防卫"的原则。及至20世纪80年代，日本开始调整海上防卫的范围。1981年，时任日本首相的铃木善幸向美国表明，日本将担负起日本近海1000海里海上通道的防卫责任。① 其后的中曾根康弘更是将日本列岛称为"不沉的航空母舰"，采取了增强海上防卫力量的措施。② 尽管日本调整了防卫范围，但从整个冷战时期来看，日本海上战略思想仍是以海上防卫为主，具有明显的防御性。

（三）日本的海权模式由战前的谋求独霸海权转变为战后的谋求日美共同海权

从明治维新到第二次世界大战结束的这段时间，日本一直图谋独霸西太平洋地区的海权。在甲午战争期间，日本以掌握黄海和渤海的制海权作为第一方针，最终战胜了清政府；在日俄战争期间，日本通过歼灭俄国太平洋舰队获得东洋海面的制海权，最终击败了俄国。在此后长达三十多年的时间里，日本海军将美国视为其在西太平洋地区的最主要敌人，并以美国海军为标准推动海军军备建设。在第一次世界大战期间，日本掌握了远东地区的制海权，在远东海面上没有国家可以对抗日本的海上力量。③ 日本实现了对西太平洋地区海权的短暂的独霸。随着美国在华盛顿海军裁军会议上对日本的打压，日本海军内部对美国更加不满，一时间"日美必有一战"论甚嚣尘上。及至第二次世界大战，日本发动太平洋战争，妄图消灭美国海军，独霸整个西太平洋，但最终为美国所灭，从而失去了海权。由此，日本独霸型海权被埋入了历史的"墓

---

① 西原正・土山實男共編『日米同盟Q&A100』亜紀書房、一九九八年、一九五頁を参照。

② 世論調査部「［特集］『自衛隊海外派遣』崩れたタブー意識＝毎日新聞社世論調査」『私はこう考える【自衛隊について】』、日本財団図書館、一九九一年六月二三日、http：//nippon.zaidan.info/seikabutsu/2002/01257/contents/190.htm.（访问时间：2014年12月26日）

③ 海軍歷史保存会編『日本海軍史（第二巻）』第一法規出版、一九九五年、二八二頁、二八五頁。

穴"中。

从第二次世界大战后的国际政治现实来看,战争的惨败结果使日本充分感受到了美国的强大,意识到自身没有能力排除美国势力而独霸西太平洋海权,最终也不得不臣服于美国。战后美国海军不仅在全球范围内具有压倒性的实力,而且控制着世界上重要的海上通道。在美国的认可和鼓动下,日本逐步建立起了新的海上力量。由于日本始终处于日美同盟框架下,其海上力量的发展自然也服从于日美同盟的需要。同时,美国作为世界性的海权,也为日本提供了经济发展所需的"和平"环境,"(日本)无法离开世界性的海权而生存"。[①] 因此,一贯尊崇强者的日本不得不接受客观现实,在美国的主导下分享西太平洋地区的海权。

从第二次世界大战后日本的海权需求来看,战后日本对海权的认识不再仅仅停留于海军力量层面,而是拓宽为有关通商、军事、航海等更加全面的认识,因而其海权需求也朝着经济和军事两个方向发展。自认为是海洋国家的日本,也将美国视为海洋国家。在日本将国内层面的"海陆对立"意识扩展至国际层面时,日美同盟也就成为日本眼中的海洋国家联盟。随着日本经济实力的增强和海上力量的发展,日本的海权需求逐渐上升,日美之间的合作则被日本认为是"全球性海权和区域性海权的合作"。可见,日本的意图是在日美共同海权的框架下实现自身的海权诉求。

基于以上三个方面的转变,冷战期间日本海权思想在军事领域的转型也就顺理成章地得以进行。通过上文的分析,我们可以看出,日本海权思想在军事领域的转型,既转变了性质——由进攻性转变为防御性,同时也转变了维度——由日本独霸型海权转变为日美共同海权。

小 结

本章分析了日本在第二次世界大战结束后重构海洋国家身份的动因,并将此动因归类为战后新的国内外政治现实、扩张历史教训的反思和地

[①] 海空技術調査会編著『海洋国日本の防衛』、二九九頁。

理环境的内在需求。以高坂正尧为代表的现实主义学者为日本海洋国家身份的重构付出了努力。在重构海洋国家身份的同时，日本海权思想也经历了再摸索的过程。首先，它表现为经济领域的重生，海洋自由论、海洋开发论和区域主导意识构成了这一重生的主要内容。这一时期，从整体来看，日本海权思想的着眼点在于经济发展，其重点一方面是为追求海洋权益；另一方面是为谋求西太平洋地区经济合作的主导权。其次，它表现为军事领域的转型，包括海上力量体系建设思想和海上战略思想转向防御，日本独霸型海权转向日美共同海权，军事领域的转型也为冷战后日本海权思想的发展奠定了基础。不可否认的是，在冷战时期，日本海权思想并不是完整的，但日本确确实实地保有了发展海权的若干因素，具备区域主导意识和海上力量的建设能力。从这一点可以看出，日本一直在为未来重新谋求西太平洋地区海权而做准备。

第四章

海权至上：冷战后日本海权思想的重塑

冷战时期，日本在经济领域逐步建构起了以追求海洋权益为重心、立足于经济发展的海权思想，与此同时，其海权思想在军事领域的主要特性也由扩张转向防御。冷战以多数人深感意外的方式结束了，导致国际环境发生了巨大变化，对日本也产生了颇大的冲击。作为世界第二大经济体，日本再次陷入国家发展战略选择的困境之中。基于对国家发展方向的思考，日本国内又一次对海洋国家身份展开了讨论。在此基础上，日本在国家战略和政治行为两个层面都反映出典型的海权思维逻辑，具体表现为海洋战略的确立与实施、海权同盟构想的实践和海权政治理念的提出。冷战后的日本海权思想，与日本的国家战略越来越多地联系在一起，并在某种程度上实现了对传统型海权思想的回归，从而使冷战时期以经济为重、以安全为辅的海权思想逐渐转向经济、安全并重的海权思想。这种转向反映出冷战结束后的日本海权思想仍在前一阶段，即冷战时期的海权思想发展的延长线上，这也意味着从冷战结束至今日本海权思想的发展是渐进转变而非激进变革。

第一节 日本海洋国家身份的再认定

在冷战时期的美苏两极格局下，受益于美国的安全承诺与军事保护，日本得以专注于经济发展，而且取得了令人瞩目的成绩。但是，随着苏联的解体，两极格局不复存在，日本所处的国际战略环境出现了重大变化。几乎与此同时，20世纪90年代初泡沫经济崩溃后，日本经济进入了长期的不景气阶段。在国家发展战略面临困境之际，日本国内又一次开始了关于国家身份的讨论。日本不仅重新认识和塑造了"海洋"这一概念，而且对海洋国家身份进行了再认定。

一 海洋国家身份再认定的动因

第二次世界大战失败后，日本被迫走上了和平发展的道路，依靠美国援助和朝鲜战争带来的"特需景气"，日本在短暂的数年内迅速恢复了国民经济。在国家安全由美国负责的同时，随着对外贸易的展开，日本经济步入了高速发展阶段，日本政界和学术界纷纷将日本定位为海洋国家或通商贸易国家，冷战时期日本的历史也证明日本在朝着海洋国家的方向发展。然而，海洋国家的身份并非深烙于日本的基因中，"在冷战时期的东西两极构造的结束、'混乱的时代'到来的过程中，有必要重新思考和评价我国（日本）的历史、传统与文化，并重新构建我国（日本）的身份"。[①] 在经过冷战时期数十年的海洋国家身份建构之后，日本为何依然对其国家身份感到困惑，不得不通过广泛讨论的方式一次次地确认所谓海洋国家身份呢？究其原因，日本在冷战后再次掀起了对国家身份的讨论，主要受到外部和内部两个层面的因素的影响。

其一，外部因素。冷战后国际体系和地区秩序的变动，极大地改变了日本的客观环境。为了在新的国际秩序和地区秩序的构建中取得有利的政治地位，日本不得不重新思考其国家身份。

从国际体系来看，20世纪80年代末90年代初，东欧剧变、两德统一、苏联解体，标志着冷战的结束，旧的美苏两极格局瓦解，世界格局进入了新的形成阶段。在这一阶段，国际社会中的各种力量都面临新的分化组合。为了适应世界格局变化和经济全球化浪潮，各国开始调整自身的发展战略和对外政策。对日本而言，冷战的结束，不仅使日本失去了苏联这个最大的"敌人"，极大地减轻了日本的外部安全压力，也在客观上拓宽了日本的外交空间，使日本长期以来谋求参与国际事务，特别是推动构建于己有利的国际秩序具备了更多的可能。苏联解体前夕，时

[①] 日本财团法人世界平和研究所『21世紀の日本の国家像について』、二〇〇六年九月五日、三頁、http：//www.iips.org/research/data/kokkazouh.pdf.（访问时间：2014年12月28日）

任日本首相海部俊树明确指出，"必须以日美欧三极为主导来形成世界新秩序"。① 在冷战结束的影响下，日本对外关系在得以调整的同时也面临着一些新问题。冷战后的国际新形势，改变了日美同盟面临的外部环境，加上日美之间存在的贸易摩擦等问题，日本对作为日本外交基轴的日美关系不得不进行重大调整；同样面临经济竞争和摩擦的日欧关系在苏联解体后也出现了调整的时机，但也受到美国压力的制约；中日关系经过20世纪七八十年代的发展，总体上势头良好，但随着中国经济崛起、日本自身对外关系调整等因素的出现，中日关系的发展逐渐受到影响；而存在领土争端等问题的日俄两国在冷战结束前就已表现出改善关系的意愿，并展开了首脑对话等外交活动，但两国之间的战略猜疑制约着两国关系的进一步发展。冷战结束对日本与世界各大国之间的关系调整产生了深刻的影响，国际经济关系和国际政治关系发生的一系列重大变化，特别是全球化的展开，使日本不能不思考日本在未来国际政治中的地位；而日本对此课题的应对便是重新思考自身的国家身份，积极谋求成为新的世界格局中的一极。

从地区秩序来看，一方面，在冷战时期，日本对东亚地区的主导权已经表现出浓厚的兴趣，并在经济领域成为事实上的主导国。冷战的结束打破了东亚地区的力量平衡，消除了原有的来自苏联的威胁，持续增长的经济实力更使日本有信心、有意愿成为东亚地区的领导者。1991年，日本在其《外交蓝皮书》中指出：日本有能力影响关于建立国际新秩序的所有问题，日本必须真正在亚太地区的稳定和发展中发挥核心作用。② 可以看出，在冷战后东亚地区秩序的构建中谋得与自身实力相符的地位，即日本所认为的核心作用或中心地位，成为日本十分关心的课题，而能否在东亚地区秩序构建中争取这一地位则与日本如何定位自己的国家身份密切相关。另一方面，冷战结束后，在亚洲经济快速增长、美国贸易政策压力等多重因素的影响下，日本逐渐重视起了与亚洲的经济关系，开始着手调整对亚洲的经济政策。1991年，亚洲成为日本最大的出口对

---

① 孙叔林主编：《当代亚太政治》，世界知识出版社2002年版，第69页。
② 「第1章　第2節　日本の外交の課題」、『外交青書』（平成三年版）、一九九一年、https://www.mofa.go.jp/mofaj/gaiko/bluebook/1991/h03-contents-1.htm#a2.（访问时间：2014年12月28日）

象；1993年，日本对亚洲国家的贸易顺差总额第一次超过了对美国的贸易顺差；日本对亚洲的投资也"从1986年的23亿美元增长到了1993年的73亿美元，约占日本对全球投资的五分之一"。[1] 由此，日本国内出现了越来越多的要求"回归亚洲"的呼声，这与战后日本坚持的以对美关系为主的外交路线产生了矛盾，从而成为有关冷战后日本国家身份讨论的重要诱因。

其二，内部因素。经过战后近50年的发展，冷战结束之际，日本在经济、政治等方方面面都发生了巨大变化。基于这些变化，冷战结束后，日本不得不重新确认其国家身份，以确立明确的国家发展方向。

在经济方面，冷战时期日本的经济实力获得了极大的增长。1946—1955年，日本经济处于战后的恢复时期。1946年，日本国民生产总值仅为战前（1934—1936年平均值）的65%，[2] 经过十年的发展，在内外经济政策的调整、朝鲜战争"特需景气"、美国援助等多重因素的作用下，至1955年，日本的各项经济指标除进出口贸易外，均已达到或超过战前水平。1956年，日本发布的《年度经济报告》（经济白皮书）宣称："现在已经不是战后了。"[3] 这意味着日本经济摆脱了战后初期的困顿，开始进入高速增长时期。在这一时期，日本大力推行"出口导向型"战略，不断增加投资，特别是民间企业的设备投资，同时推动技术革新，重点发展重工业和化学工业，从而迅速扩大了经济规模。1968年，日本经济总量在战后首次超过了联邦德国，成为资本主义世界中仅次于美国的第二大经济体，并保持了数十年之久。此后，在石油危机等因素的冲击下，从1973年起，日本经济开始步入稳定增长时期，战后持续了近二十年的经济高速增长时代正式结束。日本通过采取一系列措施，包括调整产业结构和产品出口结构、着力解决能源资源问题等手段，不仅较为成功地应对了石油危机，而且实现了十几年的稳定增长。然而，由于受到日本经济体制与经济发展的不协调、日元升值等因素的影响，1986年，日本

---

[1] 杨伯江：《浅析贸易摩擦与日美关系》，《亚非纵横》1994年第4期。
[2] 冯昭奎编著：《日本经济》，高等教育出版社1998年版，第27页。
[3] 经济企画厅编纂、年次经济报告、一九五六年（昭和三一年）、http://www5.cao.go.jp/keizai3/keizaiwp/wp-je56/wp-je56-0000i1.html.（访问时间：2015年1月1日）

出现泡沫经济的膨胀,并于1989年开始破灭,随后日本出现了消费者购买力下降、企业生产减少与效益下降等现象,日本经济开始步入不景气阶段。资本主义世界第二大经济体的身份与经济衰退之间形成鲜明的对比,使得日本民众普遍担心日本经济的未来前景。因此,认清自身的国家身份,进而制定明确的发展战略成为日本面临的紧迫任务。

在政治方面,谋求成为政治大国是冷战结束前后日本最大的变化。尽管第二次世界大战失败使日本国际地位一落千丈,但随着经济的恢复和快速发展,日本越来越感到其在国际政治中的地位与强大的经济实力并不匹配。这种意识从20世纪60年代开始显露出来。1964年,日本成功开通了当时世界上速度最快的新干线,并于当年成功举办了东京奥运会,使全世界目睹战后日本近20年的发展成果,日本的大国意识和自信心开始增长起来。1968年,日本国民生产总值超过联邦德国更是让日本感到无比的自信。20世纪60年代末,吉田茂在《激荡的百年史》中表示,"对于今天的日本来说,最重要的是,抱有理想,并且到广阔的世界中去寻求舞台"。[1] 在同一时期,担任日本首相的佐藤荣作认为,对日本来说,"模仿、追随的时代已成为过去,进入了由自己选择自己的目标的时代"。[2] 进入20世纪80年代,经济发展、财富积累、科技进步等条件日益成为日本开展外交活动的坚强后盾,强大的经济科技实力与国际政治地位的不匹配越来越突出。1983年,日本首相中曾根康弘宣称,"要在世界政治中提高日本的发言权,增加日本不仅作为经济大国的分量,而且是作为政治大国的分量"。[3] 80年代末,竹下登首相明确指出,"日本决心发挥更为积极的与在经济上的超级大国地位相称的全球领导地位"。[4] 其所谓的全球领导地位便是日本一心谋求的政治大国地位。冷战结束后,日本谋求政治大国的目标越来越明晰,在新的国际秩序尚未形成时,如

---

[1] [日]吉田茂:《激荡的百年史:我们的果断措施和奇迹般的转变》,世界知识出版社1980年版,第95页。

[2] [日]冈本文夫:《佐藤政权》,复旦大学历史系日本史组译,上海人民出版社1975年版,第266页。

[3] 吴学文主编:《日本外交轨迹(1945—1989)》,时事出版社1990年版,第160页。

[4] 倪稼民主编:《当代世界政治与国际关系》,上海财经大学出版社1996年版,第145页。

何重新认识自身的国家身份,进而为实现政治大国地位创造前提,自然成为日本不得不重视的课题。

二 对"海洋"和"文明"的再认识

冷战结束后,在变动的国内外环境的冲击下,日本开始思考"日本向何处去""日本的大战略"等一系列有关日本前途命运的重大课题。从逻辑上说,为顺利解决这些课题,日本首先应该解决的问题是"日本是一个什么样的国家"这一有关日本国家身份的根本性问题。日本政界和学术界的专家们以"海洋"作为思考的原点,试图通过对文明和文化的重新阐释,扩大对"海洋"的理解,形成新的认识,进而构建关于日本国家身份的认知,并据此展开了有关日本国家战略的研究。他们的思考不仅使日本在冷战后重新认定海洋国家身份有了新的依据,也间接地推动了日本海洋战略的形成。同时,他们对文明和文化的思考也体现出比较清晰的"海陆对立"意识。

早在20世纪70年代,日本学者西村朝日太郎就从民族学的角度探讨了有关文化、海洋与民族的问题。[①] 但在美苏冷战的大背景下,其影响力十分有限,并未形成大范围的讨论。直到20世纪90年代,日本一些学者开始从"海洋"与"文明"的角度入手,探讨西洋史、日本史和亚洲史等相关问题,推动了日本对海洋的再认识。首先登上历史舞台的是日本学者川胜平太提出的"海洋史观"。1991年,川胜平太从文明的角度分析了日本历史上的"锁国"时代,认为日本的"锁国"和西欧近代世界体系的确立是并行发展的两个进程。[②] 这一看法成为川胜平太此后理解海洋与文明关系问题的基础。他将日本历史和西欧历史放在同一水平线上,并将日本看作是亚洲之外的文明,有意识地将日本与亚洲截然对立起来。1995年,川胜平太发表了《文明的海洋史观》[③] 一文,首次倡导"海洋史观",并于1997年出版同名著作《文明的海洋史观》。那么,何为"海

---

① 西村朝日太郎『海洋民族学』日本放送出版協会、一九七四年。
② 川勝平太『日本文明と近代西洋』日本放送出版会、一九九一年、一~一二九頁。
③ 川勝平太「文明の海洋史観」『早稲田政治経済学雑誌』第三二三号、一九九五年、二〇七~二三七頁。

洋史观"？用川胜平太自己的话说，就是"从地球的视野展望文明兴衰的历史观"。①

川胜平太认为，占据战后日本社会人文科学主流的东大学究式的讲座派理论、宇野理论、大塚史学等"唯物史观"和京都学派的今西锦司"分栖共存"理论以及梅棹忠夫"生态史观"等陆地史观完全忽视了在海上生存的亚洲。② 川胜平太对此进行了质疑和批判，认为它们存在局限性，进而提出了"海洋史观"和"海洋亚洲"的概念。在川胜平太看来，地球的形态是"多岛海"，欧洲近代文明和日本近代文明都起源于16世纪的"海洋亚洲"。③ 他继承并发展了近代以来日本国内形成的亚洲认识，包括福泽谕吉的"脱亚"观、冈仓天心和大川周明等人的"亚洲观"，进一步将亚洲这一地理概念分割成"大陆亚洲"和"海洋亚洲"，其中，"大陆亚洲"在地理上指的是中国内地（大陆）、朝鲜、印度、西亚等亚洲的大陆地区；"海洋亚洲"在地理上指的是"亚洲四小龙"和东盟等所谓的"在海上生存"的亚洲。"海洋亚洲"由"海洋伊斯兰""海洋中国"和东南亚三部分所构成，④ 而日本，则同西欧一样，不属于亚洲的范畴，都是在与"海洋亚洲"的交往过程中培育出了独自的近代文明，进而在"海洋亚洲"的冲击下，完成了各自的生产革命，即日本的"勤勉革命"⑤（industrious revolution）和欧洲的"工业革命"（industrial revolution）。在川胜平太的理解中，欧洲和日本都脱离了亚洲，实现了"脱

---

① 川勝平太『文明の海洋史観』中央公論社、一九九七年、一六頁。
② 川勝平太『海洋連邦論：地球をガーデンアイランズに』PHP 研究所、二〇〇一年、三三頁。
③ 川勝平太「講演　文明の海洋史観—日本史像をめぐって—」『経済史研究』第四号、二〇〇〇年三月三一日、三～五頁。
④ 川勝平太「講演　文明の海洋史観—日本史像をめぐって—」『経済史研究』第四号、二〇〇〇年三月三一日、八頁。
⑤ "勤勉革命"，是日本学者速水融于1976年提出的，指的是江户时代日本农村发生的生产革命。关于"勤勉革命"的详细论述，可参阅：Hayami, Akira. 1986. "A 'Great Transformation'：Social and Economic Change in Sixteenth and Seventeenth Century Japan". In Pauer, E., ed. 1986. *Silkworms, Oil, and Chips*, Proceedings of the Economics and Economic History Section of the Fourth International conference on Japanese Studies, Paris, September 1985, Bonn: Bonner Zeitschrift fur Japanologie; Hayami, Akira. The Industrious Revolution, *Look Japan* 38, 1992, pp. 38 – 43；速水融『近世日本の経済社会』麗澤大学出版会、二〇〇三年。

亚",所不同的是,欧洲摆脱了环印度洋的伊斯兰文明圈,而日本摆脱了环中国海的中国文明圈。①

关于"海洋史观",有两点值得注意。第一,"海洋史观"的论者川胜平太具有清晰的"海陆对立"意识。他人为地割裂亚洲,将亚洲这一原本属于地理范畴的术语分成所谓"大陆亚洲"和"海洋亚洲",并有意识地将二者对立起来。同时,将日本近代文明的形成归功于日本与"海洋亚洲"的交流,而刻意忽视日本与中国大陆、朝鲜之间的交流。尽管川胜平太没有提出"海陆对立",但在他关于文明和文化的分析中却有清晰的"海陆对立"的逻辑。事实上,日本人并不是文明和文化上的"海陆对立"的首创者。德国著名哲学家黑格尔就曾认为,"东方文化是大陆文化,西方文化是海洋文化。海洋文化是冒险的、扩张的、开放的、斗争的,它孕育出了西方文化;大陆文化是保守的、苟安的、忍耐的,它孕育出了东方文化。东方文明是静的内陆文明,而只有西方文明才是活生生的发展着的文明"。② 不难看出,黑格尔的思想中带有明确的海洋与大陆对立的意识。第二,"海洋史观"的论者川胜平太在根本上是从海洋的角度出发重新阐释文明,进而为日本近代文明的形成和日本国家身份的构建寻找理论依据,但却未能摆脱自近代以来日本社会形成的"脱亚论"的影响,这种"海洋史观"实质上就是日本"'脱亚入欧论'的第三代产品"。③ 近代日本的"脱亚论"是日本思想家福泽谕吉于1886年提出的。在福泽谕吉看来,明治维新后的日本在国民精神方面已经摆脱了亚细亚的陋习,引进了西洋文明,而近邻中国和朝鲜却仍是不幸之国,与中国、朝鲜这样的"恶友"亲近,自然也难以避免恶名,因此他主张日本的前途唯有"脱亚"二字。④ 对于这样的"脱亚论","海洋史观"

---

① 川勝平太『文明の海洋史観』、八頁;川勝平太『文明の海へ』ダイヤモンド社、一九九九年、二六頁。

② 黑格尔:《历史哲学》,生活·读书·新知三联书店1966年版,第133—135页。转引自杨光《海洋亚太观与中国的海洋发展取向》,《济南大学学报》2003年第6期,第55页。

③ 严绍璗:《日本当代海洋文明观质疑》,《日本学论坛》2005年第Z1期,第13页。

④ 慶應義塾編纂『福沢諭吉全集 第一〇巻』岩波書店、一九六〇年、二三八～二四〇頁。

的代表人物川胜平太便认为它是"日本历史上'脱中国的亚洲'这一过程的必然归宿"。① 由此可见，川胜平太十分认可福泽谕吉的"脱亚论"。

川胜平太将海洋置于讨论的中心位置，通过对文明和文化的解构与重构，试图构建所谓的"海洋史观"，并在此基础上，提出了关乎未来的"21世纪日本国土构想"。川胜平太的关注点在于海洋，他对海洋与历史、文明的新解释，成为冷战后日本对"海洋"与"文明"再认识的代表性观点。在川胜平太提出"文明的海洋史观"之后，日本国内对于从海洋与文明的视角塑造国家身份有了更多的探讨。

日本学者白石隆将亚洲地区秩序的变迁与海洋结合在一起，试图从历史的角度出发，把握亚洲地区秩序的形成、发展、成熟和崩溃的过程，并思考日本在其中的位置。在白石隆的思考中，"海洋亚洲"同样是一个重要的概念。他认为，"海洋亚洲"指的是"对外开放的亚洲，是通过交易网络连接起来的资本主义亚洲"，"是除中国之外的亚洲"；而"大陆亚洲"则是指"向内的亚洲、乡绅和农民的亚洲、农本主义的亚洲"。② 可以看出，所谓的"海洋亚洲"与"大陆亚洲"再次被对立起来。

在白石隆看来，战后50年以"美国为第一、日本为第二"的亚洲地区秩序，对日本而言是"感觉相当不错"的体系。在这个体系中，日本的安全与繁荣是由美国主导的安全保障体制与日本、东南亚、美国之间的三角贸易体系保证的。在这50年里，日本不必像过去那样苦恼于选择"大陆亚洲"还是"海洋亚洲"。日本也不必改变现有的体系，相反，更为重要的是，"谋求现有的亚洲地区秩序在体系上的稳定，并在其中扩大日本的行动自由"。进而，白石隆对日本的位置问题，即"亚洲中的日本"还是"日本与亚洲"的问题进行了探讨。他认为，日本应该采取"日本与亚洲"的形式来推进区域化，"日本的未来不能寄托在作为地区主义的亚洲主义上"，通过扩大和深化交流，慢慢改变日本和东亚关系上

---

① 川勝平太『文明の海へ』、二六頁。（注：川胜平太将亚洲分为伊斯兰的亚洲和中国的亚洲，用以指代伊斯兰文明圈和中国文明圈。川胜平太认为，欧洲摆脱的是伊斯兰的亚洲，而日本摆脱的是中国的亚洲。）

② 白石隆『海の帝国：アジアをどう考えるか』中央公論社、二〇〇〇年、一八一～一八二頁。

的经济性、社会性与文化性的界线，据此将长期性地扩大日本的行动自由变成韩国、东南亚各国等的利益，日本要"在地区秩序中制定这样的安排"。那么，日本究竟是不是"亚洲中的日本"呢？白石隆认为，"推进扩大日本行动自由的区域化，据此实现'亚洲中的日本'，才是日本应该前进的道路"①。言外之意，如果亚洲区域化的发展不能扩大日本行动自由的话，日本就不必成为"亚洲中的日本"。可见，白石隆在此秉持的意识是典型的一国利己主义。

尽管川胜平太和白石隆都没有就"海洋"而论"海洋"，但他们的分析显然为日本在更广泛的意义上认识海洋提供了充足的依据，进而推动了日本对海洋国家身份的认识。事实上，在冷战结束后的一段时间里，经济全球化和区域一体化的全面兴起、冷战掩盖下的国家内部冲突和矛盾的日益凸显、世界范围内非传统安全领域问题的增多等，都给日本国民意识的塑造和国家身份的认定带来了诸多困扰。而海洋，成为解决困扰的突破口。这一突破口，与其说是"被发现"，不如说是"被拾起"。数十年前，高坂正尧为日本未来的发展道路提供的构想正是以海洋作为切入点，并在日本产生了深远的影响。冷战结束后，日本学术界再次以海洋作为切入点，思考日本的前进方向，谋求自我身份的确认，是对高坂正尧思想的继承，它为确立日本的发展战略和对外战略奠定了认知基础。

冷战后日本对海洋的再认识，除了从文明与历史的角度加以拓宽外，还进一步扩大了对海洋内涵的认识。在大航海时代以前，海洋的意义主要体现在以下两个方面：一是人类获取食物资源的场所；二是人类相互交往的媒介，交往过程中自然也产生了文化和文明上的交流。随着海上交通工具的发展，海洋的内涵和意义明显扩大，西方殖民时代正是从海洋上开启的。资本主义经济的发展，使得海洋在近代所展示出来的意义尤为重要。海权在被马汉提出后，更加凸显了海洋的军事意义。第二次世界大战结束后，海洋的意义得以全面拓展，无论是经济上，还是政治上，抑或是军事上，海洋的意义都被前所未有地扩大，对海洋范围的认

---

① 白石隆『海の帝国：アジアをどう考えるか』、一九七～一九八頁。

识也不再局限于海上，同时还包括海底、深海甚至是海洋上空等更为广阔的空间。在冷战结束后，传统意义上的"海洋"概念所包含的意义显然有待扩大。日本学者伊藤宪一在讨论这一问题时认为，"在新的时代必须用相应的内容进行再定义"，"太平洋世界取代曾经的地中海世界和大西洋世界成为世界不同文明之间交流的中心舞台，作为交流手段的海洋所具备的意义也必须扩大解释为包括天空、宇宙以及网络等情报通信手段"，因此，在探讨和解决问题时，也就没有必要"过分拘泥于严格意义上的'海洋'"。[1] 可以看出，对海洋内涵和意义的扩大解释，是日本学者对"海洋"再认识的重要方面。在他们看来，海洋的内涵不仅包括传统的资源意义和交通意义，而且包括现代性的空间意义和信息意义。

从地理上来看，海洋应当具有两种属性：一是内向性，即防卫的屏障，与外界的隔离；二是外向性，即交通媒介，对外开放。二者的关系应当是辩证统一的。随着科学技术的发展和人类社会的进步，海洋的内向性越来越弱，而其外向性越来越强。但是，从日本的角度来看，简单地从属性上认识海洋并不可取。至少在日本学者桦山纮一看来，认识海洋需要从以下四个方面着手，即海洋的地缘政治意义、经济资源意义、地球环境意义和生活空间意义。[2] 显然，在日本看来，只要是有利于其海洋国家身份的确认，无论怎样扩大对海洋的认识都不为过。

三 海洋国家身份的再认定

早在冷战时期，日本的海洋国家身份即已得到学界和政界的确认。但冷战结束后，基于国际格局的变化、全球化的展开和国家自我认同的需要，日本又从文明、历史的角度拓宽了对海洋的认识。随着日本对文明的重新阐释和对海洋的再认识，日本的海洋国家身份逐步得到重新认定。在对海洋国家身份进行再认定的过程中，一方面，日本学术界展开了关于日本海洋国家身份的研究，并在研究中对日本的海洋国家身份予

---

[1] 伊藤憲一、『21世紀日本の大戦略：島国から海洋国家へ』（伊藤憲一監修）日本国際フォーラム、二〇〇〇年、三頁、四五頁、四六頁。

[2] 樺山紘一、『21世紀日本の大戦略：島国から海洋国家へ』（伊藤憲一監修）、五九~六〇頁。

以确认；另一方面，日本政府也通过立法等措施强化普通民众对海洋国家身份的认同。重新得到认定的海洋国家身份，成为日本制定国家战略、思考对外关系的重要出发点。

冷战结束后，为了确认日本的国家身份，进而加强日本自身的力量、明确日本的前进方向，日本民间智库、半官方机构日本国际论坛（The Japan Forum on International Relations）于1998年成立了"海洋国家研究小组"，并举办了四次"海洋国家研讨会"，该研究小组的成员包括当时日本学界、政界、舆论界等各领域的有识之士，其影响力十分广泛。日本的专家学者们关于海洋国家身份的确认，出现了岛国与海洋国家两种认知。对日本来说，最基础的国家身份应当是岛国。因为单纯从地理角度看，日本四面环海，是一个典型的岛国。然而，岛国的国家性格多被认为带有消极的特点，如目光短浅、自我封闭等。与岛国相对应，海洋国家的国家性格则多被认为带有积极的特点，如视野开阔、开放进取等。从广义上来说，海洋国家的范围不应当只限于岛国，但是有日本学者从狭义的角度认识海洋国家，认为应该将海洋国家的定义限定为纯粹的岛国。[①] 如此，不仅像中国这样的拥有较长海岸线和广阔海域的国家被排除在海洋国家的范围之外，连意大利这样的半岛国家也被排除在外。实际上，这位日本学者是在建构有关海洋国家范围认知的话语权，力图将日本、英国等少数岛国认定为海洋国家。

对日本而言，它自然不想囿于狭隘的岛国国家身份。因此，日本一方面需要将岛国与海洋国家联系在一起；另一方面又需要将自己的岛国身份推进到海洋国家身份。因此，日本学术界便形成了这样的看法，即这一"地球上的四面环海的列岛"，被认为是日本这个国家几千年来存在的、最根本的前提。正是由于这一前提，日本列岛上的居民才能与中国文明、西洋文明保持一定的距离，发展自己独特的文明，进而形成了天皇制和武士道。同时，四面环海这一前提，也使日本列岛上的居民有了两种生存方式与世界打交道，即"内向、独善的'岛国式'的生存方式"和"对

[①] 左近允尚敏、『21世紀日本の大戦略：島国から海洋国家へ』（伊藤憲一監修）、六八頁。

外开放的'海洋国家式'的生存方式"。① 对日本来说，它不能固守采取岛国的方式，而要采取"推动建立符合世界期望的秩序"② 这一海洋国家的方式。可见，日本力图重新确认海洋国家身份并不是单纯地为了确认身份，其背后有着更高的政治性目标。简单地说，这个目标就是推动建立冷战后的国际新秩序，并在这一秩序中占据主导地位，即实现政治大国。

经过"海洋国家研究小组"专家学者的讨论，日本——"既非东洋，也非西洋"——的国家身份被定位为"位于东北亚地区的四面环海的海洋国家"和"非欧美国家中最先依靠自己的力量实现近代化的国家"。③对日本海洋国家身份进行确认，是该研究小组的阶段性研究目标。基于日本的海洋国家身份，该研究小组继续推进研究，力求提出日本的海洋战略和秩序构想，为日本在变动的国际环境中谋求有利的国际地位。此后，日本的海洋国家身份在日本学术界基本上达成了共识。及至21世纪初，日本财团法人世界和平研究所明确提出，日本要"作为海洋国家来制定明确的国家战略，整备为海洋国家发展的基础"。④

日本政府和政治家们在确认日本海洋国家身份方面也做出了有力的回应。对于冷战后的日本来说，在国际和国内两个层面确认海洋国家身份都是重要的课题。在国际层面，1994年《联合国海洋法公约》正式生效，标志着国际海洋秩序的构建有了国际法上的依据。日本于1996年加入该公约，在同年的日本众议院会议上，时任日本外务大臣的池田行彦表示，日本作为世界上主要的海洋国家，要为"确立有关海洋的稳定的法律秩序做贡献"，参加同一会议的日本首相桥本龙太郎则表示，"缔结该公约，……符合海洋国家日本的长期性、综合性的国家利益"。⑤ 可见，

---

① 伊藤憲一、『21世紀日本の大戦略：島国から海洋国家へ』（伊藤憲一監修）、三頁。
② 近藤剛、『21世紀日本の大戦略：島国から海洋国家へ』（伊藤憲一監修）、一二八頁。
③ 太田博「海洋国家日本の構想——世界秩序と地域秩序」、伊藤憲一監修『海洋国家日本の構想：世界秩序と地域秩序』日本国際フォーラム、二〇〇一年、一五二～一五四頁。
④ 日本財団法人世界平和研究所『21世紀の日本の国家像について』、二〇〇六年九月五日、七頁、http://www.iips.org/research/data/kokkazouh.pdf.（访问时间：2015年1月5日）
⑤ 日本第136回国会「衆議院会議録 第23号」（平成八年五月一〇日）、一九九六年、http://kokkai.ndl.go.jp/SENTAKU/syugiin/136/0001/13605100001023.pdf.（访问时间：2015年1月5日）

日本政府不仅看重海洋国家身份，同样也看重国际海洋秩序的建立及其对日本国家利益的增进。在国内层面，日本于2007年正式公布了《海洋基本法》，从立法的角度明确了"海洋立国"的方针，从而在国内法律层面肯定了日本的海洋国家身份。时任日本众议院议员的新藤义孝认为，《海洋基本法》的制定，正是日本从岛国转变为海洋国家的时刻。① 如此看来，日本的海洋国家身份至少在法律层面得到了普遍的确认。

在确认海洋国家身份之外，日本政府还着力强化日本民众对海洋国家身份的记忆和认同。1995年，日本修改"国民节日相关法律"，决定从1996年起将每年的7月20日定为"海之日"，其宗旨是"在感谢海洋恩惠的同时，祝愿海洋国家日本的繁荣"，② 后于2003年将"海之日"定在每年7月的第三个星期一。2014年，日本国内又出现了将"海之日"改回每年7月20日的动向。③ 日本政府通过设立法定节日的方式，一方面提高国民福利；另一方面也强化国民意识中对日本海洋国家身份的认同。不过，日本国内仍然有学者认为日本政府和国民缺乏海洋知识与意识。④

从以上的分析中可以看出，日本政府的上述作为，其目的不仅仅在于确认日本的海洋国家身份，更在于通过对海洋国家身份的认定，制定并实施日本的国家战略。从冷战后日本的实际情况来看，制定以海权思想为依托的海洋战略便是日本确认海洋国家身份后的重要国家战略。

---

① 新藤義孝『第131号　島国から海洋国家へ「海洋基本法」の制定について』、二〇〇七年五月二八日、http://www.shindo.gr.jp/2007/05/post_31.php.（访问时间：2015年1月5日）

② 『国民の祝日に関する法律　第二条』（平成二六年五月三〇日法律第四三号）、二〇一四年、電子政府の総合窓口、https://elaws.e-gov.go.jp/document?lawid=323AC1000000178.（访问时间：2015年1月5日）

③ 『「海の日」はやっぱり7月20日がいい!? 超党派議連、祝日法改正案提出へ』、産経ニュース、二〇一四年九月二四日；『「海の日」を7月20日に戻す法案、自民部会で了承』、産経ニュース、二〇一四年一〇月二三日。

④ 平間洋一「海洋権益と外交・軍事戦略」『国際安全保障』第三五巻第一号、二〇〇七年六月、一四～一五頁。

第二节 海洋战略：日本海权思想的战略重塑

冷战的结束，使全球化得以迅速展开，人类对海权的认知越来越有别于以往的认识。随着海洋重要性的上升和海洋科学技术的进步，一个国家拥有海权不仅体现在对海洋的控制，更体现在对海洋的有效利用。对日本而言，传统的海权认知过于单一。日本在冷战后对海权的认识，不仅延续着对海权经济属性的重视，也更加强化了对海权军事属性的认识，并由此逐渐形成了更加综合和全面的海权认知。在这种背景下，日本逐步制定与实施海洋战略，并体现出清晰的海权思维逻辑。

一 日本海权认知的变化

日本的海权认知在冷战结束后发生了很大的变化，但正如笔者在前文中指出的那样，日本海权认知的变化，并非始于冷战后。观察第二次世界大战后的日本历史发现，在冷战期间，日本的海权认知即已表现出从传统转向现代的迹象。19世纪末以来，包括日本在内的多数国家对海权的认识几乎都来自马汉的见解。在马汉看来，"海权的历史乃是关于国家之间的竞争、相互间的敌意以及那种频繁地在战争中达到顶峰的暴力的一种叙述。……海上力量的历史，在很大程度上就是一部军事史。在其广阔的画卷中蕴涵着使得一个濒临于海洋或借助于海洋的民族成为伟大民族的秘密和根据。"[①] 正是由于马汉对海权军事性质的强调，第二次世界大战前各沿海国家对海权的追求大多体现为夺取并掌握制海权。日本在第二次世界大战前的海权实践，充分证明它对制海权有着明确的追求。但是，自20世纪六七十年代，随着人类持续增加对海洋的和平利用与开发，日本也逐渐认识到自身在战前对马汉海权思想的理解存在不足。在日本人的意识中，海权最具体的象征就是海军力量，海权几乎等同于制海权，马汉关于通过掌握制海权促进海上贸易发展的认知被日本相对地忽视。然而，海军力量并不是海权本身，制海权也并非海权的全部，

---

① [美] 马汉：《海权论》，同心出版社2012年版，第2—3页。

在严格的意义上，仅有制海权，不代表拥有海权，制海权对于海权而言只是"必要的、不可或缺的前提条件"。因此，从广义的观点来看，将海权解释为"在军事、通商、航海方面，控制海洋的权力"最接近马汉的海权概念，马汉所说的海权应当是"利用海洋的权力"。[1] 事实上，马汉曾说过，"在某些历史时期，对于广义的海洋霸权的成长产生过巨大的确定性影响，其中不仅包括海洋上的军事实力——它以武力的方式统治着海洋或部分海洋——也涉及和平贸易与航运。"[2] 可见，制海权理论虽然是马汉海权思想的中心内容，但却并非唯一的内容，马汉同样重视海上贸易与航运，后者在第二次世界大战后显得尤为突出。第二次世界大战结束后，海洋调查的发展与海洋科学技术的进步，使得人类开发利用海洋成为可能。失去海军力量和制海权的日本，也转向加大对海洋的开发与利用。正是在这样的背景下，日本的海权认知逐渐由单一性、传统性转变为综合性、现代性，海权（Sea Power）这一概念在多种场合下也被所谓"海洋力"（maritime power）替代。

1991年12月，苏联解体标志着冷战的结束，世界再次进入历史的变革时期，国际海洋形势和海洋秩序也开始发生重大变化。1994年，《联合国海洋法公约》正式生效，公约正式生效意味着控制海洋本身，进而拓宽国家战略空间、开发利用海洋资源都具有了无比寻常的战略性意义。同时，公约生效从理论上意味着世界由"海洋自由"时代转入"海洋管理"时代。公约重新调整了海洋的归属和管辖，一方面对原有的海洋法律制度进行了完善，另一方面又制定了许多新的海洋法律制度，从而为海洋新秩序的构建、世界海洋权益的分配等问题提供了国际法依据。然而，公约未对包括海域划界、海岛主权争夺等在内的国与国之间的海洋争端问题提供具体的解决方案，导致各濒海国家依据公约条款做出了有利于自身的解释，进而在客观上激化了沿海国家之间的海洋利益争夺，海洋新秩序的构建也陷入困顿之中。日本于1996年经批准加入了《联合国海洋法公约》，并对其国内相关法律进行了调整。"鉴于日本是世界上

---

[1] 海空技術調査会編著『海洋国日本の防衛』、八～一四頁を参照。
[2] ［美］马汉：《海权论》，同心出版社2012年版，第28页。

主要的海洋国家"，① 加入该公约，不仅为日本进行海洋开发与利用提供了基本的国际法依据，也为日本谋求实现海洋大国乃至政治大国的目标创造了空间。因此，参与甚至主导国际海洋新秩序的构建，就成为日本的重要诉求。进入20世纪90年代后，日本经济持续低迷，加上经济全球化和地区一体化的展开，日本越来越认识到海洋权益的重要性，以扩张海洋权益为重心的现代性海权认知逐渐成形。

这种现代性海权认知主要体现在以下几个方面：一是对海权的认知突破了传统的海权范畴，扩大到与海洋有关的方方面面的能力。传统海权主要指的是制海权。在绝对的意义上，海权依然很重要，但在相对的意义上，海权的重要性却在下降。② 因此，随着全球化的发展，对海权的认知自然不能囿于传统的制海权，而要将视野放在更宽阔的海洋上，这使得日本更加重视海上力量的"机动性、灵活性、多目的性和国际性"。③ 马汉提出的海权距今已有100多年，但其概念本身在全球化的今日仍然具有相当的适用性。《联合国海洋法公约》赋予了沿海国家资源开发和环境保护的主权权利和管辖权，对日本来说，关于海洋的调查与科学技术能力、资源开发能力、环境管理能力等一系列能力都成为海权的重要组成部分。④ 二是突出海权在平常时期的重要性，强调海洋力。海权的内涵随着时代的发展而有所变化，虽然制海权仍然是海权的根本，但海权在平常时期的重要性也在上升，由此引出了海洋力的概念。美国历史学家沃尔特·拉费伯尔（Walter LaFeber）认为，海洋力的构成要素包括四个方面：一是作为海洋利用手段的商船队和渔船队；二是作为保护它们的直

---

① 「第1部　第2章　第3節　より良い地球社会の実現に向けた取組」、『外交青書』（平成九年版）、一九九七年、http://www.mofa.go.jp/mofaj/gaiko/bluebook/97/1st/chapt2 - 3.html#n8.（访问时间：2015年1月18日）

② 石津朋之「シー・パワー——その過去、現在、将来」、立川京一など編著『シー・パワー：その理論と実践』、一四頁、四九頁を参照。

③ 防衛庁編『日本の防衛』（平成一七年版）ぎょうせい、二〇〇五年八月、一四六頁を参照。

④ 海洋政策研究財団、日米シーパワーダイアローグによる提言「海洋の安定と繁栄のための日米同盟シーパワー」、二〇〇九年四月一七日、http://www.sof.or.jp/jp/report/pdf/200904_seapower.pdf.（访问时间：2015年1月18日）

接强制力的海军力量；三是支撑它们的工业力量；四是港口设施。① 从上述要素来看，这种有关海洋力的认知显然是在马汉对海权认识的延长线上，它对于日本来说同样是重要的。在日本学者看来，海洋力更具备综合性，它是"围绕海洋的政治力、技术力、军事力等适当地组合在一起的权力，是为增进本国权益、达成国家目标、实施国家政策等所必要的可利用与支配海洋的国家权力的一部分"。② 不难看出，这样的海权认知是一种广义上的、更综合的认识，它意味着当代日本不仅重视战时对制海权的控制，也同样重视海权在平常时期的突出意义。

正是基于以上的综合性海权认知，在冷战结束后，特别是进入21世纪以来，日本越来越重视海洋问题，将其置于国家战略层面加以考虑，从而逐步形成了海洋战略。

二 冷战后日本的海洋战略

冷战结束给日本带来了极为重大的影响，苏联解体使得日本面临的北方压力骤然降低，深刻地改变了日本周边地区的安全环境，使日本得以从冷战时期两大阵营的对立中解放出来，其外交志向也"由'意识形态志向'转变为'国家利益志向'"，③ 进而使日本有更多的精力投入国家战略的制定与实施中。海洋领域一直是战后日本重点关注的对象，也是战后日本赖以生存的基础。1982年，第三次海洋法会议通过了《联合国海洋法公约》。1994年，该公约正式生效。伴随这一重要变化，世界范围内各濒海国家纷纷制定与实施新的海洋政策和海洋战略，加强对海洋的综合管理，各国对海洋及其资源的争夺呈现加剧之势。在这种背景下，日本也开始调整自身的海洋政策，以"海洋立国"为口号，着手制定和实施海洋战略。

探讨冷战后日本的海洋战略，首先应该明晰当代日本人如何认识战

---

① 参见：Walter LaFeber, *The New Empire: An Interpretation of American Expansion*, 1860 – 1898 (Ithaca: Cornell University Press, 1963)。

② 平間洋一「海洋権益と外交・軍事戦略—地政学と歴史からの視点—」『国際安全保障』第三五巻第一号、二〇〇七年六月、三頁。

③ 伊藤憲一『日本の大戦略』飛鳥新社、一九九〇年、一一頁を参照。

略这一概念。据日本学者的考证，在日本，17世纪的山鹿素行在其兵书中首次使用"战略"这一词语。① 及至19世纪，随着克劳塞维茨（Clause Witz）、李德哈特（Liddell Hart）等战略家的思想传入日本，作为近代意义上的"战略"一词开始在日本普及开来。但是，克劳塞维茨和李德哈特对战略所下的定义仍然属于古典军事战略的范畴，而在当代，战略的内涵显然更为宽泛。关于战略的内涵，当代日本人有着自己的理解。冷战结束前，日本著名学者伊藤宪一对战略论，特别是大战略的理论建构进行过学理性分析。在他看来，战略指的是"一国为确保其生存和繁荣的条件，动员本国及其盟国所有能够利用的政治的、经济的、心理的、军事的及其他各种力量，以适应环境的一种科学与技术"。② 而曾经担任日本自卫队统合幕僚会议议长的栗栖弘臣则认为，战略是指"在一般情况下，为了达成特定的目标，基于长期视野和复合思考，综合运用力量和资源的技术与科学"③。曾长期担任日本首相、卸任后仍对日本政坛有着重要影响力的中曾根康弘认为，"所谓战略，一般就是指对实现特定目的的过程与手段进行规定的综合性判断与计划"。④ 从这些较具代表性的观点来看，当代日本人眼中的战略不完全是军事意义上的概念，而是更为宏观的概念，有其特定的目标。

基于这样的战略概念认知，日本人眼中的海洋战略，可以被理解为与海洋相关的所有领域的战略的总称，主要包括海洋安全、海洋经济、海洋法制和海洋观念等内容。2004年，日本媒体呼吁，"作为海洋国家，日本有必要构筑长期性的战略"⑤。2005年11月，日本海洋政策研究财团提出了《海洋与日本：面向21世纪海洋政策的建议》，⑥ 该财团在建议书

---

① 菅谷雅隆『戦略発想の研究』日本実業出版社、一九八八年、六四頁を参照。
② [日] 伊藤宪一：《国家与战略》，军事科学院外国军事研究部译，军事科学出版社1989年版，第30页。
③ 栗栖弘臣『安全保障概論』ブックビジネスアソシエイツ社、一九九七年、一七〇頁。
④ [日] 中曽根康弘：《日本二十一世纪的国家战略》，联惠译，海南出版社2004年版，第1页。
⑤『海洋資源開発：日本も国家戦略をたてよ』、毎日新聞、二〇〇四年六月二七日。
⑥ 海洋政策研究財団『海洋と日本：21世紀の海洋政策への提言』、二〇〇六年、https://www.sof.or.jp/jp/report/pdf/200601_20051120_01.pdf. （访问时间：2015年1月21日）

中提出要制定海洋基本法、整备行政机构与海洋情报等众多具体的对策，被认为是拉开了日本构筑海洋战略的序幕。具体来看，可以从以下几个方面认识冷战后日本海洋战略的主要内容。

第一，将海洋安全保障课题置于重要地位，力图构建海洋军事战略，扩大自卫队的实际活动范围。苏联解体在客观上极大地改善了日本的安全环境，但日本不仅没有因此而忽视所谓安全保障课题，反而进一步加强了日美同盟在海洋安全领域的合作，促使海洋军事战略的转变，并在某种程度上将战略的矛头指向中国。

从加强日美同盟在海洋安全领域的合作来看，最直接的体现就是两国政府签署的相关文件的变化。冷战结束后，日美同盟曾遭遇短暂的"漂流"，后于1996年发表《日美安全保障联合宣言——面向21世纪的同盟》，[1] 该联合宣言将日美防卫的范围从原有的"远东地区"扩大到了"日本周边地区"，并将所谓防范对象由过去的以苏联为主调整为明显的以朝鲜和中国为主。1997年，日美两国又签署了新的《日美防卫合作指针》，[2] 旨在规定日美两国应对平常时期、对日本进行武力侵略时以及日本周边地区发生不测事态时的合作，实质上提高了日本对外行使武力的可能性。1999年，日本又通过了《周边事态安全保障法草案》《同美相互提供物品及劳务协定修正案》和《自卫队法修正案》三个法案，从而"为日本军事力量走向世界提供了法律依据"。[3] 此后，日本多次修改通过了相关法案，借助反恐等名义向海外派遣自卫队。2012年年底，安倍晋三第二次当选日本首相后，便谋求修改1997年与美国签署的防卫合作指针。2014年10月，日本国家安全保障会议讨论并通过了新合作指针中间报告，删除了原有合作指针中有关日本"周边事态"的提法，强调日美同盟的"全球性质"，明确表示新的防卫合作指针将"适当反映"2014

---

[1] 『日米安全保障共同宣言－21世紀に向けての同盟－』、日本外務省、一九九六年四月一七日、http://www.mofa.go.jp/mofaj/area/usa/hosho/sengen.html. （访问时间：2015年1月21日）

[2] 『日米防衛協力のための指針』、日本外務省、一九九七年九月二三日、http://www.mofa.go.jp/mofaj/area/usa/hosho/kyoryoku.html. （访问时间：2015年1月21日）

[3] 王新生：《日本向何处去》，《世界知识》1999年第12期。

年7月1日日本政府内阁决议，即"有关解禁集体自卫权"的内容，并将考虑扩大自卫队的活动范围。① 2015年4月27日，日美两国公布新《日美防卫合作指针》。新指针提出为了确保亚太地区及其他地区的稳定、和平、繁荣，日美两国的安全与防卫合作将突出日美同盟的全球性，开展从平时到发生紧急事态时的所谓无缝合作，将过去日美防卫合作的范围从"周边事态"调整为更具主观认知色彩的"重要影响事态"，即所谓"对日本和平与安全带来重要影响的事态"。同时，新指针以无法限定地理范围为由，明确自卫队活动将不仅限于日本周边地区。就日美海洋安全合作而言，新指针特别提出，在平时状态下，日美两国将就维持基于国际法的海洋秩序进行密切合作，自卫队和美军将在进一步建立和加强海洋监测信息的共享等一系列举措中进行合作；在发生"对日本和平与安全带来重要影响的事态"时，日美两国将在考虑各自能力的基础上，密切合作以强化海洋安全；在国际活动中，日美两国将在打击海盗、防止大规模杀伤性武器扩散、应对恐怖主义等方面开展紧密合作，以保障海洋安全。②

从海洋军事战略的转变来看，冷战后的日本逐步放弃冷战时期确立的"专守防卫"理念，转而实施以"多次元统合防卫力"概念为核心的军事战略。"专守防卫"是第二次世界大战后日本军事安全战略的基本理念，由日本政府于1970年首次在《防卫白皮书》中提出，其内容包括受到武力攻击时行使防卫力量限于自卫所需的必要最低限度，建设自卫所需的必要最低限度的防卫力量，不拥有对别国造成威胁的战略进攻性武器等。应该说，"专守防卫"理念的提出表明日本军事战略在本质上是防御性军事战略。自这一理念被提出，日本国内一直存在不同声音。随着国际形势变化和日本军事力量的发展，日本逐步架空"专守防卫"理念，

---

① 『日米防衛協力のための指針の見直しに関する中間報告』、日本防衛省、二〇一四年一〇月八日、http：//www.mod.go.jp/j/approach/anpo/sisin/houkoku_20141008.html.（访问时间：2015年1月21日）

② 『日米防衛協力のための指針』、日本防衛省、二〇一五年四月二十七日、https：//www.mod.go.jp/j/approach/anpo/alliguideline/shishin_20150427j.html.（访问时间：2016年6月1日）

调整军事安全战略。1983年，日本正式提出"洋上歼敌"思想，谋求海上自卫队与航空自卫队的合作，在海洋上歼灭敌人。① 与此同时，日本的海上防卫范围由原先的距离日本本土200海里水域扩大到1000海里水域。冷战结束后，日本以所谓安全环境发生变化为由，重新调整"专守防卫"，扩大并模糊防卫范围，以"朝鲜威胁"和反恐等为借口强化军事力量，充实海上自卫队的作战任务，谋求海外派兵合法化，实现海外派兵需求。调整后的日本海上军事战略，具有明显的攻击性，确保"从（日本）沿岸到一千海里范围内的海洋控制"成为海上自卫队的主要使命，② 曾为日本"和平国家"形象做出贡献的"专守防卫"理念事实上被抛弃。

此后，日本不断谋求建立机动、灵活、高效的军事体制。2004年，日本内阁会议通过新版《防卫计划大纲》和《中期防卫力量整备计划（2005—2009年度）》，明确提出整备"多功能、灵活而有效的防卫力量"，③ 防卫态势将由静态防卫渐进走向动态防卫，"专守防卫"理念又一次被抛弃。2010年，日本民主党内阁通过新的《防卫计划大纲》和《中期防卫力量整备计划（2011—2015年度）》，首次指出所谓中国军事动向是"地区和国际社会的担忧事项"，首次提出"动态防卫力"概念，表示将构筑"具备适应性、机动性、灵活性、持续性以及多目的性，根据军事技术水平发展的动向，以高度的技术力和情报能力为支撑的动态防卫力"，④ 同时将防卫重点转向日本西南地区，针对中国进行军事部署的意图十分明显。2013年，安倍晋三内阁制定的新防卫大纲，明确表示

---

① 「第2部 わが国の防衛政策」、日本防衛庁『防衛白書』、一九八三年、http://www.clearing.mod.go.jp/hakusho_data/1983/w1983_00.html. （访问时间：2015年1月21日）

② 左近允尚敏「海洋空間の戦略性」、伊藤憲一監修『21世紀日本の大戦略：島国から海洋国家へ』日本国際フォーラム、二〇〇〇年、九八頁。

③ 『平成17年度以降に係る防衛計画の大綱について』、二〇〇四年一二月一〇日、五頁、http://www.mod.go.jp/j/approach/agenda/guideline/2005/taiko.pdf. （访问时间：2015年1月21日）

④ 『平成23年度以降に係る防衛計画の大綱について』、二〇一〇年一二月一七日、六頁、http://www.mod.go.jp/j/approach/agenda/guideline/2011/taikou.pdf. （访问时间：2015年1月21日）

要"有效地整备具有高实效性的统合防卫力量",①从而用"统合机动防卫力"取代民主党执政时期提出的"动态防卫力"。②与"动态防卫力"相比,"统合机动防卫力"强调确保防卫力量的"质"与"量",重视对陆海空自卫队的综合性运用。③ 2018年,安倍晋三内阁再次制定了新的《防卫计划大纲》和《中期防卫力量整备计划（2019—2023年度）》,实质性突破"专守防卫"理念,放弃了五年前提出的"统合机动防卫力",转而提出了新的所谓"多次元统合防卫力"概念,即在"从平时到有事的所有阶段",能够"机动、持续地进行多种活动的""真正有实效的防卫能力"。日本认为,在日益严峻的安全保障环境中,为了能够有效地抑制和应对军事威胁,通过宇宙、网络、电磁波等新领域与陆海空等传统领域的组合来适应战斗状态显得十分重要。为此,日本今后将在继续强化个别领域能力的质量和数量的同时,对所有领域的能力进行有机的融合,通过相乘效果增加整体能力的跨领域作战。④ 由此看出,所谓"多次元统合防卫力",其核心目标就是要进一步整合传统领域和新兴领域并提高跨领域综合作战能力。

第二,逐步完善实施海洋战略所需的法制体系,谋求推进海洋战略的行政一元化。在冷战结束后的十几年时间里,日本国内一直有声音批评日本的海洋相关法律不完备,缺少关于海洋权益的基本法,对海洋的管理也涉及多个政府部门,缺乏统一的指导。同时,日本在批准加入《联合国海洋法公约》后,并没有提出具体的海洋政策。为此,日本经济团体联合会于2000年提出了《21世纪的海洋总方针》意见书,汇总了以

---

① 『平成26年度以降に係る防衛計画の大綱について』、二〇一三年一二月一七日、五頁、http：//www.mod.go.jp/j/approach/agenda/guideline/2014/pdf/20131217.pdf.（访问时间：2015年1月21日）

② 「「統合機動防衛力」掲げる　防衛大綱の基本概念」、産経ニュース、二〇一三年一二月一二月。

③ 沓脱和人、今井和昌「「積極的平和主義」と「統合機動防衛力」への転換」『立法と調査』第三四九号、二〇一四年二月、七八頁を参照。

④ 『平成31年度以降に係る防衛計画の大綱について』、二〇一八年一二月一八日、九頁、https：//www.mod.go.jp/j/approach/agenda/guideline/pdf/20181218.pdf.（访问时间：2022年2月21日）

海洋产业活力为目标的国家项目的制定与实施，通过具体的建议构筑海洋开发网络。① 2002 年，日本财团向日本政府提出建议，呼吁日本制定包括基本理念、海洋管理基本计划、海洋相关阁僚会议、设置海洋担当大臣和海洋审议会等在内的《海洋基本法》，为综合性地研究、制定与推进海洋政策，对相关行政机构进行整备。②

2007 年 4 月 20 日，日本国会正式通过了《海洋基本法》，该基本法明确了日本"海洋立国"的方针，宣称日本将"谋求和平、积极地开发利用海洋与保护海洋环境之间的协调，实现新的海洋立国"，③ 为此将制定海洋基本计划和基本对策。根据《海洋基本法》的规定，日本成立了推进海洋战略的中枢机构"综合海洋政策本部"，由内阁总理大臣担任本部长，官房长官和海洋政策担当大臣担任副本部长，本部成员由本部长和副本部长以外的所有阁僚构成。由此，日本从行政体制上完成了对海洋战略的一元化管理。《海洋基本法》的制定，被认为是日本"海洋政策关联史上的历史性事件"。④ 此后，日本通过制订具体的计划和法令，进一步完善了海洋战略法制体系。2008 年 3 月，福田内阁根据《海洋基本法》的规定，制订了为期 5 年的《海洋基本计划》，日本宣称该计划的政策目标包括实现可持续开发、稳定地维持贸易活动和为国际秩序的构筑做贡献。⑤

---

① 日本経済団体連合会『21 世紀の海洋のグランドデザイン』、二〇〇〇年、https：//www.keidanren.or.jp/japanese/policy/2000/028.html.（访问时间：2015 年 1 月 21 日）

② 日本財団『海洋と日本 21 世紀におけるわが国の海洋政策に関する提言』、二〇〇二年、https：//nippon.zaidan.info/seikabutsu/2001/00888/mokuji.htm.（访问时间：2015 年 1 月 22 日）

③ 『海洋基本法』（平成十九年法律第三十三号）、二〇〇七年、https：//elaws.e-gov.go.jp/document?lawid=419AC1000000033_20210901_503AC0000000036&keyword=%E6%B5%B7%E6%B4%8B%E5%9F%BA%E6%9C%AC%E6%B3%95.（访问时间：2022 年 2 月 21 日）

④ 社団法人海洋産業研究会「［解説］海洋基本法の制定について」『海洋産業研究会会報：RIOE News and Report』第三三六号、二〇〇七年四月一六日。

⑤ 『海洋基本計画』、二〇〇八年三月、http：//www.kantei.go.jp/jp/singi/kaiyou/kihonkeikaku/080318kihonkeikaku.pdf.（访问时间：2015 年 1 月 21 日）

离岛①法制的构建也是日本海洋战略法制体系的重要一环。2009年，综合海洋政策本部公布了《关于旨在加强海洋管理的离岛保全与管理基本方针（草案）》，该基本方针认为离岛是确定日本海洋管辖权范围的依据，要采取切实对策保全与管理离岛，包括构筑相关府省的情报共享与对应体制、妥当管理离岛名称等，同时探讨将离岛作为国有财产进行管理的对策。② 2010年，日本先后通过《关于旨在促进保全与利用专属经济区及大陆架的低潮线保全及据点设施整备等的法律》《关于旨在促进保全与利用专属经济区及大陆架的低潮线保全及据点设施整备等的法律施行令》和《关于旨在促进保全与利用专属经济区及大陆架的低潮线保全及据点设施整备等的基本计划》，进一步强化保全所谓"作为专属经济区的基础的低潮线"，进而实现"保全专属经济区及大陆架""开拓海洋领域的新边境"的目的。③

通过以上法律法规的制定和实施，日本基本上构筑起了海洋战略的法制体系，为推动实施海洋战略提供了法律基础。但是，日本并没有满足于此，而是寻求进一步的突破。2014年，日本首相安倍晋三在综合海洋政策本部第12次会议上，明确要求由相关省厅合作，修改有关离岛保全与管理的基本方针。④ 显然，日本对修改海洋相关法律和方针仍有着强烈的需求，其目的自然不是完全为了所谓的"国民生活和维持、发展经济活动"。

第三，谋求开发利用海洋，扩张海洋权益。冷战后，随着海洋科技

---

① 日本是由本州、九州、四国、北海道、冲绳本岛以及6000多个岛屿构成的岛国，日本将这6000多个岛屿称为离岛。参见：総合海洋政策本部『海洋管理のための離島の保全・管理のあり方に関する基本方針（案）』、二〇〇九年一二月、一頁、http://www.kantei.go.jp/jp/singi/kaiyou/dai6/siryou2.pdf.（访问时间：2015年1月21日）

② 総合海洋政策本部『海洋管理のための離島の保全・管理のあり方に関する基本方針（案）』、二〇〇九年一二月、http://www.kantei.go.jp/jp/singi/kaiyou/dai6/siryou2.pdf.（访问时间：2015年1月21日）

③ 総合海洋政策本部『排他的経済水域及び大陸棚の保全及び利用の促進のための低潮線の保全及び拠点施設の整備等に関する基本計画』、二〇一〇年七月、http://www.kantei.go.jp/jp/singi/kaiyou/teichousen/keikaku.pdf.（访问时间：2015年1月21日）

④ 総合海洋政策本部『第12回総合海洋政策本部会合議事概要』、http://www.kantei.go.jp/jp/singi/kaiyou/dai12/12gijigaiyou.pdf.（访问时间：2015年1月21日）

的发展和国民经济发展需求的推动，开发与利用海洋成为濒海国家实施海洋战略的普遍行动。日本也不例外，但日本不仅着眼于对海洋的开发利用，更是将扩张海洋权益作为其海洋战略的重要一环，而重视海洋权益正是冷战后日本现代海权认知的重要组成部分。

海洋国土是日本扩张海洋权益的根基。对此，日本认为，必须将领海、专属经济区等海域视为"国土"进行综合管理。① 因此，尽可能地扩大海洋国土面积，增加专属经济区的范围，占有专属经济区内的资源，便成为日本越来越重视的课题。对冲之鸟礁加紧实施"变礁为岛"计划，是日本无视国际法相关规定、肆意扩张所谓海洋权益的有力证据。海洋资源是日本扩张海洋权益的动力源。海洋已被证明蕴藏着丰富的资源，人类对资源的需求将愈发依赖海洋。为此，日本不断采取行动，扩大对海洋资源的掠夺。中日东海争端的主要原因之一就是日本企图占有属于中国的海洋资源。开发利用海洋是日本扩张海洋权益的重要目的。作为资源贫瘠的岛国，日本经济发展所需的资源能源严重依赖进口。因此，日本意识到必须扩大海洋权益，积极开发利用海洋，才有可能实现可持续发展。

此外，扩张海洋权益已经成为日本的宣传口号。1996 年，日本以"在感谢海洋恩惠的同时，祝愿海洋国家日本的繁荣"为宗旨，设立了"海之日"。2006 年，小泉纯一郎以日本首相的身份首次发表迎接"海之日"的谈话，仅仅表示围绕海洋权益等的紧张形势更加严峻，并未明确提及海洋权益扩张的事项。② 但此后的情况开始发生变化。2012 年，日本首相野田佳彦在当年的"海之日"到来前夕发表谈话，强调"要举国致力于确保海洋权益、保全离岛、确保海洋安全等课题，必须使其成为日

---

① シップ・アンド・オーシャン財団海洋政策研究所編集『海洋白書 2005』成山堂書店、二〇〇五年、三頁を参照。
② 小泉純一郎『「海の日」を迎えるに当たっての内閣総理大臣メッセージ』、二〇〇六年七月一七日、http：//www.mlit.go.jp/kisha/kisha06/10/100717_.html.（访问时间：2015 年 1 月 22 日）

本再生的原动力",呼吁"推进海洋开拓、战略性地利用海洋"的重要性。① 2013 年,为了迎接"海之日",日本首相安倍晋三发表讲话,表示要"在从'被海洋守护的国家'转变为'守护海洋的国家'的思考的基础上,保护领海和专属经济区的海洋权益"。② 2014 年,安倍晋三再次于"海之日"来临之际发表讲话,声称"为了保护海上交通安全、领海及专属经济区的海洋权益,必须基于法律的支配建设'开放安定的海洋'"。③所谓"海之日"已然成为日本首相发表扩张海洋权益谈话的节日。

第四,重视塑造日本国民的海洋观念,不遗余力地强化海洋教育。国民的海洋观念是国家推进海洋战略的重要民意基础,浓厚的海洋观念显然有助于海洋战略的实施。早在 19 世纪末,马汉就曾专门探讨过一国国民性格与倾向性对于海上权力崛起的影响。④ 在马汉看来,一国国民的民族特点是影响国家发展海权的重要因素,通过海外商业贸易的途径进行致富的国家更容易成长为海上强国。对照日本,不难发现,尽管日本人很早以前就开始利用海洋,但日本人整体的海洋意识相当淡薄。即使到了战后,日本人也并不那么关心海洋。正因如此,20 世纪 60 年代,日本现实主义学者高坂正尧呼吁日本政府重视对海洋的开发,鼓励国民走向海外。尽管冷战后的日本到处争夺海洋资源,"变礁为岛",扩张海洋权益,但日本国民的海洋观念并不浓厚。他们之所以无法理解"日本是领海和专属经济区面积排在世界第六位的海洋大国"这一事实,就是因为日本政府和国民都缺少海洋知识与意识。⑤ 因此,日本通过设立国民节日"海之日"、举办庆祝活动等形式,塑造和加深国民的海洋观念,激起普通民众对海洋的关心和理解,为实施海洋战略打造民意基础。

---

① 『首相「国をあげて海洋権益確保」海の日で談話』日本経済新聞、二〇一二年七月一三日。

② 『首相「海洋権益守る」海の日に向け談話』日本経済新聞、二〇一三年七月一二日。

③ 『「海の日」を迎えるに当たっての内閣総理大臣メッセージ』日本首相官邸、二〇一四年七月一八日、http://www.kantei.go.jp/jp/96_abe/discource/20140718uminohi.html.(访问时间:2015 年 1 月 22 日)

④ [美]马汉:《海权论》,同心出版社 2012 年版,第 50—58 页。

⑤ 平間洋一「海洋権益と外交・軍事戦略」『国際安全保障』第三五巻第一号、二〇〇七年六月、一四~一五頁を参照。

在日本海事中心实施的"关于海洋的国民意识调查"中，国民对海洋的认识偏向于休闲和观光，年轻一代对海洋的好感更多来自休闲。① 这说明日本国民，特别是年轻一代的海洋意识依然比较淡薄。因此，强化海洋教育，培育年轻一代的海洋观念，成为日本的重要课题。2002年，日本实施修改后的中小学校学习指导要领，新设"综合学习时间"，开始在日本各地实施"体验型的海洋教育"。② 从2009年起，日本海洋政策研究财团连续三年分别发布《21世纪海洋教育总方针》小学篇、中学篇和高中篇的建议书，③ 其主要建议包括明确海洋教育内容、整备普及海洋教育所需的学习环境、充实扩大海洋教育的外部支援体制、培养担当海洋教育的人才、积极推进海洋教育研究等内容。其目的就是要在日本学校推广海洋教育课程，推动海洋教育体系化，并与已有的授课课程构成综合的教育体系，促进日本学生对海洋的积极关注。

对日本来说，制定并推动海洋战略是一项复杂的系统工程。"海洋是决定21世纪日本盛衰的生存空间"，④ 日本将自身的未来置于海洋，实施海洋战略是日本必然的选择。但日本海洋战略本身并不那么简单，它与日本对海权的追求息息相关。

三 日本海洋战略与海权思想

从前文对冷战后日本海洋战略的分析中，我们可以看出，日本海洋

---

① 公益財団法人日本海事センター『「海に関する国民意識調査2014」の結果について』、二〇一四年七月一〇日、http://www.jpmac.or.jp/information/pdf/363_1.pdf.（访问时间：2015年1月22日）

② 山中亮一など「海洋教育の現状と課題」『日本船舶海洋工学会講演会論文集』第四号、二〇〇七年、一五三頁。

③ 日本海洋政策研究財団『21世紀の海洋教育に関するグランドデザイン（小学校編）』、二〇〇九年、http://www.sof.or.jp/jp/report/pdf/200903_ISBN978-4-88404-225-7.pdf；日本海洋政策研究財団『21世紀の海洋教育に関するグランドデザイン（中学校編）』、二〇一〇年、http://www.sof.or.jp/jp/report/pdf/201003_ISBN978_4_88404_246_2.pdf；日本海洋政策研究財団『21世紀の海洋教育に関するグランドデザイン（高等学校編）』、二〇一一年、http://www.sof.or.jp/jp/report/pdf/ISBN978-4-88404-267-7.pdf.（访问时间：2015年1月22日）

④ 平間洋一「海洋権益と外交・軍事戦略」『国際安全保障』第三五巻第一号、二〇〇七年六月、一五頁。

战略所包含的内容十分广泛,几乎囊括了与海洋有关的各方面权益。如此庞大的海洋战略,其目的真如日本所宣称的是为了"保全海洋权益"吗?冷战后日本的实际行动充分证明了其海洋战略的目的不止于此。本小节将从战略学的角度对日本海洋战略进行剖析,以论证日本海洋战略背后的指导思想与真实意图。

任何战略都不是孤立的存在。一方面,它的制定与实施,离不开战略理论的支撑,而战略理论又来源于战略思想。从战略学的角度来看,历史、文化、社会集团、个人等因素决定了战略思想,战略思想决定了战略的性质;而思想、学术、概念等因素决定了战略理论,战略理论决定了战略的方向。另一方面,一项战略的产生,必定有它的战略目标,而战略目标的背后也必然有着战略意图。战略目标一般可以对外公开宣示,而战略意图则是希望达到特定战略目标、秘而不宣的想法和打算,它是战略决策者的一种实实在在的主观意愿,用来指导战略的具体实施。

在战略范畴内,国家战略居于"最高层次并且具有最重要的宏观指导作用"。[1] 国家战略作为统筹各种具体战略和战略行为的最高战略,它的制定有着战略理论和战略思想指导,其确定的根本战略目标是维护、实现和增进国家利益,其战略意图则因不同的国家而有所不同。作为国家战略指导下的一项领域战略,海洋战略的产生同样依赖战略理论和战略思想,也必定有着战略目标和战略意图。就冷战后日本的海洋战略来看,它明显地受到马汉海权思想的深刻影响,其真实的战略意图在于构建海权国的身份,增强海上军事力量,追逐西太平洋地区的海上权力。

第一,它强调日美同盟关系的强化和海洋军事战略的转型。日美同盟关系的每一次强化,几乎都使日本海上军事力量的活动范围和作战任务得以扩大;而从"专守防卫"到"动态防卫力""统合机动防卫力",再到"多次元统合防卫力",每一次的军事理念变化和战略转型,无不伴随着日本对海上军事力量的强化。所谓猖獗的国际恐怖主义、不稳定的东亚地区局势等因素都成为日本增强军事实力的借口。可见,同盟关系的强化和军事战略的转型本身只是日本的战略目标,增强军事力量、追

---

[1] 李少军主编:《国际战略学》,中国社会科学出版社2009年版,第18页。

求海上权力才是其战略背后真正的意图。尽管日本一直实施所谓"防卫"战略，但马汉也曾说过，"在战争中防御的存在主要是为了进攻能够随意进行"。① 据此理解的话，日本实施所谓以"多次元统合防卫力"为核心理念的海洋军事战略，虽然仍冠以"防卫"之名，但其背后的战略意图实为进攻，而非防卫。拥有强大的海上军事力量，正是马汉所说的成为海权国所必备的条件，而真正的海权国必须利用海上军事力量，掌握并维持其海上权力。

第二，它强调对政府海洋政策的转变以及对国民海洋意识的培育。一方面，正如前文的分析，冷战后日本的海洋战略经历了海洋政策从不完善到逐步完善的过程。进入21世纪后，日本越来越重视海洋政策，其海洋政策也开始朝着综合性和战略性的方向发展。2007年以来的日本《外交蓝皮书》和《防卫白皮书》，无不将海洋政策放在重要的位置。另一方面，日本不遗余力地培育国民的海洋意识，其目的就在于改变日本国民缺乏海洋意识的传统，力图将日本民族打造成海洋民族。半个世纪前，高坂正尧呼吁日本向英国学习，走海洋国家的道路，所要学习的便是英国人向海外追求商业和财富的民族性格。稍稍回顾马汉的海权思想就会发现，以上两点所体现的正是马汉的思想逻辑，即马汉关于海权组成要素中的政府特征与国民性格的探讨。对于政府特征，马汉认为，"政府的性质对海权的发展有着显著的作用，与民众意志相协调、目标明确的政府更有可能促进海权的成长，政府在和平时期能够支持其国民进行海外投资并获利，而在战争时期能够利用海军保护海运的发展和海外贸易活动"；对于国民性格，马汉认为，"进行贸易的倾向是发展海权最为重要的国民性格，而在最广泛的意义上，开拓殖民地的能力这一国民才干影响着海权的发展"。② 在第二次世界大战后的世界，虽然开拓殖民地的能力早已被开拓海外市场的能力所代替，但这并不影响马汉思想的根本逻辑。如此看来，实践马汉的海权思想才是日本海洋战略的战略意图，

---

① [美]艾·塞·马汉:《海军战略》，蔡鸿幹、田常吉译，商务印书馆1999年版，第143页。

② [美]马汉:《海权论》，同心出版社2012年版，第50—92页。

其意欲按照马汉的逻辑成为海权国的想法和做法都十分明显。

冷战后的日本海洋战略反映了传统海权和现代海权两个维度，即追求海上权力和谋求海洋权益。从冷战后，特别是21世纪日本的实际行为来看，谋求海洋权益只能说是日本的战略目标，追求海上权力才是日本的战略意图。换句话说，追求海上权力是日本深层次的内在考虑，是其决策者为谋求海洋权益的主观意愿，指导着日本海洋战略的具体执行。通过对日本海洋战略的分析，我们可以发现，冷战后的日本海权思想，一方面重视扩张海洋权益，另一方面也重视追求海上权力，试图重回海上霸权地位。海洋战略可以说是日本海权思想反映在战略层面的结果，是分析日本海权思想的一条路径，而分析日本海权思想的另一条路径，便是日本海权思想在政治层面的重塑。

第三节　海权同盟：日本海权思想的政治重塑

自20世纪80年代起，已经成长为世界经济大国的日本明确提出了国际政治目标——世界政治大国，而海权思想成为实现这一国际政治目标的理论依据。因为海权是影响一个国家国际政治地位的重要因素。冷战结束后，日本为实现其政治大国的战略目标而采取的一系列行为都深受海权思想的影响。冷战后的日本海权思想本质上服务于日本对海上权力的追求，海权的思维逻辑反映在政治层面的结果，主要包括两个方面：一是将海权因素与同盟实践结合在一起，通过构建海权同盟，实现自身的海权诉求；二是将海权因素寓于思维观念中，通过提出具体的政治理念和主张，实践海权思想。

一　海权与国家的地位

在国际政治中，每个国家都有其相对的国际政治地位。客观地说，对一个国家在国际政治中的地位产生影响的因素有很多，而海权与国家地位的关系问题，则是海权论者始终关注的课题。

一般认为，探讨海权与国家地位的关系，主要关注的问题是前者对后者的重要性。早在近代以前，西方人就对这一问题展开了经典性的论述。英国著名探险家沃特·雷利爵士（Sir Walter Raleigh）曾说过这样一段话："谁控制了海洋，谁就控制了贸易；谁控制了世界贸易，谁就控制了世界财富，最终也就控制了世界本身。"① 沃特·雷利的这一观点在多大程度上推动了英国的海上霸权进程或许无从考察，但其无疑阐述了海权对国家地位的重要意义。也许是受沃特·雷利思想的影响，在其之后，哲学家弗兰西斯·培根（Francis Bacon）对海权重要性的论述也十分直接。培根认为，"谁控制了海洋，谁就获得了伟大的自由，谁就能按照他自己的意愿进行或多或少的战争"②。

两个世纪之后，美国人马汉鞭辟入里地分析了海权的价值及其重要意义。马汉认为，"海权的历史乃是关于国家之间的竞争、相互间的敌意以及那种频繁地在战争过程中达到顶峰的暴力的一种叙述"。"在其广阔的画卷中蕴含着使得一个濒临于海洋或借助于海洋的民族成为伟大民族的秘密和根据。"③ 因此，马汉将海权的作用看成是决定性的，认为海权是国家繁荣的必备条件。在马汉眼中，海权是成为世界大国的钥匙，海权比陆权更易于控制世界。马汉结合英国的历史，分析了海权对于确立大国地位的重要性。英国拥有影响海权的六个要素，同时采取了正确的战略，即"从未试图依靠在欧洲大陆上进行的军事行动，而是依靠控制海洋，并且通过海洋控制欧洲以外的世界"，④ 从而成就了它的霸权国地位。在马汉生活的那个年代，有了制海权就可"在西方压倒一切"。⑤ 正因如此，在马汉的海权思想中，获得海权的关键是掌握制海权。海权影响大国地位正是基于这样一种逻辑，即谁能有效控制海洋，特别是控制那些具有战略意义的海道与海峡，谁就能获得海权，进而就能成为世界

---

① Clark G. Reynolds, *Command of the Sea: The History and Strategy of Maritime Empires*, New York: William Morrow, 1974, p. 105.

② George Modelski & William R. Thompson, p. 7.

③ ［美］马汉：《海权论》，同心出版社2012年版，第2—3页。

④ Alfred T. Mahan, *The Influence of Sea Power upon the French Revolution and Empire*, 1783 - 1812, Boston: Little, Brown, 1892, Vol. 2, pp. 118, 119. 转引自吴征宇《海权的影响及其限度——阿尔弗雷德·塞耶·马汉的海权思想》，《国际政治研究》2008年第2期。

⑤ 参见［英］杰弗里·帕克《二十世纪的西方地理政治思想》，解放军出版社1992年版，第15页。

大国。

虽然马汉对海权重要性的阐述极具影响力，但有关海权与国家地位的关系的讨论并没有停止。第二次世界大战后，美国学者莫德尔斯基（George Modelski）和汤普森（William R. Thompson）将海权置于对国际体系的分析中，他们认为，自1494年以来，在每个大约100年的长周期内都有一个海上霸权国，而海军是判断霸权国地位的重要依据，是拥有全球性强国地位的必要条件。世界大国一直都是海权国，世界领导权的变化与海权的转移密切相关。[1] 在过去的500年中，只有葡萄牙、荷兰、英国和美国能成为世界霸权国，因为它们在各自主导的时期内拥有的战舰占世界大国战舰总量的一半以上，又或者它们的海军军费开支占世界海军军费开支的一半以上。[2] 此外，莫德尔斯基还提出了成为世界领导者需要具备的四个要素，即良好的地理位置，最好是孤立的；有凝聚力的、开放的和联盟能力的社会；领先的经济；有全球影响力的政治战略组织。[3] 第一个要素正是马汉在其思想中非常重视的影响一国海权的条件。

海权论者普遍认为海权对一个国家取得大国地位有着至关重要的意义，尽管他们或多或少地夸大了海权的作用，忽视了陆权、技术等因素对大国地位的影响。但毋庸置疑的是，在国际政治中，海权的重要性仍然十分突出，它对一个国家确立世界大国地位仍然具有重要的作用。正因如此，海权思想成为日本追求政治大国的地缘政治思想的根源。

二 政治行为背后的海权逻辑

正如前文所述，日本早在数十年前即已提出成为世界政治大国的目标。根据海权论者的分析逻辑，作为一个海洋国家，拥有传统意义上的海上权力是成为政治大国的必备条件乃至决定性条件。因此，在构建海洋国家身份的基础上，追求海权显然是日本谋求成为政治大国的重要途

---

[1] George Modelski & William R. Thompson, pp. 16–17.
[2] George Modelski & William R. Thompson, pp. 105–107.
[3] George Modelski, *Long Cycles in World Politics*, Seattle: University of Washington Press, 1987, p. 220.

径。从冷战结束后的现实亦可看出，日本越来越重视追逐海上权力，从软硬两个方面加强海上军事能力建设，海权思想回归传统的迹象日益凸显。但冷战后的日本海权思想并非单纯地追求海上权力的发展，其突出的内容在于，一方面，试图将海权与同盟结合在一起，依靠同盟框架，构建海权同盟，实现对海权的追求，并谋求扩大海权同盟的范围，实践多边海权同盟构想；另一方面，依据传统海权思维逻辑提出一系列政治理念或口号，谋求扩大对外影响力，发挥主导作用。在日本看来，基于海洋国家身份的确立，以海权思想作为同盟存续和强化的依据，不仅能够进一步夯实同盟基础，而且有利于在实现政治大国目标的同时，掌握东亚地区的主导权。具体来看，这些行为背后的海权逻辑主要体现在以下三个方面。

（一）推动日美同盟向日美海权同盟转变

日美同盟的形成，有其特殊的历史背景。随着同盟关系的不断强化，日美同盟逐渐成为日本加以利用、谋求实现自身战略目标的工具。早在冷战时期，受苏联被视为日美两国的主要威胁、两极格局下国际形势的变化以及日本海上军事力量的增强等多重因素的影响，日本国内即已出现将海权与日美同盟结合起来的观点。这种观点将美国和日本之间的安全保障合作看作是"全球性海权和区域性海权的合作"，主张日本要在美国"全球性海权"的基础上发挥作为"区域性海权"国家在地理上的优势。[1] 尽管日本强调要与美国进行海权方面的合作，但在美苏冷战大格局的限定下，日美同盟之间的海权合作仍然比较有限，主要着眼于应对来自苏联的威胁，日美同盟也未能向全球范围扩展。

冷战结束前后，由贸易摩擦引发的日美矛盾日趋激化，日本相对美国实力的上升促使日本国内出现安全上"脱美"的迹象，由此触发旨在"重新定义"日美同盟的"奈倡议"进程。[2] 随着苏联威胁相对下降、日本综合国力上升、美国全球战略调整等新变化，日美两国开始积极推动同盟关系从"地区性"走向"全球性"。在这一过程中，日本可谓一举两

---

[1] 自民党安全保障调查会『日本の安全と防衛』原书房、一九六六年を参照。
[2] 杨伯江：《战后70年日本国家战略的发展演变》，《日本学刊》2015年第5期。

得，不仅替美国承担部分责任、分担部分压力，也通过这一进程推动自身目标诉求的实现。1990 年，日本在其《外交蓝皮书》中明确表示，"合起来约占世界 GNP 四成的日美两国，不仅有责任应对两国间的问题，而且有责任共同应对全球规模的课题。日美全球伙伴关系的这种重要性，在日美两国都得到广泛的承认，并有意识地努力强化（这种伙伴关系）"。① 美国对此予以积极回应。1991 年 8 月，美国发布了《国家安全战略报告》，认为美国同日本的联盟依然具有巨大的战略意义，美国希望看到美日全球性伙伴关系超出传统的范围，进入诸如救济难民、核不扩散以及环境保护等领域。② 1992 年，美国总统布什（Bush）访问日本，日美两国发表了《日美全球伙伴关系东京宣言》，宣称"日本和美国承担着构建新时代的特别责任"，"日美两国政府决意在全球伙伴关系下携手合作解决 21 世纪的课题"，同时表示"日美同盟关系是全球伙伴关系的基础"，"两国将利用责任与利益的均衡分配的方法，为地缘政治方面、经济方面以及人道方面的共同目标而开拓新的合作领域"。③《日美全球伙伴关系东京宣言》的发表，表明美国正式肯定日美同盟关系的"全球性"。这一"全球性"同盟关系成为日本实现其海权目标的重要平台。概括来说，日本的海权目标主要包括建立强大的海上力量、维护海洋权益、保障海上通道安全等。

在日美同盟走向"全球性"关系的过程中，推动日美同盟转变为日美海权同盟成为日本实现自身目标的重要手段。为此，日本先是从历史中寻找夯实日美同盟关系的依据。众所周知，英国和美国都是公认的海洋国家。在日本看来，20 世纪初，日本与英国建立同盟，取得了日俄战争的胜利；第二次世界大战后，日本与美国结成同盟，取得了战后的复

---

① 「第 3 章 第 2 節 北米」、『外交青書』（平成二年版）、一九九〇年、http：//www. mofa. go. jp/mofaj/gaiko/bluebook/1990/h02 - 3 - 2. htm#c1.（访问时间：2015 年 1 月 30 日）

② 冯昭奎等：《战后日本外交（1945—1955）》，中国社会科学出版社 1996 年版，第 227 页。

③ 「ブッシュ大統領来日，日米グローバル・パートナーシップ東京宣言」（一九九二年一月九日）、『日米関係資料集（1945 - 1997）』、一二二〇～一二二二頁，http：//www. ioc. u - tokyo. ac. jp/ ~ worldjpn/documents/texts/JPUS/19920109. D1J. html.（访问时间：2015 年 1 月 30 日）

兴与发展。因此，日本"与盎格鲁撒克逊的同盟是成功的经验"。[①] 原海上自卫官、军事外交史专家平间洋一也曾指出，日英同盟仍然具有诸多遗训和现实意义，日本"与支配海洋的国家，即与美国和英国等盎格鲁撒克逊民族的国家建立同盟时就能取得繁荣，而与大陆国家结盟时就会走上困难的道路"，这为考察21世纪日本的发展方向提供了"有益的启发"。[②] 同时，日本在第二次世界大战后的振兴被称为"海权论"的成功范例，日本与海洋国家美国结盟也被认为是日本维护自身安全、实现经济持续高速发展的重要保证；日本作为资源匮乏的"边缘地带"国家，不能重走大陆国家或与大陆国家结盟的道路，必须在海洋国家美国的霸权下，通过强化日美同盟关系，维护所谓"基于海洋价值观的世界秩序"。[③] 上述观点成为日本从正反两方面论证日美海权同盟必要性的重要依据，为日本推动日美同盟向日美海权同盟转变提供了认知基础。

事实上，长期以来日本一直渴望与美国建立类似于英美同盟式的同盟关系。就英美关系来说，马汉曾说过，"英美两国间基于共同血缘的亲近感可能在控制海洋方面建立合作，确立同一种族对海洋的支配。"[④] 后来的历史证明了马汉的先见，英美两国不仅建立了非常牢固的同盟关系，而且两国在众多国际问题的认知上都保持高度一致。对日本来说，将日美同盟打造成如同英美同盟一般的关系并不容易，但日本却不断地推动着这一进程，并朝着马汉所说的"对海洋的支配"的方向发展，日本所需要的就是"与同盟国美国一道强化在海洋的领导地位"，[⑤] 通过日美海权同盟"借船出海"，实现自身的海权目标。进入21世纪后，日本回归

[①] 寺島実郎『アメリカと深層心理「成功体験」が歪みにナショナリズムを問い直す』、http://mitsui.mgssi.com/terashima/t0308asahi.php. （访问时间：2015年1月30日）

[②] 平間洋一『日英同盟：同盟の選択と国家の盛衰』PHP研究所、二〇〇〇年、三~四頁。

[③] 平間洋一「日本の選択：海洋地政学入門」、『うみのバイブル第3巻』（日本財団）、一九九八年、四十七頁、六十~六十三頁。

[④] ［美］马汉：《海权论》，同心出版社2012年版，第367页。

[⑤] 下平拓哉「日米パートナーシップの強化~米海軍大学における海上自衛隊の新たな取り組み~」、『ニューズレター』第三三一号（海洋政策研究財団）、二〇一四年五月二〇日、http://www.sof.or.jp/jp/news/301-350/331_2.php. （访问时间：2015年1月30日）

传统海权与推动日美海权同盟成为一体两面的同一进程，日本逐渐展示出其在日美同盟框架下的海权意图。小泉纯一郎内阁于2001—2004年相继推动日本国会通过了《反恐特别措施法》"有事三法案""紧急事态七法案"《支援伊拉克重建特别措施法》等法案，为日本实现向海外派兵提供了国内法律依据。根据《反恐特别措施法》，日本海上自卫队得以前往印度洋协助美军军事打击阿富汗。尽管海上自卫队在印度洋的任务和权限受到较为严格的限制，但此后数年间，日本海上自卫队在印度洋实现了军事存在。这一结果对日本重获海权产生了重要的刺激作用。虽然日本在其海权认知中注入了维护海洋权益等内容，但从日本的海洋实践来看，追求传统的海上权力、与美国共享海权是日本海权思想的重要组成部分。2006年，安倍晋三第一次执政后，日本回归传统海权的意图更加凸显出来。在他将近一年的执政期间，日本将防卫厅升格为防卫省，提升军事力量的地位，构建更为完整的"国防体制"；《海洋基本法》的制定，为日本扩张海洋权益、增强海上军事力量提供了法律依据。近年来，日美海权同盟呈现出明显的兼具全球性与封闭性的特点。

就全球性而言，在海洋问题，特别是东亚地区海洋安全问题上，日美两国强调加强合作和应对，日本在日美海权同盟关系中的话语权得到提升。2008—2009年，日美两国民间团体举办了三次"日美海权同盟对话会"，并于2009年4月发表了建议书——"基于日美海权同盟对话的建议：为实现海洋安定与繁荣的日美海权同盟"。该建议书涉及推进全球海洋伙伴关系、共同确保海上通道安全、强化海上防卫力量、构筑海洋国家联合的构想、推动海洋可持续开发、建立国际海洋秩序等内容，提出日本和美国这两大海洋国家应该在海上自卫队和美国海军迄今建立的海洋安全合作基础上确立"海权同盟"新概念，并将其作为公共产品提供给世界，进而通过海洋为世界和平与繁荣作出贡献。[①] 推动日美海权同盟走向全球，成为日美两国的战略选择。

[①] 海洋政策研究财団、日米シーパワーダイアローグによる提言「海洋の安定と繁栄のための日米同盟シーパワー」、二〇〇九年四月一七日、http：//www. sof. or. jp/jp/report/pdf/200904_seapower. pdf. （访问时间：2015年1月30日）

第四章　海权至上：冷战后日本海权思想的重塑　　179

　　就封闭性而言，日美海权同盟在东亚地区海洋安全和海洋秩序等方面意图维持主导国地位，排斥新兴大国参与塑造东亚海洋秩序，并将海权合作的矛头指向新兴大国。东亚海洋秩序的重塑本质上是区域内各国海洋力量对比变化的必然结果，崛起的新兴大国有实力，也有意愿在秩序重塑的过程中发挥应有的作用。然而，受超强的国家实力、唯一的霸权地位、难得的历史机遇等因素的综合影响，美国虽是东亚域外国家，却自第二次世界大战结束以来塑造并主导着东亚海洋秩序。作为美国霸权的依附国，日本虽然并未单独主导过东亚海洋秩序建设，但由于日美同盟是美国亚太霸权的基石，日本作为美国在东亚地区最重要的盟友一定程度上与美国共享东亚海洋秩序的主导权。美国和日本都不希望，也不愿意自身在东亚海洋秩序中的主导地位被其他国家，特别是新兴大国所取代。基于较一致的战略目标，日美两国进一步加强了海权合作，通过强化海上威慑性军事力量，推进作战一体化和情报共享等方式应对东亚海洋秩序重塑过程中的威胁。日美两国均将崛起的中国认定为所谓威胁。日本近年来在其《防卫白皮书》等官方文件中反复渲染所谓"中国威胁"，将中国视为所谓"安全保障的一大担忧"[1]，甚至载入有关台海局势的错误言论，声称日本"将保持警惕，密切关注台湾局势"；[2] 而美国则明确将中国视为其主要对手，污蔑"中国企图通过军事现代化、具有影响力的军事行动和掠夺性的经济手段胁迫其他国家，以在该地区重新获得优势"。[3] 随着区域内新兴大国的崛起以及海洋安全问题频发、复杂化，日美海权同盟比过去更加主动地介入东亚地区海洋安全事务，试图在海洋争端中发挥关键作用，提升两国在区域海洋安全中的地位，进

---

[1] 「第 2 節　中国」、『防衛白書』、日本防衛省、二〇二一年、https：//www.mod.go.jp/j/publication/wp/wp2021/pdf/R03010202.pdf.（访问时间：2022 年 2 月 25 日）

[2] 「第 3 節　米国と中国の関係など」、『防衛白書』、日本防衛省、二〇二一年、https：//www.mod.go.jp/j/publication/wp/wp2021/pdf/R03010203.pdf.（访问时间：2022 年 2 月 25 日）

[3] The Department of Defense, *Indo–Pacific Strategy Report*：*Preparedness, Partnerships, and Promoting a Networked Region*, June 1, 2019, https：//media.defense.gov/2019/Jul/01/2002152311/ – 1/ – 1/1/DEPARTMENT – OF – DEFENSE – INDO – PACIFIC – STRATEGY – REPORT – 2019.PDF.（访问时间：2022 年 2 月 25 日）

而继续主导海洋秩序。

在推动日美同盟转变为日美海权同盟的过程中，日本利用强化海权同盟军事力量的机会，与美国分享西太平洋地区的海权，进而推动自身成为具有全球行动能力的"区域性海权"国家。经过战后数十年军事力量的扩充，日本海上自卫队的实力被公认为居于世界一流水平，海上自卫队已经成为一支训练有素、装备精良、具备远洋综合作战能力的军事力量，其扫雷能力和反潜作战能力处于世界前列。随着美国整体实力相对下降以及日本"政治大国化"进程的推进，日本海上军事力量逐渐从日美海权同盟的背后走上前台，日本追求传统海权呈现出十分明显的态势。

（二）推动双边海权同盟向多边海权同盟扩展

在日美同盟之外构建多边安全合作机制，是日本近些年来安全战略和安全政策调整的重要方向。以海洋为纽带，推动海权同盟从双边层次拓展至多边层次，成为日本的重要选择。特别是日本的多边海权同盟构想在相当程度上契合了美国在21世纪的海权发展诉求——试图建立包括盟国海军在内的全球海军军事网络，[1] 因而得到美国的支持。自安倍晋三2006年第一次执政以来，日本在海洋问题上的主动出击充分体现出它追求海权的战略意图。日本认为，日美同盟是"日本外交的基轴"，[2] 而日美同盟海权则是日本扩张海洋权益、谋求在国际秩序中发挥领导作用的重要手段。[3] 随着非传统安全问题凸显、美国实力相对下降、亚太地区力量平衡因新兴大国的崛起而改变以及日本对政治大国身份的

---

[1] U. S. Department of the Navy, *Forward, Engaged, Ready: A Coopertative Strategy for 21st Century Seapower*, March 2015, https://media.defense.gov/2018/Oct/05/2002049071/-1/-1/0/21_CENTURY_SEAPOWER.PDF. （访问时间：2022年2月25日）

[2] 『日米関係』、日本外務省、二〇〇九年一〇月、http://www.mofa.go.jp/mofaj/area/usa/kankei.html. （访问时间：2015年2月5日）

[3] 日本将日美同盟海权可以发挥的作用扩大到全球层面，提出要在人类面临的众多海洋课题上发挥作用，并特别指出了海洋国家领导作用的不可或缺。参见：海洋政策研究财团、日米シーパワーダイアローグによる提言「海洋の安定と繁栄のための日米同盟シーパワー」、二〇〇九年四月一七日、http://www.sof.or.jp/jp/report/pdf/200904_seapower.pdf. （访问时间：2015年2月5日）

追求，日本认为单纯依靠日美同盟已经无法有效应对众多课题。特别是日本主观上还有遏制和围堵中国的愿望，而日本自身实力并不足以支撑这一目标。因此，日本试图将日美之间的双边海权同盟扩展为多边海权同盟，极力推动所谓海洋国家的联合。2007年首次举行的"日美澳印战略对话"便是在这种背景下由日本提出的战略构想，这一战略构想的背后隐藏着日本追求海权的逻辑。表面上看，日本倡导的战略对话旨在加强日美澳印四国合作，但其真实目的则是通过强化日美澳印四国之间的安全合作，构建一个横跨"印太地区"的多边海权同盟，即日本所谓的海洋国家联合，既能阻遏中国的崛起，特别是阻止中国向海洋发展，又能实现日本自身的战略目标。为此，日本积极推动"日美澳印战略对话"逐步走向更具实质意义的日美澳印四国之间的多边海权同盟，并在美国主导下完成了四国战略对话向四边安全合作机制的转变与升级。

2006年7月，安倍晋三在其个人著作《迈向美丽之国》中提出，"如果日美印澳的首脑或外长能举行会谈，特别是在亚洲，关于如何贡献及合作从而使其他国家能共有这些普世价值观（即所谓自由、民主主义、基本人权、法治等'普世价值观'），从战略观点的角度进行商议的话，将是非常好的事情。日本有必要为此发挥领导作用。"[1] 安倍晋三的这一构想被称为"日美澳印战略对话"（或"四国战略对话""四方安全对话"）。2006年12月，安倍晋三担任首相后，积极摸索实现这一构想的可能性。[2] 2007年5月，日美澳印四国在菲律宾马尼拉举行首轮战略对话。不久后，日本、美国、澳大利亚、印度、新加坡五国在孟加拉湾举行代号为"马拉巴尔07"的海上联合军事演习。此后，"日美澳印战略对话"逐渐变得低调。直到2012年年底安倍晋三再次担任日本首相，迅速重拾

---

[1] 安倍晋三『美しい国へ』文藝春秋、二〇〇六年、一六〇頁。
[2] 冨田圭一郎「オーストラリア・ラッド政権の国防戦略と日豪安全保障協力」『レファレンス』第59巻第12号、二〇〇九年一二月、一三〇頁。

多边海权同盟构想，提出所谓"民主安全菱形"①。在日本的构想中，构筑日美澳印多边海权同盟是最高目标。其中，日美海权同盟是这一构想的内核，框架则是由多组双边关系和三边关系所构成。对于日本来说，这一战略构想实现的关键在于作为多边同盟框架短板的日澳、日印双边关系能否迈向同盟化。日本为此采取的基本路径是以安全合作为中心，着力强化日澳、日印两组双边关系，推动日美澳、日美印两组三边关系的发展，促成四国网状式多边海权同盟的构建。

一方面，从日澳关系的变迁来看，鉴于澳大利亚拥有自由民主国家身份、美国亚太重要盟友身份、地缘优势等多重因素，日本一直希望与澳大利亚进行安全对话，两国在海洋安全方面的合作逐步展开。2007年3月，日本与澳大利亚签署了《日澳安全保障联合宣言》。根据该宣言，日澳两国将深化、扩大安保及防卫领域的合作，加强两国外长与防长的战略对话，定期举行由两国外长与防长参加的"2+2"对话机制，日本自卫队与澳大利亚军队也将加强合作。② 另一方面，日澳两国就强化日美澳三国之间的安全保障合作达成一致，凸显出日本有着通过加强双边关系，进而构筑多边同盟的战略意图。在这层意义上，强化日澳关系更是被认为是日本推动日美澳印四国合作的第一步。③

自2008年以来，在美国全球战略调整的背景下，日澳安全合作逐步走向机制化、同盟化。一是日澳防卫与安全合作协议涉及范围更加广泛。2008年12月，日澳签署了《防卫交流谅解备忘录》，决定在高层、实务

---

① 安倍晋三第二次当选首相后，通过世界报业辛迪加发表题为《亚洲民主主义安全菱形》的英文评论文章，在文中提及钓鱼岛问题时，安倍声称"不能屈服于"中国的压力，呼吁澳大利亚、印度、日本和夏威夷（美国）共同组成"民主安全菱形"，与日渐增强的中国相抗衡。参见 Shinzo Abe, "Asia's Democratic Security Diamond", Dec 27, 2012, http://www.project-syndicate.org/commentary/a-strategic-alliance-for-japan-and-india-by-shinzo-abe.（访问时间：2015年2月5日）

② 『安全保障協力に関する日豪共同宣言』、日本外務省、二〇〇七年三月一三日、http://www.mofa.go.jp/mofaj/area/australia/visit/0703_ks.html.（访问时间：2015年2月2日）

③ 永野隆行「アジア太平洋の要——対オセアニア外交」、国文良成『日本の外交 第4巻 対外政策 地域編』岩波書店、二〇一三年、八二頁。

层次、军队、情报等领域加强交流。① 随着美国奥巴马政府抛出"重返亚洲"等战略,作为美国亚太联盟体系的两个重要支点国家日本和澳大利亚之间的安全合作愈加频繁、深入。签署于2010年5月的日澳《物资劳务相互提供协定》(ACSA)于2013年1月正式生效。2013年3月,日澳《情报保护协定》(ISA)生效。2014年7月,安倍晋三访澳期间,日澳两国确立了"21世纪特殊战略伙伴关系",决定加强务实防卫合作,进一步夯实准同盟关系。2014年12月,日澳《防卫装备与技术转移协定》生效。2017年9月,修订后的新版日澳《物资劳务相互提供协定》生效。上述协定的签署深化了日澳安全合作。2022年1月,日澳两国签署了《互惠准入协定》(RAA),② 旨在为双边防卫与安全合作提供便利。由此澳大利亚成为美国之后第二个与日本签署此类协定的国家,签署这一协定强化了日澳"准同盟"关系③,使两国安全合作得以深入推进。

二是双边军事交流与安全合作不断发展,机制化程度越来越高。首先,部长级"2+2"定期会晤机制成为日澳开展安全对话、加强安全合作的重要平台。早在2007年6月,日澳即已首次举行由外长和防长参加的"2+2"安保磋商会议,声称两国将在日美澳战略对话下深化与美国的三边合作,并推动务实合作、共同应对地区安全挑战。④ 此后,部长级"2+2"会晤成为日澳安全合作的常态化机制。其次,从军事安全合作角度看,日澳两国已建立起了涵盖防长、副防长、参谋长等各层级之间的军事高层对话交流机制。其中,日澳防长会议是两国加强安全合作、推动军事交流多样化发展的重要机制。2019年11月,日澳举行防长会议,

---

① 『日本国防衛省とオーストラリア国防省との間の防衛協力に関する覚書』、二〇〇八年十二月、一二四頁~一二七頁、http://www.nids.mod.go.jp/publication/joint_research/series10/pdf/series10-8.pdf.(访问时间:2015年2月2日)
② 『日豪円滑化協定』、日本外務省、二〇二二年一月六日、https://www.mofa.go.jp/mofaj/files/100283785.pdf.(访问时间:2022年2月28日)
③ 『日豪「準同盟」の防衛協力強化 共同訓練推進へ協定署名』、日本経済新聞、二〇二二年一月六日。
④ 『日豪外務・防衛閣僚協議 共同発表2007(仮訳)』、日本外務省、二〇〇七年六月六日、https://www.mofa.go.jp/mofaj/area/australia/visit/0706_kh.html.(访问时间:2022年2月28日)

双方确认为了进一步加强合作、深化互操性，将在陆上自卫队中配置澳大利亚陆军联络官，同时，为了深化日本防卫装备厅和澳大利亚国防部科学技术集团之间的共同防卫相关研究开发，设立防卫科学技术者交流计划。① 最后，联合军事演习成为日澳在双边层面推动安全合作的重要抓手。日本参与联合演习的主要目的是"提高海上自卫队的战术技能以及与澳大利亚海军的互操作性"。在2014年日澳两国确立"21世纪特殊战略伙伴关系"后，两国联合军事演习日益频繁，而且参与演习的军种范围扩大到了空中武装力量。2019年9月，日澳两国举行名为"武士道卫士-2019"的首次空中联合演习。该演习不仅测试并评估了日澳双方武器装备的互操作性，而且提高了双方空中武装力量远程部署和维持战力的能力，进一步强化了两国安全合作和军事互信程度。

　　三是以多边联合军事演习为主要手段推进三边和多边安全合作。日美澳三国于2002年起举行三方安全对话，于2006年将其升格为部长级会议。在美国特朗普政府对中国展开战略竞争的新背景下，日美澳三边安全合作得到迅速推进。2019年6月，日美澳第八次防长会议通过《日美澳战略行动议程》（SAA），决定加强三国在海上安全、人道主义援助救灾、维和、反恐、水陆两用活动以及航天、网络、电磁波等非传统领域活动中的合作，通过增加三国联合演习的复杂化程度以加强互操性，通过加强三边信息共享以提高共识、共享区域态势感知。② 自2019年6月起，包括日美澳三国在内的三边或多边联合军事演习的次数已累计超过十次。日美澳联合军事演习成为三国加强安全合作的常规动作，日本历次参与日美澳三国联合军事演习的主要目的是提高海上自卫队的战术技能、加强与美国海军及澳大利亚海军的合作。

---

① 『防衛協力の進展に係る2019年河野－レイノルズ日豪防衛相共同声明（仮訳）』、日本防衛省、二〇一九十一月二十日、https：//warp. da. ndl. go. jp/info： ndljp/pid/11623291/www. mod. go. jp/j/approach/exchange/area/2019/20191120_aus－j. html. （访问时间：2022年2月28日）

② 『日米豪戦略アクション・アジェンダ（仮訳）』、日本防衛省、二〇一九年六月一日、https：//warp. da. ndl. go. jp/info： ndljp/pid/11623291/www. mod. go. jp/j/approach/exchange/area/2019/20190601_usa_aus－j. html. （访问时间：2022年2月28日）

从日印关系的变迁来看，早在安倍晋三第一次执政期间，日本就将印度视为可以结盟的对象，两国在海洋安全方面的合作也较早地得以展开。2007 年，日本首相安倍晋三在印度国会发表了主题为"两大洋的交融"（Confluence of the Two Seas）的演讲，宣称"日本外交正在为欧亚大陆边缘地区形成'自由与繁荣之弧'而到处推进各种构想"，"日本与印度的战略性全球伙伴关系正是这些行动的关键所在"，"印度洋与太平洋的交汇，形成了新的'扩大的亚洲'"，"日本与印度联合起来，这个'扩大的亚洲'将成长为包括美国和澳大利亚在内的覆盖整个太平洋地区的巨大网络"。① 虽然安倍晋三声称将加强与印度的经济合作，但日本的主要着眼点在于安保方面，即海上通道安全，因为"确保输送中东石油的海上通道的安全，对日印两国来说，有着生死攸关的重要意义"。② 2008 年 10 月，日本与印度签署了《日印安全保障联合宣言》，宣称为了促进航道安全与防卫合作，将加强日本自卫队与印度军队之间的交流。③

近年来，日印两国之间的合作，特别是所谓海上安全合作的态势不断增强。对日本来说，它需要的不仅仅是日印"战略性全球伙伴关系"这一口号，更需要的是将所谓日印安保合作落到实处，推动日印海上安全合作取得实质进展，以促进日印关系走向同盟化。在这一目标的牵引下，日印两国加速构建并日趋完善海洋安全合作机制。④ 一是建立了首脑互访机制，逐步提高了伙伴关系层级。从 2010 年起，除特殊年份外，日印两国首脑年度互访成为惯例。在首脑会谈中，加强日印海洋安全合作始终是主要议题之一。2014 年 9 月，日印两国将双边关系提升至"特别

---

① 安倍晋三『「二つの海の交わり」』、二〇〇七年八月二二日、http://www.mofa.go.jp/mofaj/press/enzetsu/19/eabe_0822.html.（访问时间：2022 年 3 月 2 日）

② 『日印、安保協力を強化 中国牽制、両首脳が共同声明』、産経ニュース、二〇〇七年八月二三日。

③ 『日本国とインド都の間の安全保障協力に関する共同宣言』、日本外務省、二〇〇八年一〇月二二日、http://www.mofa.go.jp/mofaj/area/india/visit/0810_ahks.html.（访问时间：2022 年 3 月 2 日）

④ 王竞超：《日印海洋安全合作的新发展与制约因素》，《现代国际关系》2018 年第 5 期，第 50 页。

战略全球伙伴关系"。2016年11月，日印两国在首脑会谈后发表联合声明，声称将推进日本"印太战略"与印度"东进政策"的结合，加强海洋安全合作。① 二是建立了两国海洋安全合作机制，包括高层战略对话机制、国防部门合作机制和海上安保合作机制。2010年，日印两国首次举行由副外长和副防长参加的副部级"2+2"对话，重点磋商了防卫合作、联合国安理会改革等事项，并于2019年将这一对话机制升格为部长级。此外，日印之间还有年度外长对话机制、防长会晤机制等合作机制。三是两国海上联合军事演习逐步机制化、常态化。2012年6月，日印两国首次在日本相模湾举行海上联合军事演习。2013年12月，日印两国再次举行海上联合军事演习。从2014年起，日印两国决定定期举行海上联合军事演习。四是联合军演之外的安全合作不断深化。2018年10月，日印两国围绕《物资劳务相互提供协定》（ACSA）展开正式谈判，制定了日本海上自卫队与印度海军海上安全合作协议，加强各军种之间的交流。② 此协定于2020年9月正式签署。在日印海洋安全合作中，除了海上联合军事演习，尤其引人关注的是日印两国不断深化海洋防卫装备与技术合作。从整体态势来看，日印两国正朝着更为紧密的关系发展。

此外，日本推动下的日美印三边安全合作也逐步深入。自2011年起，为磋商海洋安全、经济合作等问题，日美印局长级会谈已累计召开了九次。日美印首脑会谈和三国外长会晤始终把深化三边海洋安全合作作为重要议题，强调三国共有所谓"自由、民主、法治"等基本价值观。为此，日美印三国以海上联合军事演习（"马拉巴尔"联合军演）为主要抓手，推进三边海洋安全合作。

从以上论述可知，日本强化日澳、日印双边关系的步伐非常快。在日本看来，这些措施都为日本推动实现多边海权同盟构想奠定了有力的基础。在美国近些年全面遏制中国的背景下，澳大利亚和印度比过去更加积极地参与亚太地区多边海洋安全合作。虽然日本企图建构的多边海

---

① 『日印首脑会談』、日本外務省、二〇一六年一一月一一日、https://www.mofa.go.jp/mofaj/s_sa/sw/in/page3_001879.html.（访问时间：2022年3月2日）

② 『日印首脑会談』、日本外務省、二〇一八年一〇月二九日、https://www.mofa.go.jp/mofaj/s_sa/sw/in/page1_000692.html.（访问时间：2022年3月2日）

权同盟仍没有真正形成，特别是其所倡导的日美澳印四边安全合作机制的主导权已由美国掌握，但日本在亚太地区促成多边海权同盟的意图却十分明显。正如前文所述，日本积极推动日美澳印安全合作的背后隐藏着谋求海权、以海权为手段实现其政治大国目标的战略意图。日本的这种战略意图具有显著的竞争性和对抗性，特别是它有着明显的阻遏中国向海洋发展的意图，但日本自身的实力并不足以支撑它实现这种战略意图。因此，日本有必要构想并实践同盟体系，① 联合其他国家成为日本实现其战略意图的重要手段。

长期以来，日本有着根深蒂固的地缘政治"二分观"。日本认为，作为海洋国家，就应该与海洋国家联合起来，压制所谓大陆国家。日本的观念和意图与历史惊人的相似。早在19世纪末20世纪初，针对沙皇俄国在亚洲地区谋求出海口的扩张态势，马汉就曾呼吁海权国家联合起来，遏制陆权国家俄国，抵御俄国的扩张。而马汉所说的海权国家，就包括当时与俄国有着深刻矛盾的日本。结合马汉海权思想曾对日本产生的巨大影响，和冷战后地缘政治思想在日本的重新兴起，显然日本企图再次从马汉海权思想中汲取"营养"，为自身追求海权服务，所不同的是日本联合所谓海洋国家想要对抗的陆权国家由俄国变成了中国。从日本的战略构想来看，日本倡导的海洋国家联盟的主体就是日美澳印四国。因此，日本的策略是推动日美澳印四边安全合作机制向日美澳印多边海权同盟转变。日本的海权目标显而易见，就是要构建一个以日本为主导的海权联合体或海权同盟，应对所谓"陆权"的挑战，② 并以此为平台，在亚太地区发挥主导作用，扩大日本在世界的影响力，进而实现其世界政治大国的目标。日本的海权逻辑也是清晰的，要实现世界政治大国目标必然有赖于综合国力的发展，而综合国力的核心是硬实力，作为海洋国家的

---

① 金子将史「ネットワーク型同盟システム構築に向けたビジョンと行動を」、二〇一二年三月二日、http://www.rips.or.jp/research/ripseye/2012/rips-eye-no14420120302.html. （访问时间：2015年2月2日）

② 川上高司「【安倍外交の挑戦】「シー・パワーの盟主」米国が戦い放棄　中ロ「ランド・パワー」台頭へ」、二〇一四年七月五日、http://www.zakzak.co.jp/society/foreign/news/20140715/frn1407151140001-n2.htm. （访问时间：2015年2月2日）

日本，其硬实力的支撑点显然是海权，而海权的权力基础在于海洋。因此，日本就需要建构海洋能力、发展海上实力，以此追求海权，实现政治大国目标。

（三）政治理念背后的传统海权思维逻辑

经过后冷战时代的短暂调整，在多重因素刺激下，日本越来越重视以海洋为媒介实现其政治大国的目标，谋求海洋新秩序建立过程中的主导地位，通过构筑安全合作体系和增强自身军事实力维护所谓海上通道安全，与此同时，明确将海洋视为国土并持续强化这一认知，采取对抗性政策处理海洋问题，特别是与周边国家之间的海洋领土争端。正因如此，具有强烈竞争性和扩张性的传统海权思想逐渐成为日本认识和应对海洋问题的理论依据。自2006年以来，日本先后提出了"价值观外交""自由与繁荣之弧""俯瞰地球仪外交"等一系列政治理念或口号。从地缘政治的角度进行分析可以发现，这些理念或口号的背后有着清晰的传统海权思维逻辑，充满了海权理论色彩，体现出日本谋求海权的地缘政治意图。

2006年，安倍晋三第一次担任日本首相后，其内阁提出了反映安倍个人政治理想的所谓"价值观外交"①（也称"价值外交"），这一概念指的是"他们所认为的基于'普世价值'（自由、民主主义、基本人权、法治、市场经济）的外交"，② 换句话说，这些所谓的"普世价值"是日本外交的理念支柱。"价值观外交"是一个非常抽象的政治理念。为推动这一理念落地，时任日本外相的麻生太郎提出了名为"自由与繁荣之弧"的政策，对"价值观外交"进行具体化的政策安排。所谓"自由与繁荣

---

① 单纯观察"价值观外交"的内容不难发现，它主要是意识形态层面的口号。如果仅从这一点来看，"价值观外交"的始作俑者应该是小泉纯一郎的咨询机构"对外关系工作组"。该咨询机构于2002年提交报告书《21世纪日本外交的基本战略——新时代、新视野、新外交》，明确提出拥护所谓自由、民主主义、人权等价值观是日本的一项基本国家利益。参见：対外関係タスクフォース、『21世紀日本外交の基本戦略 – 新たな時代、新たなビジョン、新たな外交 – 』、二〇〇二年一一月二八日、http：//www.kantei.go.jp/jp/kakugikettei/2002/1128tf.html.（访问时间：2015年2月10日）

② 「拡がる外交の地平」~日本外交の新機軸~」、二〇〇六年一二月、日本外務省、http：//www.mofa.go.jp/mofaj/gaiko/free_pros/pdfs/shiryo_01.pdf.（访问时间：2015年2月10日）

之弧"，是指将欧亚大陆边缘地带成长起来的新兴民主主义国家连接起来构成一条"弧"，这条"自由与繁荣之弧"涵盖的国家呈带状分布，包括东北亚、东南亚、南亚、中亚、高加索、中东、土耳其、中东欧、波罗的海各国。①"自由与繁荣之弧"可以说是实践日本"价值观外交"的具体方针。这一方针即是"沿着欧亚大陆，为了形成以'普世价值'为基础的富裕与安定的地区，日本深化与民主主义国家的合作，为民主化的，但国内形势不稳定的国家提供援助以帮助其实现民主化的方针"。②从所谓"自由与繁荣之弧"的地理范围可以看出，这条"弧"并不包括中国和俄罗斯，因此，这条"自由与繁荣之弧"也被认为是一条包围中国和俄罗斯的战略之"弧"。日本前驻华公使宫家邦彦曾直言不讳地提出，日本的最优战略是"与拥有共同战略利益的海洋国家结成军事同盟"，"在中国周边地区建立包括中东和中亚在内的'扩大的亚洲'的大陆'实力均衡'，重新构筑对华外交"。③

随着安倍晋三2007年下台，所谓"价值观外交"和"自由与繁荣之弧"逐渐淡出人们的视野。然而，2012年年底，安倍晋三再次出任日本首相，重新拾起"价值观外交"，坚持与第一次执政时期相同的外交基本路线，④并进一步提出所谓"俯瞰地球仪外交"，⑤从而展开了带有"价值观"色彩的日本式全方位外交。2013年，安倍晋三在第183届国会上发表演说，称"（日本）外交的基本方针，不是只关注与周边各国的双边关系，而是要像注视地球仪那样俯瞰整个世界，立足于自由、民主主义、

---

① 麻生太郎『自由と繁栄の弧』幻冬舎、二〇〇七年、二四~四一頁。
② 前田宏子「『連携強化』＝『同盟』？」『PHPリサーチ・ニュース』Vol. 5, No. 114、二〇〇七年九月一四日号。
③ 宮家邦彦「日中国交回復以来の対中外交のあり方を変えよ－海洋国家が取るべき大陸戦略」『中央公論』第一二一巻第一号（通号一四六〇）、二〇〇六年一月、二五二~二六二頁。
④ 谷内正太郎『地球を俯瞰する安倍外交—谷内正太郎内閣官房参与インタビュー』、二〇一三年七月五日、http：//www.nippon.com/ja/currents/d00089/.（访问时间：2015年2月10日）
⑤ "俯瞰地球仪外交"，也被称为"俯瞰地球的外交"、"地球仪外交"。其日文原文为"地球儀を俯瞰する外交"。在本书中，统一使用"俯瞰地球仪外交"。

基本人权、法治等基本价值观，开展战略性外交"。① 由此，所谓"俯瞰地球仪外交"成为安倍晋三内阁的外交政策主张。与"自由与繁荣之弧"所不同的是，日本并没有公开明确"俯瞰地球仪外交"的地理范围，但从安倍内阁的外交实践来看，所谓"俯瞰地球仪外交"本质上是"自由与繁荣之弧"的扩大版，"自由与繁荣之弧"的范围基本仅限于亚洲与欧洲地区的国家，而"俯瞰地球仪外交"则正如其名，扩大到了全球范围。

从地缘政治的视角看，日本提出的上述政治理念或口号由传统地缘政治理论所支撑，其核心是海权理论，同时也在一定程度上糅合了"边缘地带"理论。关于地缘政治理论，一般认为，马汉提出了"海权论"，麦金德提出了"陆权论"，斯皮克曼则提出了"边缘地带"理论。马汉提出"海权论"，理所当然是一位海权论者。而麦金德提出的理论尽管被称为"陆权论"，但作为英国人，麦金德的理论归宿也在于海权，他的陆权理论虽然批判了马汉的"海权论"，但他对陆上强国向心脏地带的扩张充满了忧虑。为此，麦金德呼吁英国等海洋国家要与欧亚大陆的桥头堡联合起来，共同对抗陆上强国。同样，斯皮克曼也是一位名副其实的重视海权的学者，他所说的"边缘地带"指的是大陆心脏地带和边缘海之间的区域，即欧亚大陆的边缘地区，作为中间区域，具有水陆两面性质的欧亚大陆边缘地区既在海上势力与陆上势力的冲突中起着缓冲地带的作用，也必须起海陆两面的作用，从海陆两面保卫自己。② 斯皮克曼"边缘地带"理论的归宿在于如何使海洋国家美国保持世界强国的地位。斯皮克曼给美国提出的建议是必须保持在欧亚大陆边缘地带的优势，"继续同那些设法阻止边缘地区结成一体的强国合作"。③ 从理论本质看，斯皮克曼的"边缘地带论"是在吸取麦金德"陆权论"精华的基础上对马汉"海权论"进行的理论拓展。因此，麦金德和斯皮克曼的地缘政治思想实

---

① 安倍晋三『第百八十三回国会における安倍内閣総理大臣所信表明演説』、二〇一三年一月二八日、九頁、首相官邸、http：//www.kantei.go.jp/jp/96_abe/statement2/20130128syosin.html.（访问时间：2015年2月10日）

② [美]斯皮克曼：《和平地理学》，刘愈之译，商务印书馆1965年版，第76页。

③ [美]斯皮克曼：《和平地理学》，商务印书馆1965年版，第112页。

际上都是为所谓海洋国家对抗和遏制大陆国家（或心脏地带国家、边缘地带国家）提供理论依据、寻找对策。

日本自认为是一个海洋国家，一心谋求与海洋国家联合是第二次世界大战后乃至冷战之后日本外交战略的重点。日本提出的"自由与繁荣之弧""俯瞰地球仪外交"等政策或理念的背后，体现的正是日本基于对"边缘地带"理论和日美同盟关系的认知而形成的海权逻辑。就"自由与繁荣之弧"而言，它几乎就是斯皮克曼所说的"边缘地带"的复制品，只是日本根据自身的战略需要，增加了中亚、高加索等地区，而有意忽略"边缘地带"国家中国。所谓"自由与繁荣之弧"就是日本意图打造的一条由"边缘地带"国家所构成的压制日本对手（主要是中国和俄罗斯）的地缘战略之"弧"。就"俯瞰地球仪外交"而言，它是"自由与繁荣之弧"的扩大版，是安倍晋三内阁为全面推进战略性外交、意图提高日本对"边缘地带"以外地区的重视程度而提出的外交举措。虽然地理范围扩大，但其本质并没有脱离"边缘地带"理论。日本谋求海权的战略意图非常明显，就是要在确保日美同盟关系的基础上，依据"海陆对立"意识，改造"边缘地带"理论，进而为实现政治大国目标服务。关于"海陆对立"这一地缘政治理论中的重要问题，斯皮克曼认为，从来没有发生过单纯的海权与陆权的对抗，"历史上的阵营总是某些边缘地区的国家和大不列颠对抗另一些边缘地区的国家和俄国，或者是大不列颠同俄国一道对抗一个统治边缘地区的强国"。[1] 换句话说，国际权势的对抗模式实际上有两种：一是海权与陆权之间的对抗，即"海洋国家及其边缘地区盟友与心脏地带国家及其边缘地区盟友的对抗"；二是"海洋国家与心脏地带国家联手同边缘地区强国之间的对抗"。[2] "边缘地带"是斯皮克曼眼中确保强国地位的关键所在。他曾为世界强权政治编织过一个口号："谁支配着边缘地区，谁就控制欧亚大陆；谁支配着欧亚大陆，谁就掌握世界的命运。"[3] 在日本看来，它与美

---

[1] [美]斯皮克曼：《和平地理学》，商务印书馆1965年版，第78页。
[2] 吴征宇：《尼古拉斯·斯皮克曼的"边缘地带理论"及其战略含义》，《教学与研究》2006年第5期。
[3] [美]斯皮克曼：《和平地理学》，商务印书馆1965年版，第78页。

国一样担忧"边缘地带"被心脏地带国家所控制。为此，在美国仍然对"边缘地带"有着强大影响力的情况下，日本通过拉拢它眼中的"边缘地带"国家，维持其所谓海洋国家的优势地位，阻止大陆"心脏地带"国家和"边缘地带"国家向海洋发展，确保对海洋的控制能力，进而谋求实现自身的目标。

从日本的意图中可以看到，日本的战略思维越来越体现出谋求传统海权的逻辑。而"纯粹意义上的战略思维是在现实世界中，运用战略理论，制定策略，成功地推进具体的国家利益，而不给国家的其他利益带来负面后果的过度风险的能力"[1]。显然，从这一点来看，日本谋求海权，特别是企图阻止中国等国家走向海洋，很可能会给其自身国家利益带来负面影响。

小　结

本章分析了冷战后日本再次确认其海洋国家身份的动因和过程，并指出这一过程本身充满谬论。在国际海洋形势和海洋秩序出现新的变动之际，日本的海权认知亦出现了新的变化，其海权思想逐渐呈现出两个重点，即在重视海洋权益的同时，回归对传统海权的追求。本章通过分析日本在战略层面和政治层面的海权逻辑，对冷战后日本的海权思想，即日本追求海洋权益和海上权力进行了论证。在战略层面，日本通过实施海洋战略，展现出追求海权的战略意图；在政治层面，日本通过推动构建双边和多边海权同盟，提出地缘政治理念等方式，展开对海权的追求，在此基础上谋求实现政治大国目标。冷战结束至今，日本的海权思想仍未完整呈现出来，但日本对综合性海权的追求却是不争的事实，其最大的特点是日本逐渐向传统海权靠拢，越来越重视对海上权力的追逐，特别是掌控西太平洋地区海权的意图越来越突出。尽管日本海权思想仍然处于变化之中，但日本追求海权的方向性问题，即日本的海权将向何

---

[1] Harry R. Yarger, *Strategy and the national security professional*: *strategy thinking and strategy formulation in the 21st century*, London: Praeger Security International, 2008, p. 11.

处去的问题,已经引起了普遍关注。① 作为一衣带水的邻国,这一问题也必然会对中国向海洋发展产生影响。

---

① 笔者曾于 2015 年 2 月 11 日在外交学院就日本海权问题与日本同志社大学法学部浅野亮教授进行过交流,浅野亮教授认为日本海权发展确实出现了一些变化,开始逐渐重视传统的海上权力,但目前还无法判断日本发展海上权力的未来方向。这一观点耐人寻味。

第 五 章

日本海权思想与中日关系

纵观近代以来的日本历史不难看出，日本海权思想始终依赖对自身海洋国家身份的认识和建构，整体上充满了对外扩张性和"海陆对立"意识，其根本目标就在于扩张日本的海上权力和海洋权益。虽然在不同的历史时期，日本海权思想有着不同的外在表现，但日本海权思想主导下的行为毫无疑问都对中国产生了深刻的影响。在近代，日本海权思想指导着日本的海洋扩张，作为近邻的中国曾数次遭受日本的侵略。在当代，特别是进入21世纪以来，日本逐步回归传统海权思想，呈现出海洋扩张的势头，并将矛头再次指向了中国，影响了中国向海洋发展。当前，日本海权思想的变化仍然延续着掌握海权就能获得世界大国地位这一传统海洋政治逻辑，而"海陆对立"意识已经成为日本对华战略的重要理论依据，是日本意图对抗中国的地缘政治根源。考虑到中日两国和东亚地区的长远利益，日本应该认清传统地缘政治理论的种种弊端，摒弃对抗性地缘政治思维，以更具合作性的地缘政治思维推动中日两国关系的发展，进而维护东亚地区的安全、稳定与繁荣。

第一节 日本海权思想主导下的行为对中国的影响

一 近代日本海洋扩张行为对中国的影响

18世纪末，日本面临国家安全上的巨大压力。基于强烈的危机意识，日本国内所谓有识之士逐渐产生了早期的海权认知。为应对国家危机，他们提出了海防思想，强调加强海防建设，但同时他们也提出了向外扩张的目标。扩张性逐渐成为近代日本海权思想的主要特性。随着明治维新的成功，日本完成了国家统一。在扩张性海权思想的指引下，日本走上了海洋扩张的道路，其扩张的目标始终指向中国。从入侵台湾到占领台湾，再到全面发动侵华战争，日本海权扩张对中国产生了极为负面的影响，给中国人民造成了深重灾难。

第一，在明治维新至"大陆政策"形成的这段时间，海权本身是日本的目标，其内容主要是发展海上军事力量，打造对外侵略的实力基础。在这个过程中，日本觊觎中国台湾，企图将台湾变为其海外殖民地，进而以此为跳板加入西方列强侵略中国的队伍中。

日本明治政府刚一成立，便在对外政策上确立了"开拓万里波涛，布国威于四方"的侵略方针。为此，日本积极筹备海军，着手向海外扩张。明治天皇更是表示，"海军建设为当今第一急务"。虽然此时马汉的"海权论"并未诞生，但日本国内已有的处于萌芽阶段的海权思想已经为日本的海洋扩张提供了理论上的准备与指导，这种准备与指导主要体现在要求日本发展海军，实施海洋扩张。此时的日本不仅有着大力建设海军，利用武力进行对外扩张的意图，还将这种意图付诸实践。在这一时期，日本海权思想的重心是发展海军、开展海运，对制海权等观念并无充分的认识，加上日本的实力仍然弱于中国。因此，日本海权扩张的主要目标就是尽可能在琉球和台湾问题上谋得利益。

列强的对外扩张总是需要寻找一个"合适"的理由，1871年发生的台湾高山族误杀琉球岛民事件就成为日本入侵中国台湾的借口。日本出兵台湾，是近代日本海洋扩张实践指向中国的开端，也是明治时期日本海军第一次对外执行侵略任务。[①] 虽然日本海军的主要任务是输送地面部队，但这次侵略事件"不论是作为近代日本第一次向国外派兵，或向后来成为日本殖民地的台湾出兵，都是一次重大的事件"。[②] 而这一所谓"重大事件"强迫中国开始吞下日本海权扩张的苦果。1871年，琉球岛民

---

① Naoko Sajima & Kyoichi Tachikawa, p. 33.
② ［日］依田憙家：《日本帝国主义的本质及其对中国的侵略》，卞立强等译，中国国际广播出版社1993年版，第2页。

因遭遇海难漂流至中国台湾，其中部分岛民被台湾高山族误杀。1872年，琉球岛民被杀害的消息传到日本，曾经与琉球王国有着藩属关系的日本鹿儿岛县（即萨摩藩）反应极为激烈。鹿儿岛县参事大山纲良要求日本政府出兵，同样出身萨摩藩的陆军军官桦山资纪则向陆军省提议向台湾派遣"生蕃探险队"。一时间日本国内的"征台"论甚嚣尘上。尽管琉球岛民被杀事件与日本并无关系，但为使这一事件成为日本入侵台湾的理由，日本在这一时期不仅强行将琉球王国改为琉球藩，将琉球国王改为琉球藩主，列为日本华族，造成琉球属于日本的既成事实，而且积极进行外交活动，企图使西方列强承认琉球是日本领土。在琉球成为日本领土的事实的前提下，日本开始着手出兵台湾。1873年，来自日本冈山县的四人在台湾被杀害，从而为日本侵略台湾提供了更"充分"的理由。

　　事实上，从地缘政治的角度来看，日本看中中国台湾的主要原因就在于台湾岛具有重要的地缘意义和战略价值。中国台湾的战略位置得天独厚，它不仅位于日本到南海的中心部位，扼守着日本南下南海，乃至印度洋，也是中国进出太平洋的门户，关系到中国大陆沿海地区的地缘安全。在当时，英美等国都有占领中国台湾的意图。正是基于台湾岛重要的战略地位，急于向海外扩张的日本将"琉球岛民被杀事件"视为改变其国势、染指中国台湾的良机。1873年，日本外务卿副岛种臣借换约之名来到中国，不仅试探清朝政府的态度，而且积极游说列国驻华公使，为出兵台湾做外交上的准备。日本外务省官员大原重实直白地道出了副岛种臣关于日本介入这一事件的意图，"卿（副岛）之意图，认为此番机会乃日本张威于亚细亚之良机。其原因乃台湾可谓亚细亚咽喉之地，土地肥沃，物产丰富。欧洲垂涎于此岛之国家不少。若我不能得此地而为彼所得，其利害之分，自不待言"。而大原重实自己则对日本出兵台湾抱有期待与不安，"今番之事，乃征韩之役（丰臣秀吉发动的日本和明朝的战争）后之重大事件，皇国沉浮在此一举。今后皇威不仅在亚细亚，且将辉耀于万国，足以显示我兵力古今如一。然若不成功，则必取侮于万国。此实为一重大事件"①。由此可见，日本入侵台湾的真实目的并不是解决琉球岛民被误杀一事，而是妄图占领中国台湾，同时向世界宣扬其国威。为此，1874年，日本决定出兵台湾。尽管此时英美等列强并不赞成日本武力入侵台湾，但急于对外扩张的日本仍然有数千名侵略军登陆台湾，实施侵略。与此同时，日本也进行外交活动，与中国谈判。最终，中日两国签订了《北京专约》，中国承认日本出兵台湾是"保民义举"，并赔偿日本白银50万两，以换取日军撤兵。这一条约是明治维新后日本迫使中国签订的第一个不平等条约，其要害在于，不仅为承认琉球是日本属国提供了口实，进而为日本进一步吞并琉球埋下了隐患，而且日本也据此逐渐为侵略台湾做军事上的准备。

尽管由于整体实力的不济，日本未敢向中国直接发动战争。但是，这反而刺激着日本以击败中国海军为目标，加紧扩充海军军备。基于海权思想而建立强大的海军与中国进行对抗成为日本此后的选择。这一时期，日本国内要求增加海军军舰、增强海军实力的呼声不断增多。甚至在19世纪90年代初，日本明治天皇带头捐款，以支持日本海军军备建设。② 发展海军是日本的既定国策，但关键在于对外运用海军。正是在这种海洋扩张意识的牵引下，日本一步步走上了侵略中国海洋边疆的道路。

第二，在"大陆政策"形成后，海权成为日本对外扩张、追求陆权的手段。通过占领琉球、割占中国台湾，日本迅速扩大了其在东亚海域的制海权范围，进而以海权为基础，着手向东亚大陆扩张，极大地损害了中国的领土主权。

在19世纪90年代，马汉"海权论"传入日本之前，通过派遣留学生、聘请外国专家等方式，日本海军军事教育水平得到很大提升，加上日本重视对海军实际操作技能的训练，其海军近代化事业得以迅速发展。自1874年军事侵台后，日本即已下定决心大力发展海军，进一步推进海

---

① ［日］信夫清三郎：《日本政治史 第二卷 明治维新》，周启乾等译，上海译文出版社1988年版，第351、352页。

② 明治神宮編著『明治天皇詔勅謹解』講談社、一九七三年を参照；加藤幸三郎「近代中国における漢冶萍公司と盛宣懐（Ⅰ）」『専修大学社会科学年報』第四六号、二〇一二年、三〇頁を参照。

洋扩张。日本采取步步为营的方式，通过发动侵略战争，最终迫使中国割让台湾。在这一过程中，琉球成为日本海权扩张的牺牲品。1875年，日本派兵进驻琉球，强迫琉球停止向当时的清政府入贡，要求琉球与清政府断绝外交关系，并命令琉球使用日本年号。1876年，日本在琉球设置日本警察和司法机构，实行殖民统治。1879年，日本废除琉球藩，编入鹿儿岛县，而后又宣布在琉球设立冲绳县。虽然清政府从未承认过日本对琉球的主权，但日本通过侵略的方式将琉球完全纳入其版图却成为事实。从地缘角度看，吞并琉球使日本获得了侵占中国海疆的战略通道，也使日本取得了日后与中国竞争的地缘优势。吞并琉球之后，日本便紧锣密鼓地计划侵略中国。在这一时期，清政府逐渐意识到海防的重要性，决定发展近代海军，增强海防实力。而同时期的日本海军在实力上仍然稍逊一筹。为此，日本在19世纪80年代将清政府视为主要威胁，制订并实施了多个海军力量扩充计划。① 特别是着手建造被称为"三景舰"的"严岛号""松岛号"和"桥立号"军舰，用以对付清政府的"定远"号和"镇远"号军舰。经过长期的准备与发展，相比于19世纪70年代，日本海军在甲午战争爆发前的实力已经大为增强。

1890年，马汉发表了其"海权论"的第一部著作《海权对历史的影响（1660—1783）》。这本著作的核心内容很快被翻译成日文，受到日本明治政府的推崇。日本"认为马汉创立的理论是并不止于为美国一国的国家利益服务的国策论，其作为世界军事战略理论的普遍意义更值得重视"。② 在日本接受马汉海权理论的过程中，日本自身的海权思想也逐渐形成，其主要内容是认为在日本的对外扩张中，强大的海军力量是拥有制海权的绝对保证，而赢得战争的关键就是夺取并掌握制海权。因此，在发动侵略中国的甲午战争前，日本就将击败中国北洋海军、夺取渤海与黄海的制海权作为赢得这场战争的关键，其海军的主要目标就是消灭中国的北洋舰队。③ 在日本海军制定的作战方案中，即有以夺取制海权为

---

① Naoko Sajima & Kyoichi Tachikawa, p. 33.

② 杜小军：《近代日本的海权意识》，《日本研究论集·2002》，天津人民出版社2002年版，第268页。

③ Naoko Sajima & Kyoichi Tachikawa, p. 35.

核心的方案。这也说明在马汉海权理论的深刻影响下，日本开始重视制海权在海战中的重要作用。19世纪末期，西方列强日益重视海军军事思想中的制海权问题，这主要是由于制海权本身在海战和海洋扩张中的重要性日益凸显。在日本看来，如果占领了中国台湾，日本不仅能够长期控制台湾附近海域，掌握东海一带的制海权，还可以掠夺台湾丰富的资源，为日本进一步的对外扩张提供物质基础。因此，从表面上看，日本发动甲午战争的目的是解决朝鲜问题，但从日本海权扩张的角度来看，甲午战争的结果却是日本割占了中国台湾，进而获得了巨大的海权。割占台湾后，日本在东亚海域拥有的制海权成为日本进一步对外扩张的"利器"。正是在这一时期，日本的"大陆政策"逐步形成，东亚大陆成为日本对外侵略的主要目标，海权逐渐成为日本对东亚大陆进行扩张的手段。

　　第三，随着在东亚大陆侵略活动的推进，海权不仅被认为是获取陆权的手段，更被认为是一种屏障，即以海权来保障陆权的存续。特别是在日本实施全面侵华战争、企图建立"大东亚共荣圈"之后，日本深刻地意识到，没有海权的保障，陆权就难以为继。

　　由于在甲午战争中击败了中国的北洋舰队，日本海军在国内的地位曾一度高于日本陆军。但"大陆政策"的形成意味着日本对外扩张的重点转变为东亚大陆，同时也意味着日本海军必须辅助日本陆军的扩张。但在随后的一场损害中国利益的日俄战争中，依靠日本海军发挥的主要作用，日本最终取得了战争的胜利。在战争中和战争结束后，日本均拥有了日本海、黄海等海域的制海权，由此获得了从未有过的海权，中国海军的活动范围从此被完全限制在近海海域。战争的胜利使日本强烈地意识到尽早获得制海权的必要性。[①] 同时，对日本来说，更为重要的是，通过掌握日本海海域的制海权，日本最终获得了朝鲜半岛这一侵略中国大陆的跳板。这也说明海权确实已经成为日本谋求陆权的手段。此后，在日本海军追求的海权与日本陆军追求的陆权之间的较量中，海权始终处于下风，即使海军的地位偶有提高，但却未能从根本上改变日本大陆

---

① Naoko Sajima & Kyoichi Tachikawa, p. 37.

扩张的国策。

日本海军在对外侵略中的作用，体现出海权是日本追求陆权的基础和屏障。在1936年《帝国国防方针》的"用兵纲领"中，日本制定了对华作战的基本方针，即由海军击败中国舰队，对中国沿海和长江流域进行压制；再根据中国各地的形势，由陆海军击败中国军队后，两军协作占领各个要地。① 之后，日本进入全面侵华阶段。"在对华作战中，日本海军水面部队的主要作用是支援陆上部队的登陆作战、封锁中国沿岸地区、夺取港口作战时的掩护与扫雷。"② 由于占领东亚大陆是日本的"既定国策"，陆军必然在其中发挥主要作用，这也意味着日本必然将追求陆权放在首要位置，而海权注定只能处于次要位置。

随着战争的推进，日本资源能源短缺的问题愈发严重。为了支撑在东亚大陆的侵略扩张，日本陆军转而谋求掠夺东南亚地区的丰富资源。日本陆军充分意识到必须赶走英美等国，特别是美国在西太平洋地区的势力，才能"安心"地获取资源，推进大陆扩张。为此，日本陆军寻求海军对美开战。最终，对美开战在大本营政府联络会议上成为一项国策。③ 同时，日本也在寻求建立"大东亚共荣圈"，以实现自给自足的"东亚稳定圈"，④ 构建其所谓的东亚地区新秩序。从表面上看，日本侵略东南亚是为了攫取资源，但实际上其着眼点在于东亚大陆，日本挑起太平洋战争就是要击败美国在太平洋地区的海军，从而达到完全掌握西太平洋地区海权的目的，进而以海权为基础，维持其大陆扩张。可见，海权是日本维持陆权的屏障。如果不能拥有海权，日本在东亚大陆的陆权也将无法存立。

日本是四面环海的岛国，其权力基础在于海洋，如果失去对海洋的控制，日本就没有权力可言。控制海洋是日本对外扩张的重要前提。甲午战争结束后，中国基本失去了东亚海域的制海权，而日益重视制海权

---

① 野村実『日本海軍の歴史』、一三三頁を参照。
② 参见 Naoko Sajima & Kyoichi Tachikawa, p. 46。
③ 防衛庁防衛研修所戦史室『戦史叢書　大本営陸軍部＜2＞——昭和一六年一二月まで——』朝雲新聞社、一九六八年、五三頁。
④ 栄沢幸二『「大東亜共栄圏」の思想』講談社、一九九五年、一四頁。

的日本海权思想则持续影响着日本的海洋扩张。纵观日本近代史，一系列对外扩张政策及其背后的思想支撑，特别是军国主义思想，在中国及亚太地区造成了巨大灾难。第二次世界大战结束后，军国主义思想并没有随侵略战争的失败而完全消失，日本国内关于美化侵略战争的种种谬论不时沉渣泛起，始终是日本对外关系中极不稳定的因素。

二 冷战结束至今日本海洋扩张行为对中国的影响

从第二次世界大战结束到冷战结束的四十多年间，美国在东亚海域拥有了绝对优势的控制权。作为战后日本的军事同盟国，美国在冷战期间为日本的安全提供了保障，可以说日本融入了美国的海权之中。在美国的海权庇护下，日本也拥有了部分海权，虽然其海权思想并不完整，但仍然存在显著的海权因素。一方面，在东亚区域，日本有着经济上的主导倾向，这种倾向更多地来自日本原有的控制东亚区域的意识；另一方面，日本也保持着海上军事力量建设能力和海上军事实力，为后来重新追求传统海权奠定了物质基础。在冷战时期的前二十多年里，中日两国之间并未恢复邦交关系，日本海权思想难以对中国产生过多的影响；而在后二十年里，中日关系总体上保持稳定，日本海权思想也并未对中国产生太大的负面影响。

然而，冷战的结束，使日本面临的形势发生了深刻的变化。在国家安全威胁上，日本"失去"了最大的外部敌人——苏联；在政治上，日本仍然未能获得十多年来苦苦追求的政治大国地位；在经济上，日本逐渐陷入衰退，经济发展面临着结构调整等多重困境。在这种情势下，日本开始寻找途径缓解压力，以实现自身的目标。海洋被日本认为是决定其未来的关键。于是，日本再次走上了向海洋扩张的道路。与战前所不同的是，日本再次进行海洋扩张的着眼点不在大陆，而在海洋本身，海洋的重要性不仅体现在它是一种交通媒介和交流渠道，还体现在海洋蕴藏的丰富资源以及海洋本身具备的国土性质所带来的战略空间。资源和战略空间都是国家利益的重要组成部分，而任何国家在面对国家利益时都有着天然的不可退让性。因此，冷战后日本海权思想指导下的行为必然具有排他性、竞争性和对抗性。作为海陆兼备的国家，中国走向海洋是国家发展的正当诉求，也是实施海洋强国战略的必然要求，它取决于中国的国家利益需求。但是，中国走向海洋不可避免地要与邻国日本进行互动。冷战结束后，日本海权思想有着回归扩张性的传统海权的趋势，其在重视海洋权益的同时追求海上权力的意图越来越明显，因而必然会对中国走向海洋产生一定程度的负面影响。

第一，从现实来看，冷战后日本的海洋扩张行为加剧了中国周边海域的紧张局势，增加了中国通过和平方式解决海洋争端的难度，也为中日两国关系的未来埋下了隐患。

第二次世界大战结束以后，东亚海域一直存在各种形式的海洋争端。但在美苏冷战的大背景下，这些海洋争端中的大多数都没有真正爆发。苏联解体、两极格局瓦解为这一形势的改变提供了客观环境。由于海洋的重要性不断上升，沿海各国都将国家发展的未来投向了海洋。日本也不例外。冷战结束后，长期以来被视为岛国的日本开始着手重构自身的海洋国家身份，试图将海洋国家身份确立为国家的本体身份。与大陆国家不同的是，海洋国家的权力来源于海洋这一空间，同时它也投射于海洋，加上20世纪80年代后日本开始谋求政治大国地位。因此，在传统海洋地缘政治逻辑的影响下，日本逐渐将拥有海上权力视为实现其政治大国的主要途径，这意味着日本跨越了冷战时期重视追求海洋权益的阶段，进入了同时追求海洋权益和海上权力的阶段。在这一阶段，日本逐渐走上立足于海洋本身的海上扩张的道路。从扩大海上自卫队的活动范围和防卫范围，到派遣自卫队前往印度洋和中东执行任务，再到提升防卫部门的级别和实施全面的海洋战略，日本的一系列行动都离不开它谋求海上权力，进而取得政治大国地位的战略意图。在此过程中，中国周边海域的局势因日本的海洋扩张行为而变得紧张起来，特别是中日之间存在钓鱼岛问题。

从某种程度上说，日本在2012年对钓鱼岛及其附属的南小岛和北小岛实施所谓"国有化"的行动是冷战结束以来日本最显著的海洋扩张行为，也是日本追求海上权力的冒险之举。毫无疑问，钓鱼岛及其附属岛屿自古以来就是中国的领土，但在中日关系发展中，为了尽早恢复正常邦交，两国在进行邦交正常化谈判时，曾达成搁置钓鱼岛争议的默契，然而钓鱼岛争端事实上一直是中日关系中的不稳定因素。冷战结束后，日本面临的国内外环境发生了重大变化。就国际环境而言，《联合国海洋法公约》于1994年正式生效，日本周边各国纷纷制定海洋政策或战略，划定专属经济区，推动海洋经济发展，日本的行动却较为落后；就国内环境而言，战后未得到彻底清算的右翼势力对日本政治的影响越来越大，日本政治右倾化逐渐抬头，开始否认中日之间存在领土问题。尽管如此，钓鱼岛问题仍基本处于可控范围。然而，在掌握海权就能成为世界政治大国的海洋政治逻辑下，日本逐步通过实施海洋战略实现其对海权的追求。2007年，日本国会通过了《海洋基本法》。次年，《海洋基本计划》开始施行。之后，日本出台了一系列海洋法律法规，从国内立法的层面为实施其海洋战略提供了保障。日本海洋战略的实施始终遵循着争夺海洋权益和海上权力这一海权思维逻辑，其海洋战略的重要一环就是尽可能地扩大所谓海域面积，钓鱼岛及其周边海域因此成为日本的目标。2012年9月10日，日本政府不顾中国一再严正交涉，宣布"购买"钓鱼岛及其附属的南小岛和北小岛，实施所谓"国有化"，严重侵犯了中国领土主权，严重伤害了中国人民感情，严重践踏了历史事实和国际法理。日本所谓"国有化"钓鱼岛的实质是图谋侵占本属于中国领土的钓鱼岛及其附属岛屿，进而以这些岛屿为基点，设定周围200海里专属经济区，企图控制相关战略资源，同时基于钓鱼岛重要的战略地位，对中国海洋活动和空中活动进行监视，从而威胁中国发展。日本"国有化"钓鱼岛的行动不仅导致中日两国间的海洋争端更加复杂化，也给中日关系的未来蒙上了一层阴影。

第二，从目标来看，这一时期日本的海洋扩张行为着眼海洋本身，其将海洋视为国土，很大程度上挤压了中国海洋战略空间，干扰了中国的和平发展。

在人类历史上，海洋所蕴含的意义存在数次拓展。在漫长的农业文明时期，由于受到技术水平的限制，海洋并不具备特殊的价值，人类与海洋的关系主要体现在海洋为人类提供渔业资源，海洋的交通价值难以全面体现。随着科学技术的进步，特别是航海技术和造船技术的发展，海洋在交通方面的优势逐渐显现，人类之间的交往和商业往来也渐渐频繁起来。马汉的"海权论"正是基于对百余年海上战争的总结，指出了海洋所具备的重要战略意义。在这一强权时期，国家发展的基本逻辑就是控制海洋和海上通道，自由地进行贸易，进而掌握财富，建立强大的军事力量，反过来进一步控制海洋。这种循环模式也说明国家之间争夺海洋并不是为了争夺海洋本身，而是基于海洋交通的重要性来谋求控制海洋。随着第二次世界大战的结束，人类进入了一个相对和平的时期，促进经济发展成为主旋律。经济发展有赖于丰富的资源能源，而海洋是资源能源的宝库。随着科学技术水平的进一步提高，大幅度开发海洋资源能源成为可能，海洋资源能源由此成为各国竞相争夺的对象。海洋的战略价值再次得以拓宽，由看重海洋的交通意义而控制海洋拓宽为看重海洋本身而控制海洋。在这个时期，海洋成为国家新的战略空间，特别是《联合国海洋法公约》的签订以及生效，使得海洋在事实上具备了国土性质。

　　在日本看来，海洋的国土性质和在战略空间上的重要意义对日本的未来具有不可限量的作用。日本国土面积狭小，几乎毫无战略纵深可言；资源能源匮乏，深受海外牵制。因此，取得海洋被日本视为解决这两大难题的唯一出路。早在冷战时期，日本已开始思考国家战略问题，海洋自然而然地成为岛国日本的战略中心。海权的核心在于"权"，它具有控制和主导的含义，在这个海洋国土化的时代，日本对海权的认识逐渐增加了将海洋视为国土的内容，控制海洋就意味着获得国土。对此，日本不仅"寸海必争"，而且想方设法地扩大其海域控制面积。因为只有扩张海洋国土面积，才能扩大战略空间、增加战略纵深。在这种海洋扩张意识的指引下，日本在东海、台海等问题上的种种姿态和行动，其实都是基于挤压中国海洋战略空间而扩大其自身海洋战略空间的目标。在东海问题上，日本的立场、目标和处理方式与中国均不相同，而且明显有着扩张的动机。日本无视国际公认的"大陆架"划分原则，提出"中间线"划分原则，企图侵吞属于中国的海洋资源能源。从表面上看，日本是为了资源能源而提出"中间线"原则，实际上日本的目标更为长远，东海的资源能源在未来某一天终会枯竭，但海洋不会凭空消失，如果按照"中间线"原则划分东海，日本就向中国一侧推进了广阔的战略空间，这必然挤压了中国的海洋战略空间，从而影响到中国的可持续发展；而在台湾问题上，日本早在1972年《中日联合声明》中作出过明确承诺，即"日本国政府承认中华人民共和国政府是中国的唯一合法政府。中华人民共和国政府重申：台湾是中华人民共和国领土不可分割的一部分。日本国政府充分理解和尊重中国政府的这一立场，并坚持遵循波茨坦公告第八条的立场"。然而冷战后，日本却以国内立法的方式公然将中国台湾纳入其所谓周边"有事"的范围，妄图介入台湾问题，挤压中国海洋战略空间，阻挠中国统一进程。近年来，日本追逐海上权力的意图越来越明显，受这种意图影响的海洋扩张行为本质上就是为了追求权力，谋求其在东亚区域的主导地位，日本的这一图谋必然对中国造成极为不利的影响。

第三，从地缘政治来看，日本海洋扩张行为的背后深受其固有的"海陆对立"意识的影响，其刻意将中国视为陆权国家，意图剥夺中国向海洋发展的权利。

根据传统地缘政治理论，权力来源于空间，海洋和陆地这两大空间分别产生海权和陆权。作为不同形式的权力，海权与陆权之间的关系始终是地缘政治理论中极为重要的内容，反映在国家形态上便是海洋国家与大陆国家的关系。海权与陆权成为人类理解权力政治的地缘政治视角，而世界权力政治的演进过程向人类展示了一个所谓"定论"，即拥有海权的海洋国家与拥有陆权的大陆国家之间的斗争是世界权力政治的主要内容。人类历史的发展似乎验证了这个"定论"的正确性。英国海上势力与俄国陆上势力争夺欧亚大陆霸权的历程贯穿19世纪中期，也因此被认为是"不可避免的历史性的对抗"。[①] 第二次世界大战结束后美苏之间的冷战构造也被认为是以美国为代表的海洋势力与以苏联为代表的大陆势力之间的争斗，从地缘政治的角度看，其本质即是海权与陆权的对立。海权与陆权之间似乎存在结构性矛盾。因此，有学者认为，"在国际关系中，尤其在欧洲体系中，大陆国家与海洋国家的冲突是一种反复出现的

---

① ［美］斯皮克曼：《和平地理学》，商务印书馆1965年版，第78页。

现象"①。

不可否认，在传统地缘政治中，海权与陆权的对立以及海洋国家与大陆国家的对抗确实是一种常态，它反映的是不同地缘形态的国家对不同性质的权力的追求。但就日本而言，其固有的"海陆对立"意识并不完全是传统地缘政治理论的反映。所谓"海陆对立"意识可以说是日本海权思想中一以贯之的内容，它既来自日本对欧美国家地缘政治理论的吸收与内化，同时也源自日本国内已有的认知。正如笔者在前文中所说，在战前，日本的"海陆对立"意识主要体现在国内层面，具体表现为萨摩藩与长州藩的对立、海军与陆军的对抗以及海洋国家志向与大陆国家志向的竞争；而在战后，日本的"海陆对立"意识逐渐延伸至国际层面，使得日本以此作为划分"敌我"（亦即"他者"与"自我"）的标准。日本谋求联合海洋国家对抗大陆国家的主张便是明证。在冷战时期，日本所要对抗的大陆国家是苏联，而在冷战结束后，其意图对抗的对象国变成了中国。长期以来，由于日本在主观上秉持对中国的错误认知，无视中国在客观上作为海陆兼备国家的地缘事实，执意将中国视为大陆国家并与之对立，极力阻碍中国向海洋发展，为此不惜构筑所谓海洋国家联盟来遏制中国。在日本国内，这样的声音不绝于耳，日本一些学者特别善于制造所谓海洋国家与大陆国家的对立。早在1997年，日本学者市川周就曾指出，在东亚区域，日本应该竭力将中日之间的竞争变成大陆国家阵营（中国和朝鲜）与海洋国家联盟（日本、菲律宾、印尼等）之间的竞争。② 市川周的意图显而易见，就是建议日本要在地缘政治上将属于中国的台湾、香港与中国割裂开来，将中国限定为大陆国家，通过与其他国家的联合来围堵中国，进而限制中国向海洋发展。近年来，日本政府更是不遗余力地推动海洋国家联盟的形成。从促成"日美印澳"战略对话，到推销"自由与繁荣之弧"、打造"民主安全菱形"的安保包围圈，再到推动构建日美印澳"四边机制"（Quad），每一步都受到其所谓

---

① ［美］詹姆斯·多尔蒂、小罗伯特·普法尔茨格拉夫：《争论中的国际关系理论（第五版）》（中译本第二版），北京大学出版社2004年版，第179页。

② 市川周『中国に勝つ』PHP研究所、一九九七年、一七八～二〇六頁を参照。

对抗中国的地缘战略思维的影响,用所谓"海洋国家民主联盟"的方式来牵制其眼中的"大陆国家"——中国。

事实上,日本仅仅关注地缘政治关系中的一面——海权与陆权的对立,而有意忽视地缘政治关系中的另一面——海权与陆权的统一。在地缘政治中,正如斯皮克曼所说的"从来不曾发生过单纯的陆上势力与海上势力的对抗",[①] 海权与陆权不仅可以在一定的形势下互为补充,而且在特定的条件下也可以融合起来。正因为日本只看到"海陆对立"的一面,将海权与陆权看作是结构性的矛盾,所以在日本的海洋政治思维中,注定是对立的成分大于统一的成分、竞争的意识强于合作的意识。中国是一个海陆兼备的国家,走向海洋是中国的正当权利。在这一过程中,中国难以避免地与日本在海洋方向上产生了某种程度的互动,而日本的行为反应也必然会受到其海权思想的深刻影响。冷战结束以来,由于日本秉持一种立足于海洋、以海洋扩张为途径、追求海上权力与海洋权益的海权思想,因而受其海权思想影响的对外行为也就具备了扩张性、对抗性和竞争性。作为"海陆兼备"型国家和日本的邻国,中国受日本充满扩张性、对抗性和竞争性的对外行为的负面影响不言而喻。

第二节 地缘政治视角下的中日关系

冷战后,特别是进入 21 世纪以来,海洋在国际政治中的重要性不断上升,自称是海洋国家的日本也在海洋领域与周边国家展开了激烈的竞争,其在海洋领域的扩张行为明显地受到海权思想的影响。以发展的眼光看,传统海权理论仍然存在一些缺陷,而中日两国在海洋领域仍然存在一些未能得到妥善解决的争端,利用传统海权理论指导中日海洋争端的解决自然会产生风险。日本海权思想中固有的"海陆对立"意识和其海权思想具备的对抗性与扩张性,显然不利于海洋争端的解决。笔者认为,中日海洋争端的解决以及中日关系的发展,有赖于日本改变其固有的错误地缘认知,日本理应从地缘政治的角度正确认识海洋争端,塑造

---

① [美] 斯皮克曼:《和平地理学》,商务印书馆 1965 年版,第 78 页。

具有合作意识的地缘政治思维,从而为维护东亚地区的安全与稳定做出真正的贡献。在本部分内容中,笔者将从海权理论的视角出发,借鉴中国国内已有的富有创见性的地缘政治观点,为中日关系的发展提供一些建议。

一 传统海权理论的缺陷

美国政治地理学家索尔·科恩(Sauc Cohen)认为,"地缘政治分析的实质是国际政治权力和地理环境之间的关系"。[1] 权力与环境之间的关系一直是地缘政治的核心所在。因此,作为地缘政治理论中的主要概念之一,海权可以被理解成权力与海洋之间的关系。自19世纪末马汉提出海权理论后,海权理论在全球范围内一直拥有重要的影响力,是美国、日本、德国等国家海权实践的重要指南。海权也成为人们认识国际关系的重要地缘视角,以马汉海权理论为代表的传统海权理论所阐述的各种观点也或多或少地影响着政治家们和国际政治学者的战略思维。然而,传统海权理论越来越难以适应形势的变化与发展。以今日的眼光来看,传统海权理论有诸多缺陷,具体表现在以下几个方面。

(一)传统海权理论强调的"海陆二分论"严重影响了世界的和平与发展

在传统海权理论的发展历程中,海权与陆权之间的对立与竞争始终是其重要的内容。一方面,马汉基于美国对外扩张的理论需要,详尽地分析了海权与陆权在历史中的作用,并从历史分析的角度提出了"海权论",指出海权对国家繁荣与发展有着巨大的影响,认为只有控制海洋以及具有战略意义的海上通道,国家才能控制世界财富,进而统治世界。另一方面,海洋国家与大陆国家的对抗以及海权与陆权的对立明显地贯穿于马汉的海权思想中。马汉将世界地缘政治结构看作是冲突性和对抗性的,详尽地阐述了有关"海陆对立"的观点。例如,他提出,"目前而

---

[1] Saul B. Cohen, *Geography and Politics in a World Divided*, 2nd ed. (New York: Oxford University Press, 1973), p. 29. 转引自 [美] 詹姆斯·多尔蒂、小罗伯特·普法尔茨格拉夫《争论中的国际关系理论(第五版)》(中译本第二版),北京大学出版社2004年版,第161页。

言，海洋强权的中心压倒性地位于西方，主要是英国和法国。然而，如果出现了控制黑海盆地——目前为俄国所有，占有出入地中海通道的机会，影响海洋霸权的战略条件就将全被改变。现在，西方如果联合起来反对东方，……东方将一如既往，在半途势必与西方迎头相撞。"[1] 这是关于海洋国家与大陆国家发生冲突的典型论述。

在过去国家之间以对抗为主的国际政治现实中，传统海权理论具有较强的解释力。但"海陆二分论"从根本上制造了世界范围内的国家与国家之间的对立，以此为依据解释当代国家间关系有违世界发展与进步的大趋势。尽管在20世纪及以往的世界历史中，一直存在海权与陆权的对抗，但海权与陆权的对抗并不是世界历史的全部，世界地缘政治结构也已经发生了巨大变化，在孕育国际矛盾的同时，国与国之间也充满合作。竞争与合作长期并存也是当前及未来地缘政治结构的重要特征。中美关系与中日关系所体现出的既竞争又合作的特性充分说明，单纯依靠"海陆二分论"已经无法准确地理解国际政治现实。

(二) 传统海权理论本质上是一种扩张主义理论

依靠传统海权维持国家繁荣，无疑助长了海权扩张的合法性。同时，传统海权理论的逻辑客观上也激化了国际政治中的权力斗争。

在传统海权理论家看来，海权的重要性远甚于陆权，海权是促进国家发展、维持国家繁荣进而获得世界大国地位的关键。一方面，作为陆权理论家的麦金德洞察了这一点，"凭借海洋商业和海军优势控制海洋意味着在世界上具有决定性的影响，因为不管陆地能产出多么丰厚的财富，没有什么能像海洋那样为必不可少的交换提供便利"[2]。因此，为了保证国家的持续繁荣，就必然要推进海权扩张。这使得海权扩张获得了重要的合法性。另一方面，传统海权理论家相信繁荣的商业贸易必然要求国家建立一支强大的海军舰队和运输船队。国家为了保护自身的商业利益，必然会动用海军舰队，从而导致战争。这是一条恶性循环的逻辑链条，这种逻辑加剧了国家之间的权力斗争，国家必然会为了自身的利益而走

---

[1] [美] 马汉：《海权论》，同心出版社2012年版，第14页。
[2] [美] 马汉：《海权论》，同心出版社2012年版，第375页。

上冲突和战争的道路。事实上，国家之间的竞争有时可以通过合作来化解，同时，也只有秉持合作的理念，才能为国家的发展创造良好的外部环境。

（三）传统海权理论不能完全适应冷战后国际政治现实的发展

作为传统海权理论的主要组成部分，马汉的海权理论，被普遍认为深刻地揭示了世界地缘政治中的某些规律，为人们理解国际政治现实提供了重要的理论视角和历史维度。但马汉海权理论是对世界历史上英国等少数几个海洋国家的成功经验的归纳与总结，或许较为符合那个时代的国际政治现实，但却不能充分反映当代的国际政治现实。冷战结束后，国际政治格局处于多极化的塑造过程中，不仅少数强国可以发展海权，其他国家同样也可以追求海权。甚至有学者指出，除极少数完全处于内陆地区的国家外，世界上绝大多数国家都在某种程度上拥有海权。[1] 从这一角度看，海权并不专属于大国，多数国家都有发展海权的权利。同时，马汉所说的海权更加强调和重视海洋上的权力，而当代国际政治的发展要求国家也必须重视海洋权益。因此，传统海权理论显然不能完全适应国际政治发展的新现实。

传统海权理论的产生具有特定的时代背景，特别是强权政治与帝国主义主导国际关系的历史背景。随着国际关系民主化进程的发展和国家间相互依存程度的提高，和平与发展早已成为时代的主题。传统海权理论导向的扩张主义、霸权主义日益受到世界各国的反对，其蕴含的对抗性严重阻碍了世界整体的进步。正是因为传统海权理论具有诸多不足，在当前海洋争端频发和追逐海洋权益的时代，以传统海权理论指导实践的发展，必然会带来不利局面，甚至会导致冲突和战争。因此，世界各国都应摒弃传统海权理论中的糟粕。

二 从地缘政治角度发展中日关系的建议

客观地说，日本是地理意义上的海洋国家，同时也是亚太地区具有

---

[1] Colin S. Gray & Roger W. Barnett, eds., *Seapower and Strategy*, Annapolis, Maryland: Naval Institute Press, 1989, p. 3.

重要影响力的国家。这一方面体现在日本与亚太地区其他国家在经济上的紧密关系，另一方面也体现在日本社会和文化对亚太地区其他国家的深刻影响。作为维护世界和平与稳定的重要力量，中国的周边地缘环境随着中国的和平崛起发生了一些重大变化，这就要求中国在发展过程中必须处理好与周边国家之间的关系。其中，中日关系能否得到妥善处理直接关系到中国的周边环境是否稳定，处理好这对双边关系无疑将有利于中国的发展。从地缘政治的视角看，中日两国处于同一地缘板块中，两国的对外行为都不同程度地受到传统海权理论乃至传统地缘政治理论的影响。正因为上述理论具有诸多的缺陷和不足，难以充分、有效地解释处于不断变化中的国际政治现实，包括中日关系的发展。因此，作为东亚地区的两个大国，中日两国特别是日本在发展双边关系时，更应当摒弃传统海权理论中的过时观点，尤其是海洋国家与大陆国家必然对抗的所谓"历史规律"，寻求新的地缘政治路径，以更具合作性而非冲突性的海权理念推动两国关系的发展。

（一）要深刻认识全球地缘政治结构和东亚区域地缘政治结构，正确认识中日两国各自的地缘政治地位，从而为两国和平相处以及双边关系的正常发展提供理性的认知基础

冷战结束后，世界多极化、经济全球化、区域一体化的发展趋势愈加明显，各国对国家利益的认识逐渐多元化。尽管传统地缘政治理论的影响仍然难以消除，但人们越来越反感基于权力和狭隘国家利益的传统地缘政治理论。根据传统地缘政治理论，国家对扩张权力抱有"天然的兴趣"，国家的地缘政治利益由国家的地理环境特征所决定。因此，权力与利益也就成为国家的地缘政治目标，而"在通常情况下，地缘政治追逐物态的权力与利益，总是围绕着具体的地理目标进行，通常表现为领土之战、边界之争、资源争夺、交通运输线控制等形式"[1]。这种传统地缘政治理论强调国家与国家之间的对抗与竞争，忽视了在条件改变的情况下国家之间合作的可能，特别是随着国际格局的演变和国际政治经济秩序的深刻变化，地缘政治理论也必然会出现新的发展。

---

[1] 陆俊元：《地缘政治规律再探》，《现代国际关系》2006年第7期。

国家的地缘政治地位往往取决于国家的地理位置和国家的实力。在地理意义上的东亚范围内，占据着重要地缘政治地位的国家是"海陆兼备"的中国和海洋国家日本。但从实力的角度看，在21世纪以前，中日两国之间的地缘政治关系始终是"一强一弱"。在近代以前，中国是东亚区域内最强大的国家，周边国家的实力均无法与中国相匹敌；进入近代以后，特别是明治维新后，日本逐渐崛起，获得了强者的地缘政治地位，打破了东亚区域原有的地缘政治格局。进入21世纪后，随着中国的迅速崛起，中日两国"一强一弱"的地缘政治关系被彻底改变，东亚区域进入中日"两强"时代，东亚区域原有的地缘政治结构由此被改变。中日之间的问题和矛盾随之凸显出来。从东亚地区的长远发展来看，这些问题和矛盾越来越不利于本地区的和平、稳定与繁荣。因此，重新认识东亚地缘政治结构，尤其是中日两国应有的地缘政治地位显得尤为必要。

根据"地缘重心"论[①]的观点，"国际社会是由一些相对独立又相互联系的地缘板块构成的"，每个地缘板块都有各自的地缘重心，它指的是"构成世界政治各区域中，能够决定地区稳定与繁荣的支撑点"，而"在绝大多数地缘板块的重心部位，都存在着一些在地区国际关系中发挥主导作用的大国"，这些大国就是它所处的地缘板块中的"地缘重心国"，它们"一般自身领土面积较大，人口较多，政治、经济和军事能力较强，文化上对周边相对较小的国家有相应的吸引力，它们对地缘板块地区的安全、稳定与和平、发展及繁荣都发挥着十分重要的影响"，"地缘重心国"在其所处的地缘板块中的作用十分明显，"地缘重心国"在政治上是"引力中心"，是"地区政治与外交活动的主要场所"；在安全上是"区域的安全阀和稳定源，能够支撑起地区安全结构的框架，决定着地区形势的和平与稳定"；在经济上是"地区经济发展的引擎，对地区国家经济的发展与繁荣有着重要的影响力"；在文化上"影响着地区民众的文化特征、价值取向和生活方式"；在区域一体化过程中是"推动一体化进程的

---

① "地缘重心"论是外交学院苏浩教授提出的地缘政治观，"地缘重心国""地缘次级国家"是这一地缘政治观中的重要概念。参见苏浩《地缘重心与世界政治的支点》，《现代国际关系》2004年第4期。

主要动力"。① 据此,"地缘重心"论认为中国是东亚地缘板块中的"地缘重心国",而日本则是由"地缘重心国"的引力场作用所形成的地缘板块中的"地缘次级国家"。②

随着全球化和区域化进程的发展,东亚地缘板块也在经历着区域一体化的过程,区域一体化意味着区域内的各个部分将被整合为一个整体。"地缘重心"论认为,在这个过程中,"地缘重心国"是区域一体化的决定性力量,主导着区域一体化的进程。就东亚区域来说,由于中国的崛起,该区域一体化进程得到实质性的推动,中国不仅为东亚各国提供了广阔的市场空间,还对这些国家进行直接投资,逐渐成为东亚各国经济发展的引擎。反观日本,自20世纪90年代初"泡沫经济"崩溃后,日本经济开始进入衰退期,曾引领东亚经济合作的"雁行模式"宣告失败。中日两国的差距对比也越来越明显。这一点从经济数据上来看更为直观。1994年,中国经济总量只有日本的十分之一多;2000年,中国经济总量不到日本的二分之一;2006年,中国经济总量超过了日本的二分之一;2010年,中国经济总量首次超过了日本,成为世界第二大经济体;到了2014年,中国经济总量已是日本的两倍多。因此,在东亚区域的未来发展中,中国必将发挥"地缘重心国"的作用,而日本则只能发挥"地缘次级国家"的作用,东亚大陆与日本之间的关系必然是"重心—边缘"的关系。但长期以来,日本并未正确认识到自身的"地缘次级国家"地位,而是一味地追求东亚地区的主导国地位,甚至不惜突破"和平宪法"的限制,强行扩大自身的政治影响力和军事影响力,从而导致东亚地区处于不稳定的状态。在日本国内,有学者从海洋的角度出发,通过解构并重构东亚区域地缘政治结构,试图以海洋作为地缘板块的基准,进而将东亚大陆与日本的关系人为地转变成"边缘—重心"的关系。③ 这显然不符合东亚地缘政治的本质逻辑。事实上,日本的"地缘次级国家"地位是根据东亚区域客观的地缘政治结构而作出的理性判断。作为东亚地

---

① 苏浩:《地缘重心与世界政治的支点》,《现代国际关系》2004年第4期。
② 苏浩:《地缘重心与世界政治的支点》,《现代国际关系》2004年第4期。
③ 桜田淳「日本はアジアではなく太平洋だ」、産経ニュース、2015年5月29日。

缘板块中的"地缘次级国家",日本应该正视自身的地缘位置,从长远利益出发,以合作为主线,与同一区域内作为"地缘重心国"的中国协调好关系,共同推动东亚区域一体化进程,维护好东亚区域的和平、稳定与繁荣。

(二)要摒弃对抗性的传统地缘政治思维,坚持合作性的地缘政治观,特别是要促使"海陆对立"意识向"海陆和合"乃至"海陆融合"意识转变

在传统地缘政治理论中,对抗性始终是主基调。一方面,早期的地缘政治理论受到"社会达尔文主义"的深刻影响,将达尔文"进化论"中关于生物进化的规律引入地缘政治中,认为国家就像生物有机体一样为了生存必须寻求成长与发展的空间,而在空间扩张的过程中必然伴随着对领土的扩张和占有。因此,扩张被认为是国家这一有机体的天然属性。另一方面,以马汉"海权论"和麦金德"陆权论"为代表的地缘政治理论将国家之间的对抗性看作是一种历史常态,在他们的思想中,海洋国家与大陆国家(亦即海权与陆权)之间的对立是绝对的、不可避免的。即便是斯皮克曼的"边缘地带"理论否认了海洋国家与大陆国家之间的纯粹对立,但他仍然没有摆脱对抗这个主基调,他预见的战后地缘政治形势仍然是所谓海洋国家美国与大陆国家苏联(以及中国)之间的对立。由此可以看出,对抗性是传统地缘政治理论的根本特性,其原因就在于传统地缘政治理论是为国家称霸世界服务的理论。

传统地缘政治理论对日本的影响一直延续至今。在日本看来,海洋国家与大陆国家之间有着不可调和的结构性矛盾。日本将自身视为海洋国家,而将中国视为大陆国家,有意忽视中国在地缘上也是海洋国家的客观事实,顽固地将传统地缘政治逻辑套用在日本与中国的地缘关系上,对中国的和平崛起抱有莫名的戒心与不信任,错误地认为中国崛起必然向外扩张。加上几十年来日本自身有着政治大国的目标诉求,而地缘政治理论特别是海权论为其提供了依据——拥有海权就能取得世界大国地位,二者的结合促使日本采取海洋扩张的方式追求政治大国的战略目标。另一方面,日本根深蒂固的"海陆对立"意识也未能得到消除。自幕末以来,以海军见长的萨摩藩和以陆军为主的长州藩因相互之间的恩怨而

对立，随着明治维新的成功，两藩之间的对立逐渐演变为海军与陆军、海洋国家志向与大陆国家志向之间的对立。第二次世界大战结束后，在西方地缘政治思想的影响下，这种对立意识又拓展至日本的国际认知层面，使日本以此作为划分"敌我"的标准。从本质上说，"海陆对立"意识的产生是因为对抗性思维的存在。由于对抗性的地缘政治思维逻辑，当国家将自身视为海洋国家或大陆国家时，必然会相应地产生与大陆国家或海洋国家相对抗的意识。正是在这种错误思维和意识的指引下，日本总是采取过激行为，制造与中国的对抗，进而使东亚地区的安全局势趋于紧张。

从地缘政治的视角看，只有日本彻底转变传统的对抗性地缘政治思维，中日关系才有可能正常发展，东亚地区才有可能实现全面的和平与繁荣。正是在这样的认知背景下，中国学者提出了"海陆和合论"[①]，因而具有十分重要的意义。"海陆和合论"的实质是"以和平方式管理和利用好海洋国家和大陆国家之间的地缘关系，以促进本国、本地区和全球的持久和平、安全、发展与繁荣"，根据"海陆和合论"的观点，海洋国家与大陆国家应该"和平相处，互不侵犯，互不使用武力和武力威胁，互不干涉内政"；应该"各自发挥自身地缘优势，开展平等互利的经济合作和彼此信赖的安全合作"；应该"相互开放，为对方的发展和彼此合作提供地缘便利条件，通过政治对话与协商解决彼此之间存在的矛盾和问题"；应该"不以海陆划线树敌立友，而以和平、合作为共同目标，争取实现'海陆和谐'"。[②] 对照"海陆和合论"的观点不难发现，如果中日两国坚持合作的理念，促使"海陆对立"意识向"海陆和合"意识转变，两国关系的发展就有光明的未来，亚洲的安全与繁荣也就有了希望。亚洲的安全关系到包括中日两国在内的所有亚洲国家的发展，而传统的对抗性地缘政治理论并不利于亚洲安全的实现。2014年5月，习近平主席参加亚洲相互协作与信任措施会议第四次峰会时，发表了题为《积极树

[①] "海陆和合论"是清华大学刘江永教授提出的实现海洋国家与陆地国家和平、合作的地缘政治观。见刘江永：《地缘战略需要海陆和合论》，《学习时报》2006年4月24日，第002版。

[②] 刘江永：《地缘战略需要海陆和合论》，《学习时报》2006年4月24日，第002版。

立亚洲安全观 共创安全合作新局面》的重要讲话,首次倡导树立"共同、综合、合作、可持续的亚洲安全观",并提出要"创新安全理念,搭建地区安全和合作新架构,努力走出一条共建、共享、共赢的亚洲安全之路"。[①] 安全上的合作引领着安全上的共赢。自大航海时代以来,以追求权力和狭隘国家利益为核心的对抗性地缘政治理论使亚洲地区成为大国争霸的牺牲品,亚洲地区的安全一直未能得到有效保障;而在当前,亚洲的各种问题交织在一起,使得安全问题极其复杂。实践中国倡导的亚洲安全观,不仅有助于亚洲地区各国摆脱传统地缘政治理论的桎梏,也将从根本上维护亚洲地区的持久和平、稳定与发展。

冷战结束后,和平与发展逐渐成为时代的主题。然而,由于仍然存在大量的非传统安全与传统安全等问题,安全课题始终是人们关注的焦点。地缘政治理论本质上反映的是权力和安全这一"硬币的两面"问题。在对抗性思维的影响下,国家始终追求扩张权力、谋求绝对安全。对日本来说,如果不能摒弃这种对抗性的地缘政治思维,日本自身和东亚地区的安全也就不可能得到保障。但如果实现了"海陆和合"乃至"海陆融合",安全问题,特别是传统安全问题就有可能迎刃而解。

[①] 习近平:《积极树立亚洲安全观 共创安全合作新局面》,《人民日报》2014年5月22日第2版。

结　　论

　　海权思想是地缘政治思想的重要组成部分。海权是地缘政治权力结构中的基本要素之一，在相当程度上影响着濒海国家的对外行为。自马汉提出经典的海权理论后，海权思想的发展便有了理论的高度和历史的深度。一般意义上，一个国家的海权思想主要体现的是这个国家的政治家、战略家和思想家们对海权的理解与认知以及本国海洋行为背后的海权逻辑。因此，没有哪个国家的海权思想是对马汉海权思想的完全继承。日本自然也不例外。日本海权思想既吸收了马汉海权思想的部分要义，同时也有其自身的特点。从历史演变的角度看，近代以来，日本海权经历了扩张、收缩和再扩张的过程。在这一过程中，日本海权思想深刻而复杂地影响着日本的对外行为。特别是当前，日本海洋扩张行为的背后已经显现出其追求传统海权的思维逻辑。

　　日本海权思想的产生离不开它独特的地理环境和具有扩张性的战略文化。就地理环境而言，日本是位于西太平洋地区的四面环海的列岛型国家，有着漫长的海岸线和众多优良的港口，具有发展海权的天然便利；从战略文化来看，植入日本国民内心深处的武士道精神和由日本自古以来对外扩张实践而体现出来的扩张主义传统，都是日本海权思想产生的精神因素。此外，通过对日本海权思想演变的历史进行纵向梳理后，我们发现，日本海权思想的每一次变化都伴随着它对自身海洋国家身份的认知和构建。可以说，认知和构建海洋国家身份是日本海权思想演变的基础。认知和建构海洋国家身份，既需要日本的思想家们从历史和理论的角度加以确立，也需要日本政府的决策者们从国家层面来推动。与此同时，通过梳理也可以发现，在不同的阶段，日本海洋国家身份的指向和内涵也不尽相同。正因为海洋国家身份对日本来说有着特殊的意义，在分析日本海权思想时，本书将其看作是日本海权思想演变的前提。在此基础上，本书总结出不同阶段的日本海权思想及其行为背后的海权思维逻辑。

从18世纪末到第二次世界大战结束的这段时间，日本海权思想经历了从萌芽到形成，再到发展的过程。通过正文部分的分析，我们看到，日本海权意识的觉醒是国家安全面临外部压力而促成的海防意识与日本原有的扩张性战略文化紧密结合的产物。1868年明治维新后，日本在形式上完成了国家统一，逐步建立起了近代化的陆海军，从而为对外扩张塑造了实力基础。在此前后，日本海权思想开始萌芽，并随着实践的推移而形成和发展。通过对这段时间日本海权思想的考察，我们发现，日本海权思想有着以下几个方面的特点。

第一，处于萌芽阶段的日本海权思想并未出现争夺制海权的意识，但其对海军建设和海上运输的重视以及"海陆对立"意识却十分明显。这成为日本海权思想形成与发展的基础。在1890年马汉提出其海权思想之前，日本的海权思想已经开始萌芽。在萌芽阶段，日本思想家和战略家对海权的认识主要集中在推动发展海权的力量基础和海权的支柱，即海军和海运；同时以占领琉球和染指中国台湾作为其主要的海权实践。

第二，与萌芽阶段的日本海权思想相比，处于形成和发展阶段的日本海权思想明显地以马汉所说的制海权为重心，特别是在其海权实践中，夺取并掌握制海权的意识显露无疑。在马汉海权思想传入日本之后，日本将其奉为圭臬。在甲午战争和日俄战争中，日本将夺取制海权看作是战争胜败的关键；而以佐藤铁太郎为代表的海军战略理论家则提出了一套适用于日本的国防理论，这一国防理论的核心就是发展海权的思想，其主要内容在于坚持"海主陆从"理念——实行海洋扩张的同时避免大陆扩张，发展强大海军并夺取制海权。此外，日本海权思想的最终导向是与海上强国美国发生战争，因而其海权扩张的实践受到美国的压制。

第三，从18世纪末到第二次世界大战结束的这段时间，日本海权思想的显著特点是建构起了"军事主导的海洋国家"身份，同时海权思想获得了一定的发展，并被应用于日本的海权实践中，但从日本国家整体战略来看，日本的海权思想及其海洋扩张实践被用来服务于日本的大陆扩张，主张大陆扩张的"陆主海从"理念也基本占据上风。因此，在这段时间，日本海权总体上是日本追求陆权的手段和保障，海权居于日本国家战略的次要地位。

在第二次世界大战结束至冷战结束的这段时间，最初日本因战败而失去军事力量，并走上和平、民主的道路，但美苏两极格局的形成却又迫使日本成为美国的军事同盟。在这样的背景下，日本重新思考国家发展的方向。它一方面致力于社会进步和经济发展，另一方面开始重建防御性质的军事力量。随着对外贸易的展开和科学技术，尤其是深海勘探与开采技术的进步，海洋本身的价值逐步被发现，人类对海权的认识也逐渐发生了变化。以高坂正尧为代表的日本有识之士开始推动重构日本的海洋国家身份，呼吁日本面向海外，以海洋作为日本活动的舞台。以此为基调，日本海权思想开始出现不同于战前海权思想的特点。

第一，日本逐步建构起"经济主导的海洋国家"身份，并以这种身份作为日本海权思想重构的基础。同时，战前以海洋军事扩张为主要目标的海权思想，逐渐在经济领域获得了重生，这种重生体现为对海洋权益、主要是海洋经济利益的追求，日本国内开始形成"海洋开发论"和"海洋自由论"。日本对海洋权益的追求，是第二次世界大战结束后日本海权思想发生转变的结果。

第二，战后日本海上军事力量的建设一直处于逐步发展中，其海权思想在军事领域逐渐转型，表现为海上战略思想由战前的扩张性转变为重视海上通道安全的防御性，以及海权模式由战前的谋求独霸海权转变为战后的谋求实现日美共同海权。

第三，日本在这段时间并不拥有完整的海权思想，但日本通过发展经济极大地增强了自身的实力，同时建立起了相当规模的、具有所谓防御性的海上军事力量，加上日本从未丧失其自近代以来的主导东亚区域的意识。因此可以说，日本在保持海上军事力量建设能力和经济主导意识的条件下，获得了重新谋求海权的可能。

冷战的结束使日本谋求海权的可能逐渐成为现实。这一方面源于日本自身对海权的诉求，另一方面也由于客观环境的变化给日本创造了机会。在冷战结束前后，海洋的价值又一次发生转变，海洋的国土性质开始凸显，这使得海洋如陆地一般成为各国竞相追逐的对象。正是由于海洋的重要性不断提高，日本同其周边国家一样将海洋视为国家未来发展的关键之所在。这带动了日本再次重新认识自身的海洋国家身份，并从所谓历史和文明的视角对其海洋国家身份加以认定。同时，20世纪80年代即已出现的政治大国诉求一直对日本有着强大的吸引力，将目光投向海洋的日本自然而然地重视起海权对政治大国的重要意义。由此，冷战后日本海权思想逐渐呈现出新的特点。

第一，秉承着冷战时期追求海洋权益的传统和谋求海权的主观意愿与客观需求，冷战后的日本海权思想逐渐成形。就战略层面而言，日本海权思想推动着日本建构起海洋战略体系。日本海洋战略反映出传统海权和现代海权两个维度，即追求海上权力和谋求海洋权益。从21世纪初日本的海洋扩张行为来看，后者是日本海洋战略的目标，而前者才是日本海洋战略的真实意图。就政治层面而言，日本海权思想和国际政治现实促使日本秉持"海陆对立"意识，并采取所谓"海洋国家联盟"的方式。海权论者大多认为海权对获取大国地位有着特殊重要的意义。在国际政治中，海权的重要性确实十分突出，历史和现实都证明海权对一国确立世界大国地位具有相当的影响力。因此，为实现政治大国目标，日本自然会谋求拥有海权。

第二，冷战后的日本海权思想充满了传统海权思想的对抗性和扩张性。尽管目前日本海权思想的发展并不完全指向传统海权思想，但其海洋扩张的态势越来越明显。通过海洋扩张，日本不仅拓展了海洋国土面积和海洋战略空间，还推动其政治大国目标的实现。应该说，受到日本海权思想影响的海洋扩张行为的危险性不断上升。

对日本而言，其海权思想的意义在于以下两点：一是使日本重视在海上实战中夺取制海权；二是使日本认识到掌握海权有助于其获得世界大国的地位。尤其是后者，在冲突爆发代价越来越大的今日，日本特别看重通过掌握海权的方式，增强自身的对外影响力，进而谋求成为世界大国。作为四面环海的岛国，海洋既是日本的权力基础，也是日本的战略空间。客观地说，日本有谋求海洋权益的权利，但不应该以损害其他国家的权利为代价和前提，其理念也不应该是对抗性的。从日本自身和东亚地区发展大局考虑，日本应该解放不符合时代潮流的海权思想，转变过时的"海陆对立"意识，坚持海洋合作主基调，只有这样才能真正为地区和平与稳定做出应有的贡献。对中日关系来说，日本只有正确认识自身在东亚地区的"地缘次级国家"地位，推动与中国的"海陆和合"乃至"海陆融合"，才能促进中日双边关系健康、稳定地向前发展。

参考文献

一 中文资料

（一）中文著作（含译著）

[澳] J. R. V. 普雷斯科特：《海洋政治地理》，王铁崖、邵津译，商务印书馆 1978 年版。

[保] 亚历山大·利洛夫：《文明的对话：世界地缘政治大趋势》，马细谱等选译，社会科学文献出版社 2007 年版。

[德] C. 施米特：《陆地与海洋——古今之"法"变》，林国基、周敏译，华东师范大学出版社 2006 年版。

[德] 克劳塞维茨：《战争论》（中国人民解放军军事科学院译），解放军出版社 2008 年版。

[美] A. J. 科特雷尔、R. M. 伯勒尔编：《印度洋在政治、经济、军事上的重要性》，上海人民出版社 1976 年版。

[美] E. B. 波特主编：《世界海军史》，李杰等译，解放军出版社 1992 年版。

[美] E. 拉兹洛：《决定命运的选择：21 世纪的生存抉择》，李吟波、张武军、王志康译，生活·读书·新知三联书店 1997 年版。

[美] 阿尔文·托夫勒、海迪·托夫勒：《未来的战争》，新华出版社 1996 年版。

[美] 埃德温·赖肖尔：《日本人》，孟胜德、刘文涛译，上海译文出版社 1980 年版。

[美] 艾尔弗雷德·塞耶·马汉：《海权对法国大革命和帝国的影响

(1793—1812)》，李少彦、董绍峰、肖欢等译，海洋出版社 2013 年版。

[美] 艾尔弗雷德·塞耶·马汉：《海权对历史的影响（1660—1783）》，李少彦、董绍峰、徐朵等译，海洋出版社 2013 年版。

[美] 艾尔弗雷德·塞耶·马汉：《海权与 1812 年战争的关系（全译本）》，李少彦、董绍峰、姜代超等译，海洋出版社 2013 年版。

[美] 艾·塞·马汉：《海军战略》，蔡鸿幹、田常吉译，商务印书馆 1994 年版。

[美] 保罗·肯尼迪：《大国的兴衰：1500—2000 年的经济变迁与军事冲突》，陈景彪等译，国际文化出版公司 2006 年版。

[美] 彼得·卡斯滕：《海军贵族——安纳波利斯的黄金时期及现代美国海军至上主义的出现》，王培译，海潮出版社 2011 年版。

[美] 丹尼尔·奥·格雷厄姆：《高边疆——新的国家战略》，张健志、马俊才、傅家祯译，军事科学出版社 1988 年版。

[美] 丹尼斯·朗：《权力论》，陆震纶、郑明哲译，中国社会科学出版社 2001 年版。

[美] 房龙：《房龙讲述地理的故事》，汪德春译，东方出版社 2004 年版。

[美] 汉斯·摩根索：《国际纵横策论——争强权，求和平》，卢明华、时殷弘、林永军译，上海译文出版社 1995 年版。

[美] 汉斯·摩根索：《国家间政治：权力斗争与和平》，肯尼思·汤普森、戴维·克林顿修订，徐昕、郝望、李保平译，北京大学出版社 2006 年版。

[美] 克雷格·斯奈德等：《当代安全与战略》，徐纬地等译，吉林人民出版社 2001 年版。

[美] 肯尼思·华尔兹：《国际政治理论》，信强译，上海人民出版社 2008 年版。

[美] 理查德·罗斯克兰斯、阿瑟·斯坦主编：《大战略的国内基础》，刘东国译，北京大学出版社 2005 年版。

[美] 罗伯特·基欧汉：《霸权之后：世界政治经济中的合作与纷争（增订版）》，苏长和、信强、何曜译，上海人民出版社 2012 年版。

[美] 罗伯特·基欧汉、约瑟夫·奈：《权力与相互依赖（第四版）》，门

洪华译，北京大学出版社2012年版。

［美］罗伯特·西格：《马汉》，刘学成等译，解放军出版社1989年版。

［美］马汉：《海权论》，萧伟中、梅然译，中国言实出版社1997年版。

［美］麦乔治·邦迪：《美国核战略》，褚广友等译，世界知识出版社1991年版。

［美］Milan Vego：《海军战役理论与实践》，邢焕革、黎放、张立主译，电子工业出版社2011年版。

［美］塞缪尔·亨廷顿：《文明的冲突与世界秩序的重建（修订版）》，周琪等译，新华出版社2010年版。

［美］斯皮克曼：《和平地理学》，刘愈之译，商务印书馆1965年版。

［美］斯塔夫里阿诺斯：《全球通史：从史前史到21世纪》，吴象婴等译，北京大学出版社2006年版。

［美］小约翰·莱曼：《制海权——建设600艘舰艇的海军》，海军军事学术研究所1991年版。

［美］约翰·柯林斯：《大战略》，中国人民解放军军事科学院1978年版。

［美］詹姆斯·多尔蒂、小罗伯特·普法尔茨格拉夫：《争论中的国际关系理论（第五版）》，阎学通、陈寒溪等译，，世界知识出版社2013年版。

［美］兹比格纽·布热津斯基著：《大棋局：美国的首要地位及其地缘战略》，中国国际问题研究所译，上海人民出版社1998年版。

［日］坂本金美：《日本潜艇史》，龚建国、方希和、巫佩霞译，海洋出版社1988年版。

［日］村上重良：《国家神道》，聂长振译，商务印书馆1990年版。

［日］服部卓四郎：《大东亚战争全史》，张玉祥等译，商务印书馆1984年版。

［日］冈本文夫：《佐藤政权》，复旦大学历史系日本史组译，上海人民出版社1975年版。

［日］吉田茂：《激荡的百年史：我们的果断措施和奇迹般的转变》，孔凡、张文译，世界知识出版社1980年版。

［日］浅野祐吾：《军事思想史入门》，赵志民、李苑译，解放军出版社

1988年版。

［日］松本一男：《中国人与日本人》，周维宏、祝乘风译，渤海湾出版公司1988年版。

［日］外山三郎：《日本海军史》，龚建国、方希和译，解放军出版社1988年版。

［日］丸山真男：《日本政治思想史》，王中江译，生活·读书·新知三联书店2000年版。

［日］新渡户稻造：《武士道》，张俊彦译，商务印书馆1993年版。

［日］信夫清三郎编：《日本外交史》，天津社会科学院日本问题研究所译，商务印书馆1980年版。

［日］信夫清三郎著：《日本政治史》（第二卷 明治维新），周启乾、吕万和、熊达云译，上海译文出版社1988年版。

［日］星野昭吉、刘小林：《冷战后国际关系理论的变化与发展》，北京师范大学出版社1999年版。

［日］星野昭吉编著：《变动中的世界政治：当代国际关系理论沉思录》，刘小林、王乐理等译，新华出版社1999年版。

［日］伊藤宪一：《国家与战略》，军事科学院外国军事研究部译，军事科学出版社1989年版。

［日］伊藤正德：《联合舰队的覆灭》，刘宏多译，海洋出版社1991年版。

［日］依田熹家：《日本帝国主义的本质及其对中国的侵略》，卞立强等译，中国国际广播出版社1993年版。

［日］中曾根康弘：《日本二十一世纪的国家战略》，联慧译，海南出版社2004年版。

［日］中曾根康弘：《新的保守理论》，金苏城、张和平译，世界知识出版社1984年版。

［苏］谢·格·戈尔什科夫：《国家海上威力》，济司二部译，生活·读书·新知三联书店1977年版。

［英］杰弗里·蒂尔：《21世纪海权指南（第2版）》，师小芹译，上海人民出版社2013年版。

［英］杰弗里·蒂尔：《海上战略与核时代》，张可大、熊梦华译，海军军

事学术研究所 1991 年版。

［英］杰弗里·帕克：《二十世纪的西方地理政治思想》，李亦鸣、徐小杰、张荣忠译，解放军出版社 1992 年版。

［英］杰弗里·帕克：《地缘政治学：过去、现在和未来》，刘从德译，新华出版社 2003 年版。

［英］康拉德·沃特斯：《全球海上力量》，陈传明、王志波译，军事谊文出版社 2011 年版。

［英］罗伯特·迪金森：《近代地理学创建人》，葛以德等译，商务印书馆 1980 年版。

［英］麦金德：《历史的地理枢纽》，林尔蔚、陈江译，商务印书馆 2008 年版。

［英］朱利安·S. 科贝特：《海上战略的若干原则》，仇昊译，上海人民出版社 2012 年版。

步平、［日］北冈伸一主编：《中日共同历史研究报告（古代史卷）》，社会科学文献出版社 2014 年版。

丛胜利、李秀娟：《英国海上力量：海权鼻祖》，海洋出版社 1999 年版。

程广中：《地缘战略论》，国防大学出版社 1999 年版。

段廷志、陈华、闫雪昆：《大家精要 佐藤铁太郎》，云南教育出版社 2011 年版。

冯昭奎编著：《日本经济》，中国社会科学出版社 2015 年版。

冯昭奎等：《战后日本外交（1945—1955）》，中国社会科学出版社 1996 年版。

高子川、林松编著：《蓝色警示——21 世纪初的海洋争夺》，海潮出版社 2013 年版。

郭炤烈：《日本和东盟》，知识出版社 1984 年版。

郝延兵、杨志荣：《海上力量与中华民族的伟大复兴》，国防大学出版社 2005 年版。

何树才编著：《外国海军军事思想》，国防大学出版社 2007 年版。

霍小勇主编：《震撼世界历史的大海战》，中国社会科学出版社 1993 年版。

江新凤：《当代外国军事思想教程》，军事科学出版社2013年版。
蒋立峰、汤重南主编：《日本军国主义论》，河北人民出版社2005年版。
鞠海龙：《亚洲海权地缘格局论》，中国社会科学出版社2007年版。
鞠海龙：《中国海权战略》，时事出版社2010年版。
鞠海龙：《中国海上地缘安全论》，中国环境科学出版社2004年版。
李明春：《海权论衡》，海洋出版社2004年版。
李明春：《海洋权益与中国崛起》，海洋出版社2007年版。
李少军主编：《国际战略学》，中国社会科学出版社2009年版。
李义虎：《地缘政治学：二分论及其超越——兼论地缘整合中的中国选择》，北京大学出版社2007年版。
李永采等著：《海洋开拓争霸简史》，海洋出版社1990年版。
廉德瑰：《日本的海洋国家意识》，时事出版社2012年版。
刘从德：《地缘政治学：历史、方法与世界格局》，华中师范大学出版社1998年版。
刘从德主编：《地缘政治学导论》，中国人民大学出版社2010年版。
刘天纯等著：《日本对华政策与中日关系》，人民出版社2004年版。
刘雪莲编著：《地缘政治学》，吉林大学出版社2002年版。
刘中民：《世界海洋政治与中国海洋发展战略》，时事出版社2009年版。
刘中民、修斌、郭培清等著：《国际海洋政治专题研究》，中国海洋大学出版社2007年版。
陆俊元：《地缘政治的本质与规律》，时事出版社2005年版。
逯松荣、吴平编译：《日本海上保安厅》，海洋出版社1992年版。
米庆余：《近代日本的东亚战略和政策》，人民出版社2007年版。
米庆余：《日本近现代外交史》，世界知识出版社2010年版。
倪稼民主编：《当代世界政治与国际关系》，上海财经大学出版社1996年版。
倪乐雄：《文明转型与中国海权》，文汇出版社2011年版。
钮先钟：《西方战略思想史》，广西师范大学出版社2003年版。
邵永灵：《海洋战国策：邵永灵论海洋大国崛起》，石油工业出版社2010年版。

沈予：《日本大陆政策史（1868~1945）》，社会科学文献出版社 2005 年版。

师小芹：《论海权与中美关系》，军事科学出版社 2012 年版。

石家铸：《海权与中国》，上海三联书店 2008 年版。

史滇生主编：《世界海军军事史概论》，海潮出版社 2003 年版。

宋成有、李寒梅：《战后日本外交史（1945—1994）》，世界知识出版社 1995 年版。

宋宜昌：《火与剑的海洋：帝国的崛起与衰落》，上海科学普及出版社 2007 年版。

宋宜昌：《决战海洋：帝国是怎样炼成的》，上海科学普及出版社 2006 年版。

孙叔林主编：《当代亚太政治》，世界知识出版社 2002 年版。

汤重南、王仲涛：《日本近现代史》（近代卷），现代出版社 2013 年版。

汪向荣：《中国的近代化与日本》，湖南人民出版社 1987 年版。

王恩涌等编著：《政治地理学：时空中的政治格局》，高等教育出版社 1998 年版。

王宏斌：《晚清海防：思想与制度研究》，商务印书馆 2005 年版。

王屏：《近代日本的亚细亚主义》，商务印书馆 2004 年版。

王少普、吴寄南：《战后日本防卫研究》，上海人民出版社 2003 年版。

王生荣：《海权对大国兴衰的历史影响》，海潮出版社 2009 年版。

王生荣：《海权论的鼻祖：马汉》，军事科学出版社 2000 年版。

王生荣：《海洋大国与海权争夺》，海潮出版社 2000 年版。

王绳祖主编：《国际关系史》，世界知识出版社 1995 年版。

吴华、杨清、卢井泉：《日本海上力量：海魂沉浮》，海洋出版社 1999 年版。

吴学文等著：《日本外交轨迹》（1945—1989），时事出版社 1990 年版。

肖裕声主编：《21 世纪初大国军事理论发展新动向》，军事科学出版社 2008 年版。

熊沛彪：《近现代日本霸权战略》，社会科学文献出版社 2005 年版。

杨金森、高之国编著：《亚太地区的海洋政策》，海洋出版社 1990 年版。

杨珍：《海权论文集》，台北：国防研究院 1969 年版。

叶自成：《地缘政治与中国外交》，北京出版社 1998 年版。

叶自成：《陆权发展与大国兴衰：地缘政治环境与中国和平发展的地缘战略选择》，新星出版社 2007 年版。

俞学标：《海权——利益与威胁的双刃剑》，海潮出版社 2008 年版。

俞正梁等著：《大国战略研究：未来世界的美、俄、日、欧（盟）和中国》，中央编译出版社 1998 年版。

张炜：《大国之道：船舰与海权》，北京大学出版社 2011 年版。

张炜：《迎接海洋世纪——海权之争》，北京科学技术出版社 1997 年版。

张炜、许华：《海权与兴衰》，海洋出版社 1991 年版。

张炜、郑宏：《影响历史的海权论——马汉〈海权对历史的影响（1660—1783）〉浅说》，军事科学出版社 2000 年版。

张卫娣、肖传国：《近代以来日本国家战略的演变》，时事出版社 2013 年版。

朱宁：《胜算：中日地缘战略与东亚重塑》，浙江人民出版社 2007 年版。

（二）中文论文（含学位论文）

曹云华、李昌新：《美国崛起中的海权因素初探》，《当代亚太》2006 年第 5 期。

陈海燕：《中日扩大安全合作的可能性》，《知识经济》2008 年第 4 期。

陈祥军：《冷战后日本海权战略转型问题研究》，硕士学位论文，山东大学，2013 年。

陈鑫彬：《当代日本海权战略分析》，硕士学位论文，暨南大学，2009 年。

程铭：《近代以来日本的地缘政治思想与地缘战略选择》，博士学位论文，吉林大学，2011 年。

程前光：《马汉的海权论及对二战前世界历史进程的影响》，硕士学位论文，山东大学，2009 年。

初晓波：《身份与权力：冷战后日本的海洋战略》，《国际政治研究》2007 年第 4 期。

杜时兆：《新世纪日本海洋战略——关于新型海权的探索研究》，硕士学位论文，外交学院，2013 年。

杜小军:《近代日本的海权意识》,《日本研究论集·2002》,天津人民出版社 2002 年版。

段廷志、冯梁:《日本海洋安全战略:历史演变与现实影响》,《世界经济与政治论坛》2011 年第 1 期。

段廷志:《冷战后的日本防卫战略:基本取向及其对西太平洋和中国海上安全的影响》,《世界经济与政治论坛》2006 年第 5 期。

冯昭奎:《21 世纪初国际能源格局及今后的中长期变化——兼论日本能源安全的出路与困境》,《国际安全研究》2013 年第 6 期。

高坤:《中日东海海权之争》,硕士学位论文,西南政法大学,2011 年。

高兰:《日本海洋战略的发展及其国际影响》,《外交评论》2012 年第 6 期。

高兰:《"冷和平"治下的中日海权博弈分析:结构、脉络、前景》,《东北亚论坛》2018 年第 6 期。

龚迎春:《日本与多边海上安全机制的构建》,《当代亚太》2006 年第 7 期。

巩建华:《海权概念的系统解读与中国海权的三维分析》,《太平洋学报》2010 年第 7 期。

关希:《排他性的"海权论"可以休矣——析日本流行的"海洋国家战略"》,《日本学刊》2006 年第 4 期。

关希:《日本国家战略调整中的"海权论"》,《领导文萃》2007 年第 3 期。

管带:《日本海权战略对中国的影响》(上),《海陆空天惯性世界》2011 年第 6 期。

管带:《日本海权战略对中国的影响》(中),《海陆空天惯性世界》2011 年第 7 期。

管带:《日本海权战略对中国的影响》(下),《海陆空天惯性世界》2011 年第 8 期。

郭锐:《日本的海权观及其海洋领土争端——一种建构主义的尝试分析》,《日本学论坛》2006 年第 2 期。

侯苏洁:《中日海权争端及其对策研究》,硕士学位论文,中国海洋大学,

2011年。

胡德坤、刘潇湘：《一战后的美日海权角逐与太平洋战争的爆发》，《武汉大学学报》（人文科学版）2013年第2期。

江继龙：《亚太多边安全合作与美日影响》，《和平与发展》1997年第3期。

江新凤：《日本战略文化研究》，博士学位论文，军事科学院，2004年。

焦佩：《日本海洋发展观与中日海权争端》，《日本问题研究》2006年第2期。

鞠海龙：《晚清海防与近代日本海权之战略比较》，《中州学刊》2008年第1期。

李昌新：《海权与国家安全》，博士学位论文，暨南大学，2006年。

李际均：《论战略文化》，《中国军事科学》1997年第1期。

李曼：《日本的岛国地位及其地缘战略选择》，硕士学位论文，华中师范大学，2008年。

李文娟：《新世纪日本海洋战略的调整及对中国的影响》，硕士学位论文，河北师范大学，2013年。

李晓燕：《文化·战略文化·国家行为》，《外交评论》2009年第4期。

廉德瑰：《略论日本"海洋派"的对外战略思想》，《日本学刊》2012年第1期。

林文隆：《美国霸权的崛起历程与海权论》，《国防杂志》（中国台湾）第二十三卷第一期。

刘丹：《非传统安全视角下日本海洋战略研究》，硕士学位论文，上海师范大学，2012年。

刘江永：《地缘战略需要海陆和合论》，《学习时报》2006年4月24日第002版。

刘强：《中日韩军事安全合作的困境与出路》，《国际展望》2011年第3期。

刘小军：《关于当代中国海权的若干思考》，博士学位论文，中共中央党校，2009年。

刘新华、秦仪：《现代海权与国家海洋战略》，《社会科学》2004年第

3期。

陆俊元：《地缘政治规律再探》，《现代国际关系》2006年第7期。

梅秀庭：《安倍内阁〈国家安全保障战略〉介评》，《现代国际关系》2014年第2期。

庞中鹏：《日本觊觎钓鱼岛意在东亚制海权》，《学习月刊》2012年第19期。

师小芹：《理解海权的另外一条路径——简论朱利安·科贝特的海权理论及其现实意义》，《和平与发展》2010年第1期。

史春林：《20世纪90年代以来关于海权概念与内涵研究述评》，《中国海洋大学》（社会科学版）2007年第2期。

宋莉：《从日本"冲之鸟"礁问题看主权国家海权之争》，《经营管理者》2010年第23期。

苏浩：《地缘重心与世界政治的支点》，《现代国际关系》2004年第4期。

孙俊华：《尼克松主义对日韩安全合作关系的影响》，《日本学论坛》2006年第4期。

汪曙申：《试论近代日本海权的扩张与对台湾的侵占》，《台湾研究》2012年第4期。

王海滨：《日澳安全合作：走向战略同盟》，《社会观察》2010年第7期。

王竞超：《日印海洋安全合作的新发展与制约因素》，《现代国际关系》2018年第5期。

王新生：《日本向何去处》，《世界知识》1999年第12期。

魏志江、孟诗：《试析中日韩三国2011年以来的非传统安全合作》，《中共浙江省委党校学报》2012年第4期。

吴征宇：《重新认识"心脏地带理论"及其战略涵义》，《现代国际关系》2005年第3期。

吴征宇：《尼古拉斯·斯皮克曼的"边缘地带理论"及其战略含义》，《教学与研究》2006年第5期。

吴征宇：《海权的影响及其限度——阿尔弗雷德·塞耶·马汉的海权思想》，《国际政治研究》2008年第2期。

吴征宇：《海权与陆海复合型强国》，《世界经济与政治》2012年第2期。

吴征宇：《地理政治变迁与日本的对外政策走向》，《教学与研究》2012年第3期。

肖晞、樊丛维：《美日海权同盟的背景、特征及中国的战略应对》，《东北亚论坛》2020年第4期。

谢茜：《日本海权的崛起与全面侵华战争》，《武汉大学学报》（人文科学版）2011年第1期。

熊曙光：《历史视野下的国外中国海权研究》，《中国图书评论》2007年第10期。

严绍璗：《日本当代海洋文明观质疑》，《日本学论坛》2005年第Z1期。

杨伯江：《浅析贸易摩擦与日美关系》，《亚非纵横》1994年第4期。

杨伯江：《战后70年日本国家战略的发展演变》，《日本学刊》2015年第5期。

杨光：《海洋亚太观与中国的海洋发展取向》，《济南大学学报》2003年第6期。

杨国桢：《重新认识西方的"海洋国家论"》，《社会科学战线》2012年第2期。

杨鲁慧、陈祥军：《后冷战时期日本海权防卫战略的转型及对中国的影响》，《上海行政学院学报》2017年第1期。

杨震：《论后冷战时代的海权》，博士学位论文，复旦大学，2012年。

杨震、卞宏信：《关于日本"出云"舰下水的几点思考——以海权的角度》，《长江论坛》2013年第4期。

杨震、蔡亮：《后冷战时代的日本海洋战略与日印海权合作》，《印度洋经济体研究》2019年第4期。

姚文礼：《共筑东亚安全大厦——浅析21世纪之初的中日安全合作》，《日本学刊》2002年第5期。

于波：《军事技术进步对海权思想的影响研究》，硕士学位论文，国防科学技术大学，2007年。

苑基荣：《浅析日本大陆政策形成的思想渊源》，《中国社会科学院研究生院学报》2009年第2期。

张景全：《日本的海权观及海洋战略初探》，《当代亚太》2005年第5期。

张威威：《论中日韩安全合作》，《和平与发展》2011年第4期。

周琪：《美国对日安全合作政策对中日关系的影响》，《当代亚太》2009年第2期。

周永生：《日本"大陆政策"思想探源》，《世界历史》1989年第2期。

朱锋：《中美战略竞争与日本的安全战略选择》，《日本学刊》2021年第3期。

朱锋：《地缘战略与大国关系：中日关系基本走势的再分析》，《日本学刊》2022年第1期。

二　日文资料

（一）日文著作

稲垣満次郎『東方策』活世界社、一八九一年。

エー・テー・マハン『海上権力史論（上・下）』（水交社訳）東邦協会、一八九六年。

小笠原長生『帝国海軍史論』春陽堂、一八九八年。

佐藤鉄太郎『帝国国防論』（日本国立国会図書館デジタルコレクション）、一九〇二年。

小笠原長生『日本帝国海上権力史講義』春陽堂、一九〇四年。

佐藤鉄太郎『国防策議』（日本国立国会図書館デジタルコレクション）、一九一二年。

宮本源之助『当面の海権問題』運輸日報社、一九一四年。

林子平『海国兵談』圖南社、一九一六年。

飯本信之『政治地理学』改造社、一九二九年。

佐藤鉄太郎『国防新論』民友社、一九三〇年。

佐藤鉄太郎『日本の将来』奉仕会本部、一九三四年。

加藤寬治『軍縮会議と国民の覚悟』日本精神協会、一九三五年。

室伏高信『南進論』日本評論社、一九三六年。

加藤寬治述『「ワシントン」会議ノ追憶』外務省調査部第一課、一九三八年。

高木友三郎『海洋世界興亡史』興亜日本社、一九四〇年。

広瀬豊編『山鹿素行全集　思想篇　第十三巻』、岩波書店、一九四〇年。

小牧実繁『日本地政学宣言』弘文堂書房、一九四〇年。

加藤寛治大将伝記編纂会編述『加藤寛治大将伝』加藤寛治大将伝記編纂会、一九四一年。

米倉二郎『東亜地政学序説』生活社、一九四一年。

高木友三郎『海上権と日本の発展』興亜日本社、一九四二年。

川西正鑑『東亜地政学の構想』実業之日本社、一九四二年。

黒田謙一『日本植民思想史』、弘文堂書房、一九四二年。

小牧実繁『日本地政学』講談社、一九四二年。

小牧実繁『東亜の地政学』目黒書店、一九四二年。

竹越與三郎『南国記』日本評論社、一九四二年。

日本地政学協会『地政学』日本地政学協会、一九四二年。

岩田孝三『地政学』朝日新聞社、一九四二年。

江沢譲爾『地政学研究』日本評論社、一九四二年。

坂ノ上信夫『日本海防史』泰光堂、一九四二年。

小牧実繁『大東亜地政学新論』星野書店、一九四三年。

佐藤市郎『海軍五十年史』鱒書房、一九四三年。

岩田孝三『国防地理学』帝国書院、一九四三年。

江沢譲爾『地政学概論』日本評論社、一九四三年。

山崎正董『横井小楠遺稿』日新書院、一九四三年。

小牧実繁『日本地政学覚書』秋田屋、一九四四年。

邦枝完二『加藤寛治大将』鶴書房、一九四四年。

南博『日本人の心理』岩波書店、一九五三年。

小島正固、竹内雄『吉田内閣』佐藤印刷所、一九五四年。

伊藤正徳『大海軍を想う』文藝春秋新社、一九五六年。

吉田茂『回想十年（第一巻、第二巻）』新潮社、一九五七年。

慶應義塾編纂『福沢諭吉全集（第1巻－第21巻、別巻1巻）』岩波書店、一九五八年一二月～一九七一年十二月。

外務省編『日本外交年表竝主要文書（上・下）』、原書房、一九六五年。

自民党安全保障調査会『日本の安全と防衛』原書房、一九六六年。

防衛庁防衛研修所戦史室『戦史叢書　海軍軍戦備＜1＞』朝雲新聞社、一九六六年。

安全保障研究会（土曜会）編『海洋国日本の将来』原書房、一九七〇年。

吉原公一郎・久保綾三編『日本現代史資料　日米安保条約体制史　第一巻』三省堂、一九七〇年。

曽村保信『世界の海をめぐって：近代海洋戦略の変遷』原書房、一九七一年。

佐々木忠義監修『海洋開発（第一巻～第五巻）』海洋開発センター出版局、一九七一年。

海空技術調査会編『海洋国日本の防衛』原書房、一九七二年。

ジェイムス・E. アワー著『よみがえる日本海軍』妹尾作太男訳、時事通信社、一九七二年。

鹿島平和研究所編『日本外交史 第26巻 終戦から講和まで』鹿島研究所出版会、一九七三年。

佐藤徳太郎『大陸国家と海洋国家の戦略』原書房、一九七三年。

西村朝日太郎『海洋民族学：陸の文化から海の文化へ』日本放送出版協会、一九七四年。

宮本常一『日本の海洋民』未来社、一九七四年。

日本経済新聞社編『海洋日本の終末』日本経済新聞社、一九七五年。

日本海洋協会編『転換迫られる海洋国家』日本海洋協会、一九七六年。

北岡伸一『日本陸軍と大陸政策』東京大学出版会、一九七八年。

読売新聞社編『日本の防衛戦力』読売新聞社、一九七八年

佐藤鉄太郎『帝国国防史論』（上・下）原書房、一九七九年。

三輪公忠編『日本の一九三〇年代』彩光社、一九八〇年。

鮎沢信太郎『鎖国時代の世界地理学』原書房、一九八〇年。

外山三郎『日本海軍史』教育社、一九八〇年。

海上自衛隊二十五年史編纂委員会編『海上自衛隊二十五年史』防衛庁海上幕僚監部、一九八一年。

河野収『地政学入門』原書房、一九八一年。

太田晃舜『海洋の地政学』日本工業新聞社、一九八一年。

小笠原長生『類聚伝記大日本史　第13巻　海軍編』雄山閣、一九八一年。

清水光夫『海洋国日本の幻想』新評論、一九八一年。

海保清陵『日本思想大系44　本多利明』岩波書店、一九八二年。

左近允尚敏『海上防衛論』麹町書房、一九八二年。

青木栄一『シーパワーの世界史：海軍の誕生と帆走海軍の発達』出版協同社、一九八二年。

岩田孝三『国境の地政学』日本工業新聞社、一九八二年。

河野収『日本地政学』原書房、一九八三年。

鹿島平和研究所編『日本外交主要文書・年表　第一巻（1941—1960）』原書房、一九八三年。

曽村保信『地政学入門：外交戦略の政治学』中央公論社、一九八四年。

飯田鼎『福沢諭吉：国民国家論の創始者』中央公論社、一九八四年。

近代外交史研究会編集『変動期の日本外交と軍事：史料と検討』原書房、一九八七年。

曽村保信『ペリーはなぜ日本に来たか』新潮社、一九八七年。

原剛『幕末海防史の研究』名著出版、一九八八年。

菅谷雅隆『戦略発想の研究』日本実業出版社、一九八八年。

曽村保信『海の政治学』中央公論社、一九八八年。

佐藤文生『日本の海洋戦略：海から日本列島を活かすHH600構想』サイマル出版会、一九八八年。

谷三郎『日本の海軍力』朝日ソノラマ、一九八九年。

伊藤憲一『日本の大戦略』飛鳥新社、一九九〇年。

中村隆英編『資料・戦後日本の経済政策構想　第一巻』東京大学出版会、一九九〇年。

島田謹二『ロシヤ戦争前夜の秋山真之』朝日新聞社、一九九〇年。

入江昭『日本の外交』中央公論社、一九九一年。

川勝平太『日本文明と近代西洋』日本放送出版会、一九九一年。

波多野澄雄『幕僚たちの真珠湾』朝日新聞出版、一九九一年。
伊藤隆編『海軍：加藤寛治日記』みすず書房、一九九四年。
石川泰志『海軍国防思想史』原書房、一九九五年。
海軍歴史保存会編『日本海軍史（第二巻）』第一法規出版、一九九五年。
秋道智彌『海洋民族学：海のナチュラリストたち』東京大学出版会、一九九五年。
纐纈厚『日本海軍の終戦工作：アジア太平洋戦争の再検証』中央公論社、一九九六年。
坂野潤治『近代日本の国家構想：1871—1936』岩波書店、一九九六年。
川勝平太『文明の海洋史観』中央公論新社、一九九七年。
市川周『中国に勝つ』PHP研究所、一九九七年。
上田正昭『東アジアと海上の道：古代史の視座』明石書店、一九九七年。
塩田光喜編『海洋島嶼国家の原像と変貌』アジア経済研究所、一九九七年。
坂本多加雄『新しい福沢諭吉』講談社、一九九七年。
栗栖弘臣『安全保障概論』ブックビジネスアソシエイツ社、一九九七年。
高橋文彦『海軍―軍人の生涯』光人社、一九九八年。
高木彰彦編『アジア太平洋と国際関係の変動：その地政学的展望』古今書院、一九九八年。
高坂正堯著作集刊行会編集『高坂正堯著作集　第一巻』都市出版、一九九八年。
西原正・土山實男共編『日米同盟Q&A100』亜紀書房、一九九八年。
江畑謙介『世界の紛争、日本の防衛：新しい時代の新たな脅威』PHP研究所。一九九九年。
関静雄『近代日本外交思想史入門―原典で学ぶ17の思想』ミネルヴァ書房、一九九九年。
伊藤憲一監修『日本のアイデンティティ：西洋でも東洋でもない日本』

日本国際フォーラム、一九九九年。

川勝平太『文明の海へ』ダイヤモンド社、一九九九年。

平間洋一『日英同盟－同盟の選択と国家の盛衰』PHP 研究所、二〇〇〇年。

伊藤憲一監修『21 世紀日本の大戦略：島国から海洋国家へ』日本国際フォーラム、二〇〇〇年。

黒野耐『帝国国防方針の研究』総和社、二〇〇〇年。

石川泰志『佐藤鉄太郎海軍中将伝』原書房、二〇〇〇年。

松本健一『竹内好「日本のアジア主義」精読』岩波書店、二〇〇〇年。

白石隆『海の帝国：アジアをどう考えるか』中央公論新社、二〇〇〇年。

安川寿之輔『福沢諭吉のアジア認識：日本近代史像をとらえ返す』高文研、二〇〇〇年。

川勝平太『海洋連邦論：地球をガーデンアイランズに』PHP 研究所、二〇〇一年。

中島誠『アジア主義の光芒』現代書館、二〇〇一年。

伊藤憲一監修『海洋国家日本の構想：世界秩序と地域秩序』日本国際フォーラム、二〇〇一年。

村田良平『海洋をめぐる世界と日本』成山堂、二〇〇一年。

松永昌三『福沢諭吉と中江兆』中央公論社、二〇〇一年。

野村実『日本海軍の歴史』吉川弘文館、二〇〇二年。

小川和久『日本は国境を守れるか』青春出版社、二〇〇二年。

樋口秀実『日本海軍から見た日中関係史研究』芙蓉書房出版、二〇〇二年。

高木彰彦編『日本の政治地理学』古今書院、二〇〇二年。

山影進編『東アジア地域主義と日本外交』日本国際問題研究所、二〇〇三年。

西村朝日太郎『海洋民族学論攷』岩田書院、二〇〇三年。

大貫恵美子『ねじ曲げられた桜』岩波書店、二〇〇三年。

入江昭『新・日本の外交』中央公論社、二〇〇三年。

速水融『近世日本の経済社会』麗澤大学出版会、二〇〇三年。
西川吉光『日本の外交政策：現状と課題、展望』学文社、二〇〇四年。
入江隆則『海洋アジアと日本の将来』玉川大学出版部、二〇〇四年。
石郷岡建『ユーラシアの地政学：ソ連崩壊後のロシア・中央アジア』岩波書店、二〇〇四年。
長谷川雄一『日本外交のアイデンティティ』南窓社、二〇〇四年。
安倍晋三『美しい国へ』文藝春秋、二〇〇六年。
浦野起央『地政学と国際戦略：新しい安全保障の枠組みに向けて』三和書籍、二〇〇六年。
五百旗頭真『戦後日本外交史』有斐閣、二〇〇六年。
村田良平『海が日本の将来を決める』成山堂書店、二〇〇六年。
高橋弘道『戦略論大系8：コーベット』芙蓉書房出版、二〇〇六年。
石川泰志編著『戦略論大系9：佐藤鉄太郎』芙蓉書房出版、二〇〇六年。
南原一博『近代日本精神史：福沢諭吉から丸山真男まで』大学教育出版、二〇〇六年。
安川寿之輔『福沢諭吉の戦争論と天皇制論：新たな福沢美化論を批判する』高文研、二〇〇六年。
池田清『海軍と日本』中公新書、二〇〇七年。
麻生太郎『自由と繁栄の弧』幻冬舎、二〇〇七年。
高坂正堯『海洋国家日本の構想』中央公論新社、二〇〇八年。
宮城大蔵『「海洋国家」日本の戦後史』筑摩書房、二〇〇八年。
渡辺利夫『新脱亜論』文藝春秋、二〇〇八年。
星山隆『21世紀日本外交の課題：対中外交、アジア外交、グローバル外交』創風社、二〇〇八年。
立川京一、道下徳成、塚本勝也、石津朋之『シー・パワー：その理論と実践』芙蓉書房出版、二〇〇八年。
野地恒有『漁民の世界：「海洋性」で見る日本』講談社、二〇〇八年。
海洋・東アジア研究会編『海上保安庁進化論：海洋国家日本のポリスシーパワー』シース・プランニング、二〇〇九年。

千早正隆『海軍経営者山本権兵衛』プレジデント社、二〇〇九年。

富坂聰『平成海防論：国難は海からやってくる』新潮社、二〇〇九年。

山田吉彦『日本は世界4位の海洋大国』講談社、二〇一〇年。

大川隆法『秋山真之の日本防衛論』幸福実現党・幸福の科学出版、二〇一〇年。

山本吉宣、納屋政嗣、井上寿一、神谷万丈、金子将史『日本の大戦略』PHP研究所、二〇一二年。

読売新聞政治部『日本の領土・海洋問題』中央公論新社、二〇一二年

西川吉光『日本の外交戦略：歴史に学ぶ海洋国家日本の進路と指針』晃洋書房、二〇一二年。

夏川和也『日中海戦はあるか：拡大する中国の海洋進出と日本の対応』きずな出版、二〇一三年。

海洋政策研究財団『中国の海洋進出：混迷の東アジア海洋圏と各国対応』成山堂書店、二〇一三年。

森田徳彦『地政学の罠に嵌った日本近現代史：国難を救う海洋国家論と"核の論理"』泉文堂、二〇一四年。

日本外務省『外交青書』（第一～六五号）、一九五七年～二〇二二年。

日本防衛庁『防衛白書』、一九七〇年、一九七六年～二〇〇六年。

日本防衛省『防衛白書』、二〇〇七年～二〇二一年。

武貞秀士『東アジア動乱：地政学が明かす日本の役割』KADOKAWA、二〇一五年。

平野龍二『日清・日露戦争における政策と戦略：「海洋限定戦争」と陸海軍の協同』千倉書房、二〇一五年。

海洋政策研究財団『海洋白書（2006～2015）』成山堂書店、二〇〇六～二〇一五年。

　　（二）日文论文

松本芳夫「古代人の海洋意識」『史学』第二十巻三號、一九四二年。

大平善梧「海洋の自由と漁業協定」『一橋論叢』第二十七巻三号、一九五二年三月、二二四～三三三頁。

高坂正堯「海洋国家日本の構想」『中央公論』第七九巻九号、一九六四

年九月、四八～八〇頁。

山本進「「権力政治」と国民の利益：高坂正堯「海洋国家日本の構想」」『展望』七八号、一九六五年六月、一八四～一八六頁。

林三郎「海洋国家と大陸国家の対決」『潮』六九号、一九六六年三月、一一六～一二五頁。

西村友晴「海洋国家防衛論の志向と限界」『日本及日本人』一四六五号、一九六八年九月、一八～二六頁。

佐々木忠義「海洋開発の最近の状況と今後のみとおし」『溶接学会誌』第三八巻七号、一九六九年、六九一～七〇一頁。

原田稔「海洋国家論の回顧と展望」『軍事史学』第七巻三号、一九七一年十二月、一一九～一二三頁。

桃井真「海洋戦略とドクトリンの変化—「1975年戦略概観」〔国際戦略研究所刊〕を読んで」『世界週報』第五七巻二二号、一九七六年六月八日、一八～二四頁。

木村尚三郎「海洋200カイリの歴史的意義—海洋国家の条件」『中央公論』第九二巻三号、一九七七年三月、九七～一〇四頁。

高木俊毅「海洋開発の将来動向」『日本舶用機関学会誌』第一六巻三号、一九八一年、一三九～一四二頁。

関野英夫「近代日本の海洋戦略」『海外事情』第二九巻二号、一九八一年二月、四九～六三頁。

山崎太喜男「日本は海洋国家か—あまりにも非力な領海侵犯対策」『自由』第二四巻三号、一九八二年三月、七九～八四頁。

吉田学、片山正彦「海洋国家の生命線を守る：複合脅威下C3I強化が急務」『国防』第三二巻九号、一九八三年九月、二一～三一頁。

宇都宮誠「真の海洋国家をめざして」『通産ジャーナル』第一九巻二号、一九八六年二月、八六～八八頁。

三塚博、宮岡公夫、田中洋之助「危うし！座礁寸前の日本商船隊：海洋国家・日本の針路を問う」『月刊自由民主』三九七号、一九八六年四月、一五二～一六三頁。

小泉新司「米海洋戦略の一翼になう日本の軍隊」『前衛』五四二号、一九八六年十一月、六六～七九頁。

町家俊夫「「海洋戦略」について：態勢と展望」『新防衛論集』第一四巻四号、一九八七年三月、一一～五〇頁。

須田博「「海洋戦略」下の日本の自衛隊・基地」『前衛』五五二号、一九八七年八月、三六〇～三七三頁。

佐伯聖二「海洋権益は海洋国家のアイデンティティ：わが国の防衛態勢の実態（5）」『じゅん刊世界と日本』八五七号、一九九七年八月、一二〇～一三四頁。

平間洋一「佐藤鉄太郎：南進の理論的リーダー」『太平洋学会誌』第五一号（第一四巻第二号）、一九九一年七月、一〇二～一〇三頁。

日下公人「海洋国家の掟」『Voice』二四一号、一九九八年、一二四～一二九頁。

川勝平太「海洋国家日本の進路」『Human studies』二一号、一九九八年九月、一七～二〇頁。

島一雄「海洋国家の創成に向けて」『海洋』第三一巻一号、一九九九年、五四～五八頁。

川勝平太「海洋国家日本の今後の役割」『人と船』一〇〇号、二〇〇〇年一月、一四～三五頁。

川勝平太「講演　文明の海洋史観―日本史像をめぐって―」『経済史研究』第四号、二〇〇〇年三月三一日、一～二八頁。

入江隆則「西暦2000年への対峙（6）海洋国家論を超えて：情報と宇宙を制する者」『正論』三三五号、二〇〇〇年七月、一四八～一五九頁。

ガブリエル中森「米中間の狭間で日本は如何に対処すべきか問われる日本の海洋戦略」『月刊日本』第四巻八号、二〇〇〇年八月、二六～三一頁。

櫻田淳「象徴としての海洋国家論：入江隆則氏の"誤読"を正す」『正論』三三八号、二〇〇〇年十月、一五六～一六四頁。

藤井厳喜「海洋国家日本の地政学的戦略試論」『日本文化』六号、二〇〇一年、七八～八九頁。

藤井厳喜「海洋国家・日本の戦略構想：支那大陸への過剰介入を止めよ」『月刊日本』第六巻八号、二〇〇二年八月、一六～二五頁。

朴栄濬「幕末期の海軍建設再考：勝海舟の「船譜」再検討と「海軍革命」の仮説―」『軍事史学』第三八巻二号、二〇〇二年九月、七七～九三頁。

市村眞一「東アジアの中の中国　シナは大陸国家、日本は海洋国家　中国をどう見るか（4）」『やまぐち経済月報』三三四号、二〇〇三年二月、四九～五二頁。

中曽根康弘、櫻井よしこ「対談　海洋国家・日本の大戦略」『Voice』三〇六号、二〇〇三年六月、五〇～六一頁。

潮匡人「脅かされる海の生命線迫られる海洋戦略の再構築」『時事トップ・コンフィデンシャル』一一一六六号、二〇〇四年九月七日、二～六頁。

曽村保信「海洋国家と大陸国家の現状と課題」『問題と研究』第三三巻一二号、二〇〇四年九月、四一～五二頁。

山田吉彦「政治　日本の国境：海洋国家としての明確な主張を」『改革者』五三九号、二〇〇五年六月、三六～三九頁。

佐久間一「日本と世界の安全保障海洋戦略確立の必要性」『世界週報』第八六巻四三号、二〇〇五年十一月一五日、四二～四三頁。

寺島紘士「長期的な海洋国家日本の将来の姿」『沿岸域学会誌』第一九巻一号、二〇〇六年、一八～二六頁。

宮家邦彦「日中国交回復以来の対中外交のあり方を変えよ海洋国家がとるべき大陸戦略」『中央公論』第一二一巻一号、二〇〇六年一月、二五二～二六二頁。

松村劭「海洋国家・日本の軍事戦略―戦史に照らせば防衛政策の課題は自ずと見えてくる」『Voice』三四〇号、二〇〇六年四月、九六～一〇三頁。

平間洋一「海洋権益と外交・軍事戦略」『国際安全保障』第三五巻一号、二〇〇七年六月、一～一七頁。

秋山昌廣「インド洋の海洋安全保障と日印協力の展開―我が国海洋戦

略の欠如」『国際安全保障』第三五巻二号、二〇〇七年九月、五七~七六頁。

中尾光一「日本海軍海洋国家構想の変遷―八代六郎海相を中心として」『花園史学』二八号、二〇〇七年十一月、五九~八二頁。

山中亮一など「海洋教育の現状と課題」『日本船舶海洋工学会講演会論文集』第四号、二〇〇七年五月、一五三~一五四頁。

平松茂雄、古澤忠彦「これではダメだ！ 日本の海洋戦略―特別対談」『明日への選択』二六四号、二〇〇八年一月、四~一一頁。

斎藤勉、河内山典隆、桜林美佐、中島洋、寺島紘士、濱口和久、落合裕子「海洋国家日本の進路：日本の海洋政策はどうあるべきか」『太平洋学会誌』九七号、二〇〇八年三月、一五~四〇頁。

中西寛「吉田茂の安全保障観―帝国経営から海洋国家へ」『防衛学研究』三八号、二〇〇八年三月、五五~六八頁。

平間洋一「海洋国家日本の島嶼をいかに守るか」『祖国と青年』三六一号、二〇〇八年十月、二二~三三頁。

渡辺利夫「海洋国家同盟論再論―日本の選択」『環太平洋ビジネス情報』二八号、二〇〇八年、七~一二頁。

平松茂雄「中国の軍事戦略と海洋国家日本の対応」『世界平和研究』第三五巻二号、二〇〇九年、一二~一七頁。

平野龍二「海洋限定戦争としての日清戦争―コルベットの海洋戦略の視点から」『軍事史学』第四四巻四号、二〇〇九年三月、九七~一一五頁。

冨田圭一郎「オーストラリア・ラッド政権の国防戦略と日豪安全保障協力」『レファレンス』第五九巻一二号、二〇〇九年十二月、一一五~一三三頁。

小谷賢「日本陸海軍と南進：「自存」と「自衛」の戦略」『戦争史研究国際フォーラム報告書』第7回、二〇〇九年、一一九~一二八頁。

西川吉光「21世紀の日本の外交・安全保障―開放的海洋国家として生きる道」『世界平和研究』第三六巻三号、二〇一〇年、八~一四頁。

アンドリューランバート、矢吹啓訳「戦略家のための歴史：ジュリアン

・コーベット、海軍士官教育、そして国家戦略」『戦略研究』八号、二〇一〇年、五七~七六頁。

布施 哲「わが国の海洋戦略について―海のPKO―国益と国際益の調和を目指して」『波涛』第三六巻三号、二〇一〇年九月、二九~三二頁。

加地良太「日本の外交・防衛政策の諸課題（35）沖ノ鳥島をめぐる諸問題：求められる海洋戦略」『時の法令』一八六八号、二〇一〇年十月三〇日、七五~八一頁。

西川吉光「海洋国家日本の安全保障戦略」『世界平和研究』第三七巻三号、二〇一一年、二〇~二七頁。

佐々淳行「海防なき海洋国家よ立ち上がれ」『正論』四六六号、二〇一一年、一一二~一一九頁。

石原敬浩「わが国の海洋戦略について（その2） 最近の西太平洋における動向を踏まえて」『波涛』第三六巻五号、二〇一一年一月、三四~三六頁。

北岡伸一「日本は海洋国家だったのか：日本政治外交史からの視点」『日本海洋政策学会誌』第一巻、二〇一一年十月、四~一〇月。

安保公人「国際法と日本の海洋戦略」『世界平和研究』第三八巻一号、二〇一二年、一〇~二一頁。

橋本晃和「沖縄基地問題から見た海洋国家日本の安全保障」『世界平和研究』第三八巻二号、一七~二四頁。

谷内正太郎「海洋国家の外交戦略：太平洋同盟を軸として」『世界平和研究』第三八巻二号、二〇一二年二月、二~八頁。

杉本洋一、平山茂敏、井上高志他「海上自衛隊の新たな挑戦：多極化時代の海洋国家日本」『海幹校戦略研究』第二巻二号、二〇一二年十二月、六~二六頁。

北井義久「日米 vs 中独 日米同盟と中独連合の時代 海洋国家と大陸国家の競争へ」『エコノミスト』第九一巻五号、二〇一三年二月五日、八三~八五頁。

関根大助「コーベットを知らずして海洋戦略思想を語るなかれ：マハ

ンと異なるその戦略思想の特徴」『波涛』第三九巻二号、二〇一三年、三一〜四〇頁。

瀬戸利春「海洋国家に欠かせざる軍事力日本の水陸両用戦部隊史」『歴史群像』第二三巻一号、二〇一四年二月、九二〜一〇一頁。

三　英文资料

Asada, Sadao, *From Mahan to Pearl Harbor: The Imperial Japanese Navy and the United States*, Annapolis: Naval Institute Press; Reprint edition, 2013.

Ballard, George A., *The Influence of the Sea on the Political History of Japan*, London: John Murray, 1921.

Bywater, Hector C., *Sea-power in the Pacific: A Study of the American-Japanese Naval Problem*, Boston: Houghton Mifflin Company, 1921.

Corbett, Sir Julian, *Some Principles of Maritime Strategy*, with an introduction of Eric Grove, Annapolis: Naval Institute Press, 1988.

Dougherty, James E. and Pfaltzgraff, Robert L. Jr., *Contending Theories of International Relation: A Comprehensive Survey*, Beijing: Peking University Press, 2004.

Elleman, Bruce A. and Paine, S. C. M., *Naval Blockades and Seapower: Strategies and Counter-Strategies*, 1805-2005, New York: Routledge, 2006.

Falk, Edwin A., *Togo and the Rise of Japanese Sea Power*, New York Toronto: Longmans, Green and co., 1936.

Gorshkov, S. G., *The Sea Power of the State*, Burlington: Pergamon, 2013.

Graham, Euan, *Japan's sea Lane Security*, 1940-2004: *A Matter of Life and Death?*, Abingdon, Oxon New York: Routledge, 2006.

Gretton, Peter, *Maritime Strategy: A Study of Defense Problems*, New York: Praeger, 1965.

Grove, Eric, *The Future of Sea Power*, Annapolis, Maryland: Naval Institute Press, 1990.

Hugo Grotius, *The Freedom of the Seas or The Right Which Belongs to the Dutch to Take Part in the East Indian Trade*, New York: Oxford University

Press, 1916.

Hunsberger, Warren S. and Finn, Richard B. , *Japan's Quest: The Search for International Role, Recognition, and Respect*, New York: M. E. Sharpe, 1997.

Iliopoulos, Ilias, "Strategy and Geopolitics of Sea Power throughout History", *Baltic Security & Defence Review*, Vol. 11, Issue 2, 2009.

Kearsley, Harold J. , *Maritime Power and the Twenty-first Century*, Aldershot: Dartmouth Publishing Company, 1992.

Kenneth Pyle, *Japan Rising: The Resurgence of Japanese Power and Purpose*, New York: Public Affairs, 2007.

King, Peter and Yoichi Kibata ed. , *Peace Building in the Asia Pacific Region: Perspectives from Japan and Australia*, Sydney: Allen and Unwin, 1996.

LaFeber, Walter, *The New Empire: An Interpretation of American Expansion, 1860-1898*, Ithaca: Cornell University Press, 1963.

Lam Peng Er, *Japan's Relations with China: Facing a Rising Power*, London: Routledge, 2006.

Lim, Robyn, *The Geopolitics of East Asia: The Search for Equilibrium*, London: Routledge, 2003.

Linus Hagström, *Japan's China Policy: A Relational Power Analysis*, New York: Routledge, 2005.

Liska, George, *Quest for Equilibrium: America and the Balance of Power on Land and Sea*, Baltimore and London: Johns Hopkins University Press, 1977.

Liverzey, William E. , *Mahan on Sea Power*, Norman: University of Oklahoma Press, 1981.

McNicholas, Michael, *Maritime Security an Introduction*, Oxford: Butterworth-Heinemann, 2008.

Modelski, George and Thompson, William R. , *Seapower in Global Politics, 1494-1993*, Seattle: University of Washington Press, 1988.

Modelski, George, *Long Cycles in World Politics*, Seattle: University of Washington Press, 1987.

Morton, W. Scott and Olenik, J. Kenneth, *Japan: Its History and Culture*,

McGraw – Hill; 4th ed. , 2004.

Nish, Ian, 'The Historical Significance of the Anglo – Japanese Alliance', *Studies in the Anglo – Japanese Alliance*, 1902 – 1923, Discussion Paper No. IS/03/443, London: London School of Economics and Political Science, 2003.

Padfield, Peter, *Maritime Supremacy and the Opening of the Western Mind*, Woodstock and New York: Overlook Press, 1999.

Patalano, Alessio, *Post – war Japan as a Sea Power: Imperial Legacy, Wartime Experience and the Making of a Navy*, London: Bloomsbury Academic, 2015.

Paine, S. C. M. , *The Sino – Japanese War of 1894 – 1895: Perceptions, Power, and Primacy*, New York: Cambridge University Press, 2003.

Pyle, Kenneth B. , *Japan Rising: the Resurgence of Japanese Power and Purpose*, New York: The Century Foundation, 2007.

Reynolds, Clark G. , *Command of the Sea: The History and Strategy of Maritime Empires*, New York: William Morrow, 1974.

Richmond, Herbert W. Sir, *Sea power in the Modern World*, New York: Reynal & Hitchcock, 1934.

Sajima, Naoko and Tachikawa, Kyoichi, *Japanese Sea Power: A Maritime Nation's Struggle for Identity*, Canberra: Sea Power Centre – Australia, 2009.

Samuels, Richard J. , *Securing Japan: Tokyo's Grand Strategy and the Future of East Asia*, New York: Cornell University Press, 2007.

Sergeev, Evgeny, *Russian Military Intelligence in the War with Japan, 1904 – 05: Secret Operations on Land and at Sea*, London and New York: Routledge, 2007.

Stille, Mark, *Imperial Japanese Navy Heavy Cruisers 1941 – 1945*, New York: Osprey Publishing, 2011.

Synge, M. B. , The Struggle for Sea Power, New York: Cosimo Classics, 2013.

Till, Geoffrey (ed.), *Sea power: Theory and Practice*, London: Frank Cass, 1994.

Till, Geoffrey and Bratton, Patrick C. , *Sea Power and the Asia – Pacific: The*

Triumph of Neptune?, Abingdon, Oxon New York: Routledge, 2012.

Till, Geoffrey, *Maritime Strategy and the Nuclear Age*, London: Macmillan, 1982.

Till, Geoffrey, *Seapower: a guide for the twenty-first century*, New York: Routledge; 2nd ed., 2009.

Tsuzuki, Chushichi, *The Pursuit of Power in Modern Japan 1825-1995*, New York: Oxford University Press, 2000.

Walsh, Don and Cappellari, Marjorie, *Energy and Sea Power: Challenge for the Decade*, New York: Pergamon Press, 1981.

Woolley, Peter J., *Geography and Japan's Strategic Choices: From Seclusion to Internationalization*, Washington D. C.: Potomac Books, Inc., 2005.

Yoshihara, Toshi and Holmes, James R., 'Japanese Maritime Thought: If not Mahan, Who?', *Naval War College Review*, Vol. 59, 2006.

Yoshihara, Toshi and Holmes, James R., *Asia Looks Seaward: Power and Maritime Strategy*, Westport: Praeger Security International, 2008.

四 网络资源

Sea Power Centre – Australia, https://www.navy.gov.au/spc/
日本国立国会图书馆, www.ndl.go.jp/
日本国立情报学研究所学术信息网（CiNii）, http://ci.nii.ac.jp/
日本首相官邸, http://www.kantei.go.jp/
日本防卫省, http://www.mod.go.jp/
日本海上自卫队（JMSDF）, http://www.mod.go.jp/msdf/
日本防卫研究所（NIDS）, http://www.nids.go.jp/index.html
日本外务省, http://www.mofa.go.jp/mofaj/
日本海上自卫队干部学校, http://www.mod.go.jp/msdf/navcol/index.html
日本战略研究论坛（JFSS）, http://www.jfss.gr.jp/
日本海洋政策研究财团（OPRF）, http://www.sof.or.jp/jp/index.php
日本海洋政策学会（JSOP）, http://oceanpolicy.jp/
日本国际问题研究所（JIIA）, http://www2.jiia.or.jp/

世界和平研究所（IIPS），http：//www.iips.org/j-index.html

东京财团（The Tokyo Foundation），http：//www.tkfd.or.jp/

日本产经新闻，http：//www.sankei.com/

日本每日新闻，http：//mainichi.jp/

日本朝日新闻，http：//www.asahi.com/

日本经济新闻，http：//www.nikkei.com/